ENQUÊTES

DANS LA MÊME COLLECTION

Irène Barki, *Pour ces yeux-là. La face cachée du drame argentin : les enfants disparus.*

Bernard Bragard, Frédéric Gilbert, Catherine Sinet, *J.M. Le feuilleton niçois.*

Élisabeth et Jean-Paul Champseix, *57 boulevard Staline. Chroniques albanaises.*

Anne Devailly, *Les charismatiques.*

Fausto Giudice, *Têtes de Turcs en France.*

Jean Guisnel et Bernard Violet, *Services secrets. Le pouvoir et les services de renseignements sous François Mitterrand.*

Alain Hertoghe et Alain Labrousse, *Le Sentier lumineux du Pérou. Un nouvel intégrisme dans le tiers monde.*

Pierre Jouve et Alain Magoudi, *Les dits et les non-dits de Jean-Marie Le Pen.*

Noël Mamère, *La dictature de l'Audimat.*

Yves Mamou, *Une machine de pouvoir : la Direction du Trésor.*

Michel de Pracontal, *Les mystères de la mémoire de l'eau.*

Serge Quadruppani, *L'antiterrorisme en France ou la terreur intégrée.*

Aline Richard et Sophie Veyret, *Cobayes humains. Les secrets de l'expérimentation médicale.*

Jeanne Villeneuve, *Le mythe Tapie. Chronique des années quatre-vingt.*

Günter Wallraff, *Tête de Turc.*

Günter Wallraff, *La vérité comme une arme. Vingt-cinq ans de journalisme d'investigation.*

Jean Guisnel

Les généraux

Enquête sur le pouvoir militaire en France

ÉDITIONS LA DÉCOUVERTE
1, place Paul-Painlevé
Paris Ve
1990

Si vous désirez être tenu régulièrement informé de nos parutions, il vous suffit d'envoyer vos nom et adresse aux Éditions La Découverte, 1, place Paul-Painlevé, 75005 Paris. Vous recevrez gratuitement notre bulletin trimestriel **A La Découverte.**

ISBN 2-7071-1939-3

Pour Héloïse, qui découvre le monde

REMERCIEMENTS

Cet ouvrage est le fruit d'une enquête de deux années, menée spécifiquement pour sa rédaction. Aucune porte — sauf exception — n'est restée fermée longtemps : c'est un signe sans doute que l'institution militaire admet, plus facilement qu'on le croit souvent, de s'ouvrir à des regards extérieurs. Fussent-ils ceux d'un journaliste ! Concernant les « sources » militaires, nous avons privilégié l'actualité, donc les officiers généraux en activité. Plusieurs dizaines ont accepté de me recevoir, à la seule condition de n'être pas nommés. Ce désir a été respecté. J'ai bien sûr également rencontré des hommes politiques et leurs collaborateurs directs, des industriels, des diplomates, des hauts fonctionnaires. Dans la mesure où ils avaient souvent la langue bien pendue, j'ai compris leur désir d'anonymat.

Une telle enquête ne pouvait pas être complaisante. Elle ne pouvait pas non plus être partiale. Le parti pris a été d'autant plus absent de ma démarche que ce très long reportage a constitué, à bien des égards, une découverte. Certains la jugeront conforme à l'idée qu'ils se font eux-mêmes de l'armée, des généraux et du pouvoir militaire, d'autres y découvriront des éléments nouveaux. Que tous ceux qui m'ont reçu sachent en tout cas que mes premiers remerciements leur sont adressés, et tout particulièrement à ceux — nombreux — qui m'ont permis d'accéder à des documents inédits, souvent à leurs archives personnelles. Je voudrais remercier également l'équipe de *Libération*, et singulièrement mes confrères et consœurs du service politique, qui a constitué un cadre professionnel particulièrement propice à de tels travaux. Ma gratitude s'adresse enfin, tout spécialement, à Geneviève et à Carole : sans leur aide constante et affectueuse à leur mari et père, ce livre ne se serait pas fait.

1

Ouvéa, Lamantin : des généraux au feu

Dans l'aérogare de Bali écrasée par la chaleur tropicale, en ce début de mars 1989, il fait la queue parmi les touristes japonais. Le douanier indonésien ne juge pas utile de lâcher le mégot de sa cigarette au clou de girofle pour examiner le passeport de cet anonyme. Amer, le général de brigade Jacques Vidal vient de passer une semaine de repos sur l'île enchanteresse et rentre à Paris. Moins d'un mois plus tôt, il était encore le commandant supérieur des forces françaises en Nouvelle-Calédonie, où le gouvernement l'avait nommé le 1er mars 1988. Dans un peu plus de vingt-quatre heures, il aura rejoint sa nouvelle affectation : chef d'état-major de la Force d'action rapide à Saint-Germain-en-Laye. Et parallèlement, comme pour bien montrer le côté inhabituel de cette situation, c'est son prédécesseur dans ce poste, le général Jean-Claude Bertin, qui va le remplacer à Nouméa. Un chassé-croisé, mais d'abord une sanction : Jacques Vidal paie de son poste l'assaut mené par les troupes d'élite qu'il commandait contre la grotte d'Ouvéa, le 5 mai 1988.

Le guêpier calédonien

La Nouvelle-Calédonie a diversement réussi aux généraux. Car pour un Jacques Vidal auquel elle a valu de sérieux déboires, elle aura bien servi Michel Franceschi, son prédécesseur. Nommé à l'été 1984 sur le Caillou, ce dernier n'était pas promis à un avenir radieux. Comme les généraux qui « n'ont pas démérité », selon la formule consacrée, il était prévu qu'il demeure deux ans dans son poste, puis qu'il rentre en métropole avant de prendre une retraite anticipée et imposée pour faire un peu de place aux jeunes. Mais la chance aidant parfois ceux que la gloire des armes a oubliés, Michel Franceschi a trouvé un grand homme sur son chemin : Jacques Chirac. Son patriotisme militant, qui l'avait entre autres poussé à se faire le prosélyte du vote anti-indépendantiste dans les tribus kanaks, avait plu au Premier ministre nommé en mars 1986 qui s'était très vite rendu sur le Caillou. Et, comme souvent quand les gens lui plaisent, le chef du gouvernement s'était entiché du général militant au point de décider de s'occuper personnellement de sa carrière menacée d'extinction rapide. Le fait que l'Élysée fût suprêmement agacé par les initiatives du général n'était pas, non plus, tout à fait indifférent à Jacques Chirac.

En septembre 1986, comme il se doit, le poste qu'occupe Michel Franceschi est soumis à renouvellement. Tous ceux qui comptent en la matière — le ministre de la Défense André Giraud, le chef d'état-major des armées Jean Saulnier, le chef d'état-major de l'armée de terre Maurice Schmitt, le chef de l'état-major particulier de la présidence de la République Jean Fleury et le chef du cabinet militaire du Premier ministre Bernard Norlain — sont alors d'accord pour que sa mission cesse à son terme prévu. Donc, un ministre et quatre généraux d'un côté, un Premier ministre de l'autre ; c'est ce dernier qui l'emporte, et Michel Franceschi restera finalement près de quatre ans en poste — jusqu'en février 1988 — avant d'aller occuper un bureau qui semblait jusque-là hors de sa portée, celui d'inspecteur des troupes de marine qui appartiennent à l'armée de terre.

Lorsque Jacques Vidal arrive pour lui succéder le 1er mars 1988, le terrain est bien miné : non seulement il lui faut normaliser les relations singulièrement compromises avec la communauté kanak, mais en outre le nouveau statut que le ministre des DOM-TOM Bernard Pons et le gouvernement ont préparé doit être officialisé le 24 avril par des élections régionales [1]. Déjà, la tension monte fortement : le 26 février, des gendarmes ont été attaqués à Poindimié par des indépendantistes et désarmés dans des conditions jugées aussi déshonorantes que ridicules par le gouvernement. Le 22 avril, le paroxysme est atteint : la brigade de gendarmerie de Fayaoué, sur l'île d'Ouvéa, est prise d'assaut par un commando indépendantiste d'une quarantaine d'hommes. Deux militaires sont tués, vingt-sept pris en otages : le défi lancé à l'État prend des dimensions considérables. Pour y répondre, Jacques Chirac et le gouvernement décident de prendre des mesures politiques et militaires : le général de gendarmerie Antonio Jérôme est envoyé sur place avec des renforts, dont plusieurs hommes du GIGN (Groupement d'intervention de la gendarmerie nationale) commandés par le capitaine Philippe Legorjus ; quelques heures plus tard il est rejoint par le ministre des DOM-TOM Bernard Pons, accompagné du général Norlain. Le 25 et le 26 avril, onze des vingt-sept otages sont libérés. Mais le 27, coup de théâtre : Philippe Legorjus et cinq de ses hommes qui étaient arrivés à proximité de la grotte de Gossanah sont à leur tour pris en otages. Le chef du GIGN, qui conservera finalement sa liberté de mouvement, servira d'intermédiaire entre les ravisseurs et les autorités civiles et militaires.

Chirac en battle-dress

Cette fois-ci, on est vraiment entré dans la crise. Énorme. L'événement occulte presque la préparation du second tour des présidentielles. Et, dans les lieux du pouvoir, la fièvre monte. A 18 heures tous les soirs, au salon Leclerc du ministère de la Défense, quatre hommes se retrouvent autour du directeur de cabinet d'André Giraud, Hubert Blanc : ce préfet connaît

1. Ces élections qui se déroulent le même jour que le premier tour de l'élection présidentielle, alors que les indépendantistes prônent l'abstention (elle sera de 40 %), donnent 35 sièges au RPCR (RPR local) et 8 au Front national, sur un total de 48 sièges.

bien la Nouvelle-Calédonie où il a été l'adjoint du haut-commissaire Fernand Wybaux de juillet 1985 à avril 1986. A ses côtés, Maurice Schmitt, devenu chef d'état-major des armées en novembre 1987 : il est le premier des militaires français, en première ligne lorsque des opérations militaires sont menées. Il a une raison supplémentaire de suivre de près la situation : Jacques Vidal est l'un de ses « poulains » qui — détail de poids — a été l'un de ses successeurs à la tête du « 8 », le 8e régiment de parachutistes d'infanterie de marine, stationné à Castres.

Deuxième militaire autour de la table : François Mermet, un aviateur et pilote de chasse, patron de la Direction générale de la sécurité extérieure (DGSE). Le 28 avril, il approuvera la décision d'envoyer le 11e Choc — le régiment de son service Action — sur l'île d'Ouvéa, qu'accompagneront les nageurs de combat du commando Hubert de la marine nationale. La demande, venue de Nouvelle-Calédonie, était appuyée par le général Schmitt : celui-ci estimait ne pouvoir répondre du succès d'une éventuelle opération que si les moyens les plus performants en hommes et en matériels étaient présents sur place.

Troisième officier général : Gilbert Forray, le patron de l'armée de terre. Administrativement, le « comsup » Jacques Vidal dépend de lui. Mais un conflit latent couve avec la gendarmerie, qui a le sentiment d'avoir été évincée de l'affaire par le gouvernement, au profit de l'armée de terre. En descendant du DC8 du COTAM [2] sur l'aéroport de la Tontouta, à Nouméa, Antonio Jérôme avait eu la surprise d'apprendre que le commandement des troupes était confié à Jacques Vidal, pourtant d'un grade inférieur au sien, et qu'il n'aurait pour sa part que la responsabilité du maintien de l'ordre sur la Grande-Terre. Gilbert Forray devra jouer serré à Paris pour que le conflit ne s'envenime pas... Le dernier du tour de table est l'amiral Jacques Lanxade, chef du cabinet militaire du ministre de la Défense, systématiquement présent.

2. Commandement du transport aérien militaire.

Il gère heure par heure les relations avec l'état-major de l'Élysée, qui a parfois le sentiment que le gouvernement ne le tient pas complètement au courant de l'évolution de la situation. Ces cinq hommes à Paris seront les techniciens préparant les dossiers pour le pouvoir politique.

Bien que la corporation militaire soit aux avant-postes dans et autour de la grotte, les désaccords de ces chefs avec le pouvoir, sur le traitement de ce dossier, ne franchiront jamais les portes des bureaux ministériels. Car ceux auxquels les décisions appartiennent sont bien les hommes politiques : André Giraud, qui tentera d'avoir, auprès de Chirac, un rôle modérateur. François Mitterrand, qui donnera l'ordre ultime. Et surtout Jacques Chirac. Pendant les réunions qui se tenaient le matin à Matignon avec les ministres concernés (Défense, Intérieur, etc.) lorsqu'il était présent à Paris malgré la campagne présidentielle, le Premier ministre devenait chef de guerre. Selon un temoin, « on aurait dit qu'il avait enfilé un battle-dress, il se faisait apporter des plans, des cartes, des photos, sortait de son bureau pour aller chez Maurice Ulrich, son chef de cabinet, téléphoner à Pons ou à Vidal. Il était surexcité ». Il donnera personnellement son accord au ministre des DOM-TOM pour qu'un assaut soit préparé. Ce sera l'opération *Victor*.

Suspicion et mise à l'écart

S'il est une chose que la gendarmerie n'a pas supportée dans cette affaire, c'est bien d'avoir été victime de suspicion et d'avoir été tenue à l'écart pendant plusieurs jours de ce qui se tramait entre Paris et le « Haussariat [3] ». Alors que des tentatives acharnées de conciliation se poursuivaient avec les otages par l'intermédiaire de Philippe Legorjus [4], ce dernier et le général Jérôme eurent la surprise de constater que des

3. Contraction de haut-commissariat.
4. Philippe LEGORJUS, *La Morale et l'Action*, Fixot, Paris, 1990.

« choses » se préparaient sans qu'ils en eussent été avertis : entraînement des troupes de choc dans la région de Nouméa, installation d'une antenne chirurgicale parachutiste à Ouvéa. Des signes qui ne trompent pas, comme si tout espoir de libération négociée était considéré par avance comme impossible. Jérôme pouvait supporter, éventuellement, de ne pas être le chef et que les deux étoiles de général de brigade de Vidal prennent le pas sur ses propres trois étoiles de général de division. Mais que la préparation d'un assaut contre la grotte se fasse sans que lui-même et Philippe Legorjus, supérieurs hiérarchiques des otages, fussent prévenus était à ses yeux inacceptable.

A cette époque, quand des gendarmes ont un gros problème, c'est au préfet Christian Prouteau qu'ils en appellent. Il est l'un des leurs, il a créé le GIGN, et il a été pris à ses côtés par François Mitterrand en 1982 pour mettre sur pied la cellule antiterroriste de l'Élysée. Philippe Legorjus le joint à de multiples reprises, Antonio Jérôme aussi. Ils le préviennent de ce qui se trame, lui demandent d'intervenir pour que l'assaut que préparent les hommes de Jacques Vidal ne soit pas donné. Les téléphones chauffent : le général Norlain a plusieurs conversations quotidiennes avec Maurice Ulrich, Michel Roussin — chef de cabinet de Jacques Chirac —, le général Jean Fleury à l'Élysée et l'amiral Lanxade à la Défense. Bernard Pons appelle Paris en permanence et se tient en liaison directe avec Jacques Chirac. Antonio Jérôme est pour sa part en contact multiquotidien avec le directeur de la gendarmerie Régis Mourier, et au ministère de la Défense avec le préfet Blanc et l'amiral Lanxade. Jacques Vidal a les mêmes interlocuteurs, mais en outre le chef d'état-major des armées, Maurice Schmitt. Tous les ordres verbaux sont confirmés par écrit dans la minute par télécopieur crypté. L'armée vit plus que jamais la révolution des télécommunications.

Les temps anciens de la prééminence du chef qui dispose seul d'une radio à ondes courtes pour converser avec son état-major sont révolus. Désormais tout un chacun a accès à un téléphone, peut joindre tous les lieux de pouvoir et intervenir sur eux. Les instructions sont transmises en direct, comme leurs réponses, et les circuits de décision s'en trouvent compliqués : Paris prend en la matière une importance cruciale ; sur le terrain les hommes évoluent, mais les décisions se prennent dans la capitale. Toutes. D'où l'importance des réseaux particuliers, des relations personnelles, des solidarités anciennes ou nouvelles, des voies individuelles que chaque militaire peut avoir pour atteindre le pouvoir politique.

« Logique de mort »

Le climat est de plus en plus lourd, deux thèses s'affrontent : celle de Matignon et de Pons, qui entendent mener l'assaut pour sortir les otages de la grotte avant le second tour de l'élection présidentielle — pour des raisons différentes, qui ne sont pas liées au contexte électoral, c'est aussi celle de l'armée de terre (pour des militaires comme Jacques Vidal, une insulte à la République doit être traitée comme elle le mérite, par la manière forte) ; et celle — contraire — des gendarmes qui, pour ces mêmes motifs, ont le sentiment que la vie des otages mais aussi celle de leurs ravisseurs ne sont pas des éléments suffisamment pris en compte par le gouvernement et les militaires. Legorjus appelle Prouteau et le tient « informé des dernières orientations gouvernementales. A ses questions, je comprends que le président n'est pas tenu intégralement au courant de la situation sur place. Je fournis alors à Christian la totalité des renseignements en ma possession, tout en formulant le souhait que l'on accélère le processus de médiation. Je n'éprouve aucun scrupule à faire jouer tous les leviers qui peuvent me permettre de faire libérer les otages sains et saufs. Je suis prêt à tout pour casser cette logique de mort où l'on veut nous entraîner [5] ». Le général Jérôme fait de même. La tension est extrême dans la grotte, où la vie des otages semble réellement menacée. A l'extérieur aussi.

5. Philippe LEGORJUS, *op. cit.*, p. 244.

Deux camps s'affrontent donc, sur le terrain, mais également à Paris. D'un côté, les interventionnistes : l'armée de terre, ses chefs parisiens, Bernard Pons et Jacques Chirac. Ce dernier, depuis le début de l'affaire, en a par-dessus la tête des gendarmes et de la gendarmerie. Il les tient pour responsables de la catastrophe de Fayaoué, considère que leur désir de négociation à tout prix ne résoudra rien, tient à leur endroit des propos très durs au cours des réunions. Bref, il ne leur fait pas confiance et demeure persuadé que la méthode à la hussarde, réclamée avec insistance depuis Nouméa par les caldoches du RPCR, sera celle qui portera le plus de fruits. Militairement, mais aussi politiquement. Une libération avant le second tour de la présidentielle, le 8 mai, ne serait-elle pas du meilleur effet ? Surtout si les otages français au Liban[6] sont libérés simultanément...

Les tenants de l'autre thèse, celle de la négociation et du maintien d'un *statu quo* précaire jusqu'au second tour, sont aussi nombreux. Philippe Legorjus et Antonio Jérôme ont convaincu Giraud et son cabinet : Jacques Lanxade et Hubert Blanc sont de cet avis. La « méthode gendarmerie » consistant à ne pas se servir de ses armes, quitte parfois à se les faire prendre, leur semble avoir du bon. Le 2 mai, pour ne pas laisser dire qu'aucune négociation n'a été tentée, Bernard Pons demande la médiation de Mgr Michel Calvet, évêque de Nouméa. Erreur majuscule : le prélat est honni des Kanaks qui refusent naturellement son intervention. A Paris, on s'agite dans le même sens. L'Élysée propose à Jacques Chirac de désigner Franck Wahuzue, un membre éminent du FLNKS[7]. Matignon refuse, mais Philippe Legorjus ne l'en rencontre pas moins sur l'île de Lifou avec l'accord de Bernard Pons. Échec. A nouveau, l'Élysée propose un médiateur, cette fois-ci Roger

6. Marcel Carton, Marcel Fontaine et Jean-Paul Kaufmann, détenus au Liban par des chiites du Hezbollah, arriveront à l'aéroport militaire de Villacoublay le 5 mai 1988.

7. Secrétaire de Yéwéné Yéwéné, l'un des leaders du FLNKS qui sera assassiné à Ouvéa, avec Jean-Marie Tjibaou, le 4 mai 1989.

Leray [8]. En précisant utilement que Jacques Chirac pourra dire que l'initiative vient de lui, et qu'il ne sera pas démenti. Nouveau refus.

Sale journée pour le président que ce lundi 2 mai. La veille déjà, il a passé tout son après-midi à Satory près de Versailles dans la salle de musculation du Groupement de sécurité de la présidence de la République (GSPR), ce groupe d'une centaine de supergendarmes chargés de sa protection rapprochée et qui sont tous prêts à se faire hacher sur place pour le protéger. Sombre visite : dans la salle de « muscul » emplie d'agrès divers et transformée en chapelle ardente, un cercueil. Seul dans la pièce, François Mitterrand passera la moitié de la journée à le veiller. C'est celui de Robert Desplanche, un gendarme de 36 ans, père de trois enfants, son chauffeur. Le 30 avril, la Renault 25 blindée présidentielle qu'il conduisait sur l'autoroute du Nord s'est encastrée sous un camion... Le lundi, cérémonie discrète à Satory. Le président est à nouveau présent. Et à l'issue de la cérémonie, les épouses des otages du GIGN — unité jumelle du GSPR dont les personnels logent dans les mêmes locaux — ont voulu le rencontrer ; pour lui demander d'intervenir, de faire sortir leurs époux de la grotte. Le lieutenant-colonel Alain Le Caro, le chef du GSPR, a également proposé de se rendre à Ouvéa pour remplacer les otages et porter un message présidentiel au chef des ravisseurs Alphonse Dianou. Refusé...

Assaut et bavures

Bordeaux, 2 mai. Jacques Chirac vient de tenir un meeting électoral. André Giraud l'a rejoint, mais a appris avant de quitter Paris, de la bouche même du directeur de la gendarmerie Régis Mourier, des informations essentielles. Sur

8. Ancien grand maître du Grand-Orient de France, il se rendra finalement en Nouvelle-Calédonie quelques jours plus tard avec la mission du dialogue conduite par le préfet Christian Blanc.

l'aéroport de Mérignac où ils doivent se séparer, le ministre de la Défense demande à parler « absolument » au Premier ministre. Il monte dans sa voiture qui s'éloigne vers la partie militaire de Mérignac. Vingt minutes de discussion en tête à tête. Ce que vient d'apprendre le ministre va tout faire basculer. D'abord, le substitut Jean Bianconi a pu introduire à l'intérieur de la grotte, au cours d'une médiation, une clé pour les menottes des otages. Mais surtout, deux revolvers Smith et Wesson sont désormais entre les mains des gendarmes. Chirac et Giraud conviennent que ce dernier demandera un rendez-vous d'urgence à François Mitterrand, pour le lendemain. Et que Pons exigera que les deux officiers généraux sur place, Antonio Jérôme et Jacques Vidal, lui remettent par écrit un avis sur l'opération.

A midi trente le 3 mai, André Giraud est dans le bureau de François Mitterrand. Seul témoin de l'entrevue : le général Jean Fleury. Il rédigera aussitôt un compte rendu versé aux Archives nationales et consultable en... 2048 ! Mais sans ambiguïté possible, il apparaît clairement que l'accord de François Mitterrand pour une opération de force a été donné, à condition toutefois qu'elle ne soit pas coûteuse en vies humaines. Une condition que l'occupant de l'Élysée met d'ailleurs à toutes les opérations militaires qu'il a pu ordonner depuis son arrivée au pouvoir en 1981. A cet égard, la lettre du général Jérôme, jusque-là opposé à une opération armée, a été décisive. Dans un post-scriptum manuscrit il a en effet écrit : « Le capitaine Legorjus demande qu'on exploite au plus vite la situation nouvelle[9], une option à laquelle je souscris. » A peine sorti du bureau présidentiel, André Giraud téléphone à Bernard Pons. Il est 14 heures à Paris, et 23 heures à Nouméa. L'ordre écrit transmis par l'état-major des armées parviendra par télécopieur à 2 heures du matin. Il est trop tard pour lancer l'opération le lendemain matin à l'aube, estime Jacques Vidal. Elle aura donc lieu vingt-quatre heures plus tard.

9. Créée par l'introduction des deux revolvers dans la grotte.

Dix-neuf morts parmi les preneurs d'otages. Deux militaires tués. Et surtout une polémique qui s'enfle très vite après l'assaut : comment sont morts le chef du commando Alphonse Dianou, son compagnon Wenceslas Lavelloi et le « porteur de thé » Waina Amossa qui ravitaillait les ravisseurs ? Le travail des journalistes sur place permettra — à partir d'interviews des porteurs de thé — de déterminer l'existence de dissimulations évidentes dans la version officielle. L'« enquête de commandement » décidée le 14 mai par Jean-Pierre Chevènement, le nouveau ministre de la Défense, aboutit effectivement le 30 à la révélation par le ministre de l'existence « d'actes contraires à l'honneur militaire et à la discipline ». Le même jour, la justice ouvre une information judiciaire pour « homicides volontaires » et « coups et blessures volontaires ». Très rapidement toutefois, les enquêtes de presse permettront de déterminer qu'Alphonse Dianou est mort des sévices subis lors de son transport par une unité de gendarmes mobiles entre le dispensaire de Saint-Joseph et l'aéroport d'Ouloup, tandis que les deux autres morts suspects ont été tués *après l'action*, dans l'ambiance vengeresse et surchauffée régnant après des combats de ce type[10]. Jacques Vidal sera implicitement tenu pour responsable de ces mortelles erreurs, et de n'avoir pas su retenir ses hommes.

Le boycottage du cocktail

10 février 1989. Le ministre des DOM-TOM Louis Le Pensec descend de l'avion d'UTA sur l'aéroport de Nouméa. Il vient présider sur le territoire la réunion annuelle de toutes les hautes autorités civiles et militaires françaises du Pacifique sud. Tous sont présents sur la piste. Un seul fait sa mauvaise tête :

10. Lire à ce propos : Edwy PLÉNEL et Alain ROLLAT, *Mourir à Ouvéa, le tournant calédonien*, La Découverte-*Le Monde*, Paris 1988 ; et Antoine SANGUINETTI, Daniel HELDIN, Guy RAMIREZ, Violaine WEBEN et Jean-Pierre WEBEN, *Enquête sur Ouvéa*, Ligue des droits de l'homme, Paris, 1989.

Jacques Vidal. Il a appris l'avant-veille, à l'issue du conseil des ministres, qu'il était remplacé. Et s'il est discipliné et n'a fait aucun commentaire public sur son retour en métropole, il n'est tout de même pas vraiment enchanté. Le Pensec, naturellement au courant de l'affaire, ne fait rien pour le rasséréner : lors des réunions, il le boude ostensiblement ; lors du dîner de clôture, il ne l'invite pas à sa table comme le voudrait le protocole. Maigres représailles : Vidal boycotte le cocktail final du ministre et invite — sans avoir trop besoin de le pousser — son état-major à faire de même. Seul le médecin militaire du lieu, note le ministre qui en fait part à son collègue Chevènement dès son retour, a bravé l'ordre du général. Ce brevet de loyalisme républicain n'a toutefois qu'une valeur limitée : la consigne de boycottage ne lui avait pas été transmise. Dès le retour du ministre à Paris, les collaborateurs de Le Pensec abreuvent les cabinets de la Défense et de Matignon de coups de téléphone indignés. Mais que faire pour punir davantage le général ?

Car la mutation n'est que la partie visible de la sanction : en fait, Jacques Vidal en a déjà subi une autre. A la fin de l'année 1988, l'évolution de sa carrière aurait pu lui permettre d'être « inscrit à la liste d'aptitude » pour une troisième étoile. Le Conseil supérieur de l'armée de terre, instance statutaire habilitée à proposer les promotions, l'a effectivement fait. Mais le ministre a refusé. Les militaires grondent en silence, mais au cabinet du ministre on explique alors que non, c'est non : « Il ne l'aura jamais. Quand on lui donne une mission, un militaire doit examiner tous les moyens de l'accomplir. Et à Ouvéa, Vidal l'a fait. Ce qu'on lui reproche, c'est le bordel qui a régné *après* l'opération. » Le problème, c'est que personne dans l'armée de terre n'est d'accord avec cette analyse. Les chefs de Vidal sont tous convaincus que l'armée a été prise dans cette affaire dans un étau politique, que si des fautes ont été faites elles étaient inhérentes à la nature des combats et qu'*in fine* Jacques Vidal n'a pas à payer seul les erreurs commises.

Branle-bas dans l'institution. Sortant de la tranchée, le chef d'état-major des armées se fâche. « Le général Schmitt a été grand, pour défendre Vidal, admire en esthète ce proche collaborateur de Jean-Pierre Chevènement, il est venu voir le ministre spécialement pour obtenir cette troisième étoile, il a écrit à François Mitterrand. Et en plus, il n'a rien dit aux journalistes. Rien à dire, c'est correct... » Fin 1989, le problème se pose à nouveau de l'inscription de Jacques Vidal à la liste. S'il l'obtient, il aura perdu un an : à ce niveau, ce n'est pas irrémédiable, surtout s'il occupe un beau commandement par la suite. Finalement, il fut bien inscrit. Mais ce fut dur. Et d'autres généraux, non des moindres, annoncèrent qu'ils démissionneraient — on appelle cela « mettre son képi sur la table » — si leur collègue devait être définitivement barré de l'avancement. Devant la menace d'une crise ouverte, le pouvoir jugea qu'elle serait vraiment disproportionnée avec l'enjeu. Il suffit de discuter...

Le général Antonio Jérôme, pour sa part, sera récompensé pour avoir informé l'Élysée des coulisses de l'opération *Victor* et des préparatifs qui se déroulaient sur le terrain, sous l'autorité directe de Bernard Pons. Alors qu'il avait été contraint de partir en retraite par anticipation, peu après la conclusion de l'opération, le Conseil des ministres le rappellera le 22 février 1989 pour qu'il prenne la tête de la Direction de la protection et de la sécurité de la défense (DPSD, ex-Sécurité militaire) en remplacement du général Pierre Devemy, lui aussi gendarme.

« Lamantin », son sable chaud

Zouérate, Mauritanie. Ce 1er mai 1977, des guérilleros sahraouis appartenant au Front Polisario qui réclame l'indépendance du Sahara occidental — partagé entre la Mauritanie et le Maroc — attaquent la petite ville de Zouérate. Deux Français sont tués et six autres enlevés et emmenés dans le désert, en territoire algérien. Le raid s'est déroulé selon la méthode habituelle des Sahraouis : des colonnes de plusieurs dizaines de Land-Rover armées de mitrailleuses lourdes attaquent un poste des forces armées mauritaniennes ou marocaines, puis s'évanouissent à nouveau dans le désert. Si l'armée marocaine peut éventuellement faire face par ses propres moyens à de telles attaques, il n'en est pas de même, loin de là, pour l'armée mauritanienne. Ses équipements militaires sont désuets et insuffisants, ses moyens de reconnaissance largement inadaptés pour faire face à de telles incursions. Au cours de l'année 1977, celles-ci se sont multipliées.

L'opinion publique française réclame la libération des otages du Polisario. Après de nouvelles attaques et l'enlèvement le 25 octobre de deux nouveaux Français qui travaillaient sur la ligne de chemin de fer Zouérate-Nouadhibou, le président Valéry Giscard d'Estaing décide de réagir et réunit à l'Élysée le général Guy Méry chef d'état-major des armées (CEMA), le ministre de la Coopération Robert Galley, celui des Affaires étrangères Louis de Guiringaud, et son chef d'état-major particulier, le général Claude Vanbremeersch. Pour des raisons de discrétion, car l'appui de la France ne doit pas être ostentatoire, deux hypothèses sont rejetées : l'envoi d'un porte-avions, et celui d'une force d'intervention terrestre. Sur la base aérienne de Toul (Meurthe-et-Moselle), le commandant Jean Menu est à la tête de l'un des escadrons de Jaguar de la 11e escadre de chasse appartenant à la force aérienne tactique (FATAC). L'ordre est venu un matin de novembre, estampillé « secret défense », de faire partir quatre Jaguar pour Istres (Bouches-du-Rhône), d'où ils décolleront finalement pour Dakar (Sénégal) ; quatre autres vont rejoindre la capitale sénégalaise à partir du Togo où ils étaient en manœuvres : l'état-major de l'armée de l'air comme le gouvernement ne veulent pas que la présence inhabituelle d'avions de chasse français soit décelée sur le territoire mauritanien. Tout se passera donc à partir du pays voisin.

Avec les chasseurs-bombardiers et tout aussi discrètement, d'autres avions sont mis en état d'alerte sur le sol africain. Un Bréguet-Atlantic appartenant à la marine nationale et habituellement chargé de détecter les sous-marins. Il patrouillera au-dessus du désert pour repérer les attaquants en profitant de son autonomie d'une quinzaine d'heures. Second appareil, un Transall : il servira de PC volant au responsable de l'opération, le général Michel Forget, commandant en second de la FATAC et ancien chef du cabinet militaire du ministre Yvon Bourges. Et des avions ravitailleurs en vol C-135 F. Fin novembre, tout est en place. 200 militaires français des trois armées ont été secrètement envoyés en Afrique. L'opération *Lamantin* est en route. Au plan strictement opérationnel, comme sur celui des relations qui vont s'établir entre les militaires sur le terrain et le sommet de l'État, il s'agit de la première opération « moderne » montée par l'armée française. Avec pilotage en direct (donc sans filet) par l'Élysée.

Le 2 décembre, les choses sérieuses commencent. Une colonne du Polisario a attaqué la base mauritanienne de Soual-Nouar, à 90 kilomètres au nord-est de Nouadhibou. Le dispositif prévu par les Français se met en place aussitôt : l'Atlantic cherche et trouve la colonne rentrant sur le territoire algérien, et guide vers elle les Jaguar, qui restent à bonne distance et à haute altitude. Le chef d'escadrille, Jean Menu, demande ses ordres à Michel Forget dans son Transall. Que doit-il faire ? Attaquer, disparaître, prendre des photographies avec les caméras de bord à haute définition des Jaguar ? Très vite, Forget appelle à Paris le Centre opérationnel des armées par un système radio VHF-BLU relayé par des transmetteurs de l'armée de terre installés à Dakar. A l'autre bout de la chaîne, le général Guy Méry, chef d'état-major des armées. Il téléphone au général Claude Vanbremeersch, chef de l'état-major particulier du président. Qui lui-même se renseigne auprès de Giscard. Réponse : non. « Bingo rouge » : le général lance dans son micro de bord le mot de code convenu pour stopper l'opération. Mais les Jaguar ne seront pas venus pour rien : du haut des cieux, ils tombent comme des pierres sur les Land-Rover qu'ils photographient, et tirent un coup de canon de 30 mm — un seul — quelques mètres devant la première voiture du dispositif.

« Bingo vert »

Retour sur Dakar. Et nouvelle attaque du train minéralier non loin de Zouérate, le 12 décembre. Selon les mêmes procédures, la flotte aérienne décolle, mais Paris stoppe aussitôt l'opération. Pour la faire reprendre quelques heures plus tard. Les Land-Rover sont déjà très loin dans le désert, mais l'Atlantic — invisible — ne les a pas lâchées d'une semelle. Les appareils sont à 1 300 kilomètres de leur base de Dakar, et ont déjà été ravitaillés une fois par les « nourrices » C-135 F. En début de soirée, alors que la colonne des maquisards pense ne plus avoir à craindre de menace, les Jaguar ont les Land-Rover en vue. Du fond du ciel, Jean Menu annonce à Michel Forget que lui-même et ses pilotes sont prêts. Dans son Transall, le général appelle à nouveau Paris. Guy Méry possède un ordre permanent d'ouverture du feu, signé du président. Mais il est convenu entre les deux hommes que celui-ci ne peut être utilisé qu'en cas d'extrême urgence, par exemple pour empêcher de nouvelles prises d'otages. De surcroît, des négociations sont parallèlement menées à Alger avec le gouvernement algérien et le Front Polisario pour obtenir la libération des otages. Le CEMA n'a pas l'intention de décider seul.

Lorsque Michel Forget appelle le Centre opérationnel des armées, dans les sous-sols du ministère de la Défense, boulevard Saint-Germain à Paris, le CEMA est absent. Il est rentré chez lui, dans son appartement des Invalides. C'est là que le permanencier l'appelle et lui fait part de l'ordre sollicité par le général qui vole au même moment dans son Transall. Guy Méry saisit à son tour son téléphone et appelle Claude Vanbremeersch à l'Élysée. « Il est parti avec le président », explique le planton. Qu'à cela ne tienne... Méry appelle la voiture présidentielle, qui se trouve alors dans le sud de Paris. Vanbremeersch est assis à côté du président. Un simple mouvement de menton suffit. Et, dès que la voiture est sortie du tunnel qui interrompt la communication, Guy Méry est mis au courant. Moins d'une minute plus tard, au-dessus du désert mauritanien, Michel Forget reçoit l'ordre de feu. « Bingo vert », annonce-t-il au commandant Menu. Les pilotes reprennent un peu d'altitude. D'un geste du pouce, ils déverrouillent les commandes de mise à feu de leurs canons de 30 mm. La mort va fondre sur les maquisards.

Cette fois-ci pourtant, ils sont sur leurs gardes. Dès que leurs guetteurs repèrent les attaquants, les Sahraouis mettent en batterie leurs redoutables mitrailleuses de fabrication soviétique de 14,5 mm, et arment leurs missiles SAM-7. Les services de renseignement français avaient appris que le Polisario disposait de tels engins, et une petite enquête avait été menée auprès des pilotes israéliens qui avaient eu à les affronter. Les pilotes français ont retenu les leçons, dont la validité avait été expérimentée lors de l'attaque du 2 décembre : attaque à 500 nœuds (un peu moins de 1 000 km/h) « en radada », c'est-à-dire au ras du sol. Il faut ouvrir l'œil : dès que le panache de fumée annonce le départ du SAM-7, le pilote doit virer au plus serré pour masquer sa sortie de réacteur avec les gouvernes, puis allumer sa postcombustion et la couper aussitôt. L'autodirecteur infrarouge du missile doit alors logiquement se diriger vers la source de chaleur la plus intense, et éviter l'avion. Malgré ces précautions, des avions furent touchés, mais sans gravité et remis en état à Dakar. Mais sur le terrain, c'était l'épouvante : la meute de Jaguar avait détruit la moitié de la colonne d'où s'échappait l'épaisse fumée noire des jerricans enflammés. Plusieurs dizaines de corps atrocement mutilés et carbonisés jonchent le sable. Le lendemain 13 décembre à Alger, où il a été longuement reçu par le président Houari Boumediene, le secrétaire général du Parti communiste français Georges Marchais révèle que l'Algérie « souhaite que la question des prisonniers français de Zouérate trouve prochainement une solution ». Dès le lendemain, la libération sera annoncée, et les otages accueillis en France peu avant Noël.

« Je veux que Boumediene me respecte »

Les opérations étaient-elles terminées ? Non. Car Giscard a le sentiment que Houari Boumediene, qui abrite les Sahraouis, cherche un peu trop à intervenir dans les affaires intérieures françaises : après avoir reçu Georges Marchais, il s'apprête à accueillir François Mitterrand à Alger, alors que des élections législatives capitales doivent avoir lieu en mars 1978... Inacceptable. Et, comme à Ouvéa onze ans plus tard, ou comme le colonel Muammar al-Kadhafi en mars 1986 à Ouadi-Doum, ceux qui viennent chatouiller la puissance militaire française apprendront qu'il vaut toujours mieux procéder de la sorte en dehors d'une période électorale. Alors que le sort des otages est réglé, que le retour est prévu sous contrôle de l'ONU dans les jours qui suivent, la plus lourde des opérations sera menée le 18 décembre contre une autre colonne du Front Polisario. Cette fois-ci, c'est dans la région de Tmelmichat que se trouvent les maquisards. Et ils se défendront beaucoup plus vigoureusement.

Avant d'être complètement anéantis, les guerriers sahraouis ont en effet considérablement endommagé deux des avions attaquants : celui du chef d'escadrille Jean Menu devra se dérouter en piteux état sur l'aéroport de Nouadhibou : une balle de mitrailleuse dans la verrière, les entrées d'air et une partie de la dérive arrachées, les ailes percées. Irréparable sur place, le Jaguar rentrera en France en pièces détachées. « Je veux que Boumediene me respecte », aurait dit Giscard à des officiers de son état-major lors d'une réunion tenue à l'Élysée quelques heures avant qu'il décide son ultime *bingo vert.* Ce « respect » présidentiel aura coûté plusieurs centaines de morts au Polisario, et fut bien près de valoir les pires déboires aux pilotes français. Giscard étant tout de même reconnaissant, il fit attribuer à Jean Menu et à Michel Forget la croix de la valeur militaire avec palme et citation à l'ordre de l'armée : en France, une poitrine de soldat ne peut rien porter de plus glorieux. Le seul problème, c'est que ces décorations furent remises clandestinement à leurs bénéficiaires dans le bureau du chef d'état-major de l'armée de l'air, le général Maurice Saint-Criq, et non pas comme le veut la règle, sur le front des troupes : bien qu'elle ait été révélée en son temps par les Sahraouis, l'existence des attaques avait été admise par les Français, qui n'en avaient cependant jamais eux-mêmes divulgué les « détails », dont le rôle exact des pilotes français. Les intéressés en ont gardé un certain dépit...

Jean Menu a fait son chemin depuis : en septembre 1987, alors qu'il était colonel et commandant le dispositif français *Épervier*, au Tchad, c'est lui qui avait donné l'ordre de tir — mais sans en référer à Paris, il n'avait pas le temps — qui permit à un missile Hawk de l'armée de terre d'abattre un Tupolev libyen se préparant à attaquer N'Djaména. Quelques semaines plus tard, il recevra — avec tous les égards dus à son rang de membre de la commission de la Défense nationale —, le député Michel Rocard, alors en tournée africaine de « candidat à la candidature » socialiste pour l'élection présidentielle. Et en septembre 1989, lorsqu'il s'agira de remplacer son collègue Bernard Norlain comme chef du cabinet militaire de Matignon, celui qui est entre-temps devenu Premier ministre prendra à ses côtés cet « opérationnel » incontestable. Les hommes qui savent appuyer au bon moment sur le bouton qui convient ne peuvent pas être inutiles pour un Premier ministre.

Le désert des Tartares

Lamantin, Victor. Deux opérations, deux illustrations des relations qui s'établissent entre le pouvoir politique et les militaires à l'occasion de crises jugées suffisamment importantes pour nécessiter l'emploi de la force armée. *Lamantin* : une opération de soutien à un régime africain menacé. Ouvéa : une opération de police qui se transforme en action militaire, sur le « territoire national ». Au carrefour de la diplomatie et de la politique intérieure, les « opérations » sont en quelque sorte la raison d'être des militaires d'aujourd'hui : être le bras armé, disponible et efficace, d'une république européenne qui se veut une puissance mondiale. Seul problème : depuis la fin de la guerre d'Algérie, en 1962, la France vit en paix et n'intervient — relativement souvent, certes — à l'extérieur de ses frontières qu'avec quelques centaines d'hommes à chaque fois (cf. encadré) ; mais selon l'éternel principe du *Si vis pacem, para bellum*, l'armée française de temps de paix est dimensionnée pour faire face à un conflit majeur : 679 000 hommes [11] la servent en 1990.

Lamantin, Victor. Et Kolwezi en 1978, et le Tchad, et Beyrouth, et le Gabon, et le golfe Arabo-Persique : autant de missions militaires, parmi d'autres, qui nourrissent les mythes et l'imagination des jeunes conscrits et des professionnels. Autant de preuves que le mot « efficacité » a encore un sens, que la disponibilité n'est pas un vain mot, que l'éventualité de la mort en service commandé est acceptée sans discussion. Mais les armées sont aussi cette énorme machine bureaucratique, routinière et socialement conservatrice pour laquelle la paix est synonyme d'inaction, donc d'ennui. Officiellement l'ensemble de l'armée française participe à la dissuasion d'un adversaire potentiel dont les événements intervenus à l'Est et en URSS depuis la fin des années quatre-vingt démontrent chaque jour davantage l'absence d'agressivité militaire. Que reste-t-il de nos ennemis ?

Les temps sont durs pour les armées françaises et pour le demi-millier de généraux qui les gouvernent. La mythologie des opérations extérieures est rongée par une réalité plus évidente chaque jour : nos soldats veillent face au désert des Tartares, aux créneaux d'une forteresse vide d'assaillants. Dans de telles conditions, les spécificités militaires — un système de formation autonome, une gestion des personnels et un système de promotion hors du regard des civils — prennent davantage de relief. Le maintien du fonds de commerce impose que,

11. Les armées françaises comptaient, en 1990, 300 993 militaires professionnels, 248 654 appelés, 129 601 civils.

PRINCIPALES OPÉRATIONS MILITAIRES FRANÇAISES
À L'ÉTRANGER DEPUIS 1977

Centrafrique :
— *Barracuda* (1979-1981) ;
— *Cyprin* (1981) ;
— Éléments français d'assistance opérationnelle — EFAO (1982-).

Comores :
— *Oside* (décembre 1989).

Gabon :
— *Requin* (mai 1990).

Golfe Arabo-Persique :
— *Prométhée* (1987-1988) ;
— déminage (1987-1988).
— *Artimon* (août 1990-).
— *Salamandre* (août 1990-).
— *Daguet* (septembre 1990-).

Liban :
— *Hippocampe* (mars 1978-), mise en place de la force intérimaire des Nations unies au Liban (FINUL) ;
— *Olifant* (1981-) — marine nationale.
— *Anabase* (septembre 1982) — marine nationale :
— *Épaulard* (août-septembre 1982), force multinationale d'interposition à Beyrouth ;
— *Diodon* (septembre 1982-avril 1984), force multinationale de sécurité à Beyrouth ;
— *Mirmillon* (1984) — marine nationale ;
— Observateurs-casques blancs (avril 1984-juin 1986).

Mauritanie :
— *Lamantin* (1977) ;
— Nouadhibou (1979-1980).

Nouvelles-Hébrides :
— *Saintonge* (1980).

Tchad :
— *Tacaud* (1978-1980) ;
— *Manta* (1983-1984) ;
— *Épervier* (1986-).

Togo :
— 1986.

Tunisie :
— *Scorpion* (1980).

Zaïre :
— *Bonite* (1978).

Sources : Jean-Michel BOUCHERON, *Rapport sur le projet de loi de programmation militaire de 1990-1993*, Assemblée nationale, 1989 ; André FOURES, *Au-delà du sanctuaire*, Économica, Paris, 1986. (Les dates incomplètes entre parenthèses concernent les opérations toujours en cours à l'automne 1990.)

malgré les évolutions du monde, les militaires gardent un poids significatif dans la société française : ils construisent toujours autant de canons et d'avions, n'achètent pas moins de bateaux, n'essaient pas moins que par le passé d'influer sur les décisions du pouvoir politique. A défaut d'être aujourd'hui plus indispensables que d'autres acteurs de la société, paix oblige, les généraux voudraient que les citoyens n'oublient pas qu'ils pourraient, un jour, le devenir à nouveau.

I

La fabrication des généraux

2

L'enfance des chefs

« A genoux les hommes, debout les officiers. » C'est sur le Marchfeld de Coëtquidan (Morbihan), léché par les genêts de la lande voisine, que cette formule rituelle vient saluer, chaque année en juillet lors de la cérémonie du « Triomphe », le début de la carrière des jeunes officiers de l'armée de terre passant par la voie royale, celle du recrutement direct et de l'École spéciale militaire de Saint-Cyr. Ces festivités au cours desquelles les élèves reçoivent de leur « parrain » les épaulettes de sous-lieutenant et dont l'aspect spectaculaire est solennisé par l'heure tardive et les jeux de lumière qu'elle autorise ne sont pas sans analogie — pas cadencé, *Marseillaise*, feu d'artifice en plus — avec l'alternative des jeunes toreros ou la prise d'habit des religieux : cette sacralisation extrême, voulue, cultivée, organisée et autocélébrée dans une ferveur exaltée par les élèves et le commandement, marque la fin des deux premières années de la formation spécialisée, qui en compte trois.

Saint-Cyr : à la source du système de valeurs

Ce même type de formation existe dans la marine nationale, avec l'École navale de Lanvéoc-Poulmic sur la rade de Brest, et dans l'armée de l'air avec l'École de l'air de Salon-de-Provence. C'est parmi les jeunes élèves sortis de ces trois écoles que se recruteront, une trentaine d'années plus tard, les officiers généraux cadres des armées françaises ; mais de tous ces établissements d'enseignement militaire supérieur disposant du statut de grande école, Saint-Cyr est indiscutablement le mieux connu. Sans doute parce que les effectifs en sont plus nombreux [1] mais pas seulement : « Cyr » est la vitrine de l'armée de terre et la pépinière de ses élites. C'est aussi le conservatoire de ses traditions — dont le grand uniforme (le « GU ») est la marque, avec son shako à l'ancienne, son plumet (le « casoar » rouge et blanc) et son pantalon garance — et le rêve fantasmé de cette frange de la jeunesse idéalisant « ce quelque chose de profondément ressenti, fait de valeurs immuables que sont la discipline, la générosité, le don de soi poussé jusqu'au sacrifice mis en œuvre depuis près de deux cents ans à Saint-Cyr pour la grandeur de la France [2] ». Depuis quelques années Saint-Cyr est aussi, de manière moins glorieuse mais quasi exclusive parmi les écoles françaises d'officiers, la cible de critiques sévères d'une part non négligeable de l'institution militaire et de l'opinion publique.

La direction, le corps enseignant et les élèves de l'École spéciale militaire eux-mêmes considèrent cependant que les critiques qui furent portées naguère dans plusieurs documents et articles de presse sur la formation dispensée par l'école et l'ambiance qui y règne ne sont plus d'actualité au début des années quatre-vingt-dix. Peut-être. Mais des avis commencent à se faire entendre, y compris dans l'armée de terre, pour affirmer que les saint-cyriens demeurent en partie, comme dix ans plus tôt alors que la réforme lancée par Charles Hernu n'était pas encore appliquée, « laissés pour compte du système de sélection scolaire et universitaire [3] ». Dans la bouche de certains responsables militaires, et dans celle de plusieurs hauts fonctionnaires civils très au fait de ce dossier, nous avons entendu des considérations peu amènes, et des accusations parfois très graves : « On y donne une formation républicaine à

1. Les promotions de l'École spéciale militaire de Saint-Cyr comptent environ 165 élèves officiers, contre 75 pour l'École navale et 95 pour l'École de l'air.

2. Sous-lieutenant DE LA GIRAUDIÈRE, « Programme du gala de Saint-Cyr », éditions Bres, Paris 1990.

3. Rapport de la grande commission de l'École supérieure de guerre, 1981.

des gens qui ne le sont pas » (mars 1990). « C'est un ghetto volontaire, un couvent. Ils se nourrissent d'une vision géopolitique évoquant la marée maghrébine, et la proportion des lepénistes y est beaucoup plus forte que dans la société civile. C'est leur paysage, à des titres divers, qui mobilise un bon quart de la promo et baigne idéologiquement une bonne moitié. En marge, on trouve quinze gars qui savent écrire et penser » (mars 1990). « Les élèves officiers sont une bande de jeunes gens assez sympathiques, sortant du ghetto familial pour entrer dans celui de l'armée et qui veulent tous sauter sur Kolwezi » (janvier 1990). « Cette école est un chaudron. Les élèves y sont complètement isolés, et il faudra rapidement les rapprocher de la vie civile. L'auto-encadrement est beaucoup trop fort : on y maintient des idées, on y reproduit des approches politiques » (juillet 1989). « A l'extérieur, la vision qu'ils donnent de leur intégrisme catholique est absolument catastrophique. Les excès de leurs attitudes sont très préjudiciables à l'ensemble de l'armée » (mai 1990). « Il ne faut rien dramatiser. Il y a sept ou huit têtes brûlées parfaitement connues du commandement » (juin 1990).

De tels commentaires ne s'énoncent pas à haute voix : bien rares sont dans l'armée ceux qui osent mettre en cause les fondations du monolithe saint-cyrien. Un an après sa réception par le ministre de la Défense, le rapport sur le sujet, remis à l'automne 1989 à Jean-Pierre Chevènement par le président de la Fondation pour les études de défense nationale, le professeur Pierre Dabezies, se gorge doucement de poussière dans une armoire blindée : le ministre a admis auprès de certains de ses proches que s'il l'a enterré, c'est pour ne pas avoir un sujet d'affrontement majeur avec l'état-major. A la source du système de valeurs de l'armée de terre tout entière, Saint-Cyr a formé tous les chefs qui ont à son endroit une indulgence acquise par avance. Plus exactement, ils affichent un discours à double face : à l'intérieur du système, les propos sont durs et la lutte effective contre les débordements. Mais le jeu consiste à ce que toute procédure reste strictement interne, que surtout elle ne puisse pas être mise sous les yeux des civils.

Par exemple, il ne faudrait pas qu'on sache à l'extérieur de l'école que lorsqu'il vint à Saint-Cyr en 1989 présenter la vie de son camarade Tom Morel, cyrard et résistant qui donnait son nom à la promotion, l'un de ses compagnons d'armes s'entendit demander comment lui-même et les autres officiers résistants avaient pu concilier leur serment de fidélité au maréchal Pétain et leur entrée dans la rébellion. Malheur à celui par qui le scandale arrive ! C'est ainsi qu'en démissionnant en mai 1990 d'un jury de mémoire sur la coopération franco-allemande, le général Fricaud-Chagnaud a cristallisé toutes les haines que suscitent ceux qui rompent la loi du silence. Car le général, en signalant les faits au ministre, n'avait pas voulu cautionner une seule seconde la copie d'un cyrard affirmant que la « collaboration » franco-allemande avait trouvé des fondements « féconds » dans la participation de volontaires français à la division SS Charlemagne, pendant le second conflit mondial[4].

La vocation de Saint-Cyr à former les futurs généraux de l'armée de terre n'est pas plus contestable que celle de l'École navale ou de l'École de l'air pour les deux autres armées. Contre une telle pépinière de hiérarques, berceau de ceux qui seront les chefs de l'armée française en 2020, les remarques féroces que nous évoquions plus haut pourraient être portées par des « ennemis » de l'armée de terre, bien que certaines d'entre elles viennent de l'intérieur de la « famille ». Ce n'est pas le cas : les fonctions de nos interlocuteurs garantissent toute absence d'animosité particulière. De plus, ces propos sont confirmés sans la moindre ambiguïté — sauf pour ce qui concerne les choix politiques individuels, réserve de la fonction publique oblige — par la lecture des textes produits par les élèves eux-mêmes...

4. Jean GUISNEL, « Des thèses d'extrême droite dans la copie d'un cyrard », *Libération*, 27 juin 1990.

Référentiel de base, moral et social : l'Algérie

Leurs écrits permettent en particulier de confirmer les observations que faisait en 1981 le capitaine Antoine Ibanez, à propos du prytanée militaire de La Flèche : « Une minorité d'élèves marche à côté de ses pompes... Certains, imbus d'eux-mêmes et particulièrement sûrs de leur vocation, idéalisent outrageusement des notions comme l'honneur, la discipline, le sacrifice suprême et se considèrent comme les derniers défenseurs de la civilisation et de ses véritables traditions. Il est très urgent de préserver contre ce danger, qui déforme l'image des corniches[5] et nuit certainement au recrutement des élèves scientifiques, en particulier pour les classes préparatoires à l'École spéciale militaire[6]. » De bons connaisseurs de Cyr ayant évoqué devant nous le fait que la guerre d'Algérie et les divers événements qui lui sont liés demeurent toujours aujourd'hui très présents chez les cyrards — nés entre 1967 et 1970 pour les actuelles promotions —, nous avons posé la question à quelques-uns d'entre eux lors d'une visite en juin 1990. Les réponses ont été diverses : certains évoquent « un épisode de l'histoire de France, sans plus », tandis que d'autres parlent d'« un problème douloureux, un déchirement, des choix qu'on a beaucoup de mal à juger », ou encore d'« une déchirure, un événement suffisamment fort pour soulever encore les passions ». Un de leurs instructeurs militaires nous confiera que « leur référentiel de base, moral et social, c'est très souvent l'Algérie. Les élèves s'y rattachent beaucoup ».

Comme ce fut le cas pendant des mois à l'occasion de l'affaire du lycée d'Aix, où l'exécution par les élèves d'airs guerriers allemands eut pour principale conséquence l'éviction

5. Classes préparatoires des lycées militaires de La Flèche, Autun, Aix-en-Provence, Brest, Grenoble et des lycées Henri-IV de Paris, Poincaré de Nancy, Dumont-d'Urville de Toulon.

6. Antoine IBANEZ, *Le Casoar*, décembre 1981. Cité par Guy-Michel CHAUVEAU (voir note 19).

de deux professeurs qui avaient pris position contre cet état de fait, la hiérarchie de l'armée de terre et le commandement des écoles persistent à affirmer avec un bel ensemble que les corniches et les « cornichons » qu'elles abritent n'ont rien à voir avec Saint-Cyr, que les élèves aux nuques rasées qui s'y laissent aller à des attitudes extrémistes n'engagent qu'eux-mêmes, que les cultes étranges qu'on y célèbre ne reçoivent aucun encouragement. Voire... Car la revue rédigée par les élèves de Saint-Cyr eux-mêmes, sous le contrôle des chefs qui cherchent à éviter les dérapages les plus énormes, confirme que les « corniches » vivent en symbiose étroite avec Cyr et l'appareil de l'armée de terre ; en règle générale, qui plus est, les cérémonies des corniches se déroulent en présence de l'autorité militaire locale ou de son représentant qui ne manque pas de prononcer un petit discours.

C'est ainsi, pour ne citer que cet exemple, que le numéro 30 de *Saint-Cyr* de février 1990 reproduit un article nous apprenant que le général Henri Dubouchet, appartenant à la 4e division aéromobile-61e division militaire territoriale, « a présidé les cérémonies de remise des calots aux élèves de 1re année de la corniche Drouot au lycée Poincaré de Nancy. Il a indiqué aux futurs élèves de Saint-Cyr que le calot préfigurait la remise du casoar. Il s'agit aujourd'hui d'une première étape dans l'entrée du métier des armes, du don de soi ». Et une photographie montre les « cornichons » portant un flambeau, ou, genou en terre, faisant face à des cyrards en grand uniforme, sabre au clair... En face, on explique au lecteur comment, à Aix-en-Provence, « jeunes et anciens, en tenue de tradition, s'imbriquèrent au coucher du soleil en un ensemble parfait face au mât des couleurs de la cour d'honneur[7] ».

Particulièrement rigide et convenu, le discours saint-cyrien sur la tradition constitue le fondement d'une culture exclusive, première expression d'une spécificité militaire construite à coups de jargon et de bizutages — aujourd'hui plus folklori-

7. *Saint-Cyr* (revue des élèves de l'École spéciale militaire), n° 30, février 1990, p. 44 et 45.

ques que méchants, l'encadrement veille — qui continuera de se forger au fil des années ; il est par essence inaccessible à toute critique, considérée par principe comme une « attaque ». Lors d'une discussion avec le bureau des élèves — le « Grand Carré » — de la promotion « Tom Morel » qui a quitté Saint-Cyr en juillet 1990, le « père système[8] » nous expliquait : « Nos traditions ont pour but de perpétuer le souvenir des valeurs de l'école et de l'esprit saint-cyrien : sacrifice, disponibilité, panache. Jamais on ne pourra entrer à Saint-Cyr comme on entre dans une école de commerce. Si les gens nous attaquent, c'est que notre esprit de corps les dérange. Voudraient-ils que Saint-Cyr ne forme que des gens qui pensent, incapables d'agir ? » D'autres encore s'indignent : « On écrit sur nous des choses pas vérifiées, qui ressortent régulièrement. On extrait un fait de la réalité qu'on grossit, qu'on généralise à l'ensemble de ce qu'on dit, de ce qu'on pense. On nous fait du mal. »

« Le rationnel et le superflu s'écroulent »

Par écrit pourtant, c'est clair. Évoquant dans un article le port de la tenue d'apparat, un cyrard note : « Si l'habit ne fait pas le moine, le grand uniforme doit faire le saint-cyrien puisqu'il représente le courage et l'abnégation de 10 000 de nos anciens. On pourrait comparer le port du grand uniforme à l'image que fait saint Paul du baptême des premiers chrétiens : *Revêtir l'homme nouveau*[9]. » L'emphase, la célébration du particularisme saint-cyrien semblent n'avoir aucune limite, au point de friser parfois le mysticisme pur et simple ; en 1985, un rédacteur de la revue écrivait à propos de la remise du casoar, en début de deuxième année : « Notre panache est une

8. Élève élu par ses pairs pour garantir le maintien de la tradition et organiser les cérémonies.

9. Sous-Lieutenant DUPRÉ LA TOUR, « Le port du GU », *Revue Saint-Cyr*, n° 30, février 1990, p. 72.

pudeur d'âme, à la façon de ceux qui montèrent à l'assaut en casoar et en gants blancs [10]. Tout y est inscrit en couleur de sang et de pureté, et le porter suffit pour l'affirmer bien plus haut que de vaines paroles. Il est un instant magique où tout est compris. Un moment fragile où le rationnel, le matériel, le superflu et le confort s'écroulent devant la lueur tremblotante d'une bougie, devant des regards qui se croisent, se fixent, se répondent [11]. »

Autre illustration des valeurs saint-cyriennes : la préface au livre consacré à Tom Morel, lieutenant au 27e bataillon de chasseurs alpins d'Annecy tué alors qu'il organisait la résistance contre les Allemands sur le plateau des Glières, en 1944 [12]. Le texte préparé par les élèves officiers a été jugé si étonnant par la famille de Tom Morel qu'elle a choisi de procéder à des coupes claires, en invoquant de fallacieuses « contraintes techniques ». Les cyrards ont néanmoins décidé de publier l'intégralité de ce texte dans leur revue, ce qui permet de comparer les deux versions. Parmi les passages supprimés, un morceau de bravoure sur le casoar mérite d'être cité : « Le casoar : parce qu'il est l'école, parce qu'il est l'éclatant symbole d'une tradition d'officiers français superbes de gloire et de générosité. Qu'une légère brise vienne le caresser, les plumes rouges apparaissent, discret hommage à tous nos grands anciens morts sur tous les champs de bataille. Au vent, ses plumes folles s'enflent et s'égaillent et n'offrent jamais le même aspect. Au calme, elles retombent dans toute l'harmonie d'un léger arrondi : on dirait qu'elles coiffent toute notre jeunesse pleine d'enthousiasme et de foi, de panache et d'amour pour la France [13]. »

10. Les cyrards de la promotion Montmirail (1912-1914) avaient fait le serment de mener leur premier assaut en grand uniforme.

11. Sous-lieutenant Olivier BARNAY, « Le baptême des casoars », *Saint-Cyr*, n° 10, décembre 1985.

12. André RAVIER, *Lieutenant Tom Morel, Être de lumière et entraîneur d'hommes*, Fayard, Paris, 1990.

13. Sous-lieutenant PLESSY, « Nous sommes faits pour une vie héroïque », *Saint-Cyr*, n° 31, avril 1990, p. 13.

Le discours sur la tradition saint-cyrienne tenu par les élèves intègre une part notable de critique de l'institution militaire, représentée par l'encadrement, la « strasse » (contraction d'« administration » ; prononcer « chtrasse »). Cette contestation prend le plus souvent des formes anodines, plus rarement spectaculaires ressortissant davantage au chahut d'étudiants qu'à une quelconque remise en cause des principes hiérarchiques. Il arrive toutefois que les formes dépassent les normes souples admises par le commandement. Un exemple type a été donné par la promotion « Général Calliès » en décembre 1988. Le 2 décembre, anniversaire de la bataille d'Austerlitz qu'ils appellent traditionnellement « 2S », les saint-cyriens retournent en grand uniforme pour une cérémonie officielle dans la corniche où ils ont préparé leur concours, pour l'édification de leurs successeurs béats d'admiration.

Au lycée militaire de Saint-Cyr-l'École, près de Versailles, la cérémonie s'est particulièrement mal passée puisque les cyrards se sont indignés du fait que son organisation ait été prise en main par le commandement, que les troupes présentes n'aient été commandées que par un sous-officier. Les choses ont tourné si mal que les porteurs de casoars ont tourné les talons et sont rentrés à Coëtquidan… en écopant de nombreux jours d'arrêts de rigueur symboliques et en détériorant quelque peu les relations avec la hiérarchie présente, dont le général Hervé Zwingelstein commandant la 2e division blindée. D'autres incidents s'étaient produits, à la même période, au lycée militaire d'Autun, au cours desquels de jeunes « cornichons » avaient mis en quarantaine leurs professeurs, insulté et traîné dans la boue leurs familles, allant jusqu'à considérer que cette opposition à la « strasse » était aussi légitime que la résistance face à l'occupant allemand !

Autre éternel sujet de mécontentement : la « pompe », c'est-à-dire la partie scolaire de l'enseignement, les cyrards lui préférant unanimement la « mili », la formation militaire. C'est essentiellement pour permettre une amélioration de la formation intellectuelle des officiers de l'armée de terre que Charles Hernu avait imposé qu'une troisième année d'enseignement soit organisée à Cyr et confiée à des membres de l'Université, provoquant ainsi des remous désormais apaisés. Agrégé de lettres modernes et conseiller référendaire à la Cour des comptes, Jean-Louis Bourlanges fut professeur à l'École spéciale militaire de 1983 à 1988, date à laquelle il fut élu député européen sur la liste de Simone Veil. Il considère, un peu amusé, qu'à Saint-Cyr, « l'anti-intellectualisme est une donnée constante, les élèves sont marqués par le mépris de la pompe. Le persiflage brocarde les intellectuels, sur le thème "On est là pour se battre". Mais il faut admettre que le système d'enseignement est aberrant, ils sont deux cents dans un même cours alors que plus personne ne fait ça... De plus, la présence est obligatoire même après une marche de nuit et, dans un cours, il n'est pas rare d'en voir une trentaine qui dorment comme des gosses. A tel point qu'on se prend à parler doucement pour ne pas les réveiller ! »

Faut-il lier ce détachement ostensiblement provocateur vis-à-vis des apprentissages intellectuels au fait qu'un tiers des élèves-officiers de Saint-Cyr sont fils d'officiers ? La théorie développée par Pierre Bourdieu à propos des fils de patrons prendrait dans ces conditions un singulier relief : « Ils se satisfont pleinement d'un mode de reproduction dans lequel les institutions d'enseignement secondaire ou même supérieur, dont la fréquentation n'est guère qu'une sorte de droit statutaire de la bourgeoisie, se trouvent réduites à une fonction de légitimation. Le sentiment de ne devoir leur réussite qu'à leur expérience, et à leurs vertus acquises sur le tas, par la pratique et la défiance à l'égard de toutes les formes de savoir abstrait et livresque, ne les porte guère à valoriser les titres scolaires et l'institution qui les décerne [14]. »

14. Pierre BOURDIEU, *La Noblesse d'état. Grandes écoles et esprit de corps*, Éditions de Minuit, Paris, 1989, p. 402.

Tradition et contestation

Professeur à deux reprises du cours de civilisation « société française contemporaine », le sociologue Gérard Vincent se souvient des « mouvements divers » qu'il avait provoqués en annonçant dans un de ses cours qu'il était favorable, dans certaines conditions, au vote des immigrés. Il juge finalement Saint-Cyr comme un lieu « exotique » : « Ils étaient plus de deux cents, tous en uniforme, sans possibilité d'en distinguer un seul des autres. C'est surréaliste. Je pensais que la réforme Hernu les aurait ouverts, et ce n'est pas le cas. Je suis finalement parti en pensant que ces étudiants ne semblent pas percevoir l'intérêt qu'ils peuvent avoir à connaître les mécanismes élémentaires d'une société dans laquelle l'armée, pourtant, ne saurait être isolée. » Interrogés sur ce point, les élèves nous ont expliqué qu'ils « en ont marre de voir rabâcher des leçons sur la société française déjà vues en classe préparatoire ». C'est souvent en raison de telles attitudes, confortées à leurs yeux par la fermentation en milieu clos de Saint-Cyr, que de nombreux auteurs de rapports sur la question réclament un transfert de la troisième année de formation dans la région parisienne, avec des cours dispensés dans les facultés par des professeurs uniquement civils. Très contestée par les élèves, cette hypothèse déjà avancée par Guy-Michel Chauveau en 1982 a été reprise dans le rapport Dabezies.

Davantage encore que le mépris affiché pour les activités scolaires, les excès au nom de la tradition sont autant de pierres d'achoppement entre les élèves et la hiérarchie, particulièrement sensible aux effets de tels dévoiements sur l'image de l'armée de terre dans son ensemble. Vu de loin, devant la presse ou les hommes politiques, l'état-major parisien indulgent par principe plaide systématiquement la « fougue de la jeunesse qui se calmera avec les années » et passe beaucoup plus de temps et d'énergie à tenter d'étouffer les éventuels scandales qu'à sévir contre leurs auteurs. Sur le terrain il en va autrement, et ces multiples incidents font l'objet de mises en garde constantes du commandement des écoles. A propos de l'enseignement scolaire, le général dirigeant Saint-Cyr notait récemment, alors que les élèves revenaient d'un stage commando : « Vous venez de prouver que les jambes étaient bonnes, les bras aussi, d'ailleurs. Montrez que cela fonctionne bien aussi du côté de la tête et vous serez vraiment des chefs modernes, complets et équilibrés [15]. » Même incontestable fermeté sur les traditions : « Cette image que vous porterez un peu partout [...] ne permettez jamais qu'elle puisse apparaître caricaturale ou ringarde comme — ayons le courage et la franchise de le reconnaître entre nous — cela a pu se produire à certains moments. Souvenez-vous toujours qu'un saint-cyrien, cela se reconnaît moins à son GU qu'à son comportement exemplaire. Cela ne se reconnaît pas en tout cas à quelque bizarrerie caricaturale dans la coupe de cheveux [16]. »

Quel effet auront ces paternelles admonestations ? Peu, si les fameuses traditions sont respectées. Car le plus fin analyste des mœurs saint-cyriennes notait naguère, alors que le problème se posait dans des termes pratiquement similaires : « Dans la logique du nouveau discours officiel, dans lequel la tradition est identifiée au règlement, les manifestations des élèves deviennent des ''coutumes''. Croyant à la puissance de son verbe, le commandement croit pouvoir ainsi contrôler ces manifestations : ou elles sont conformes au règlement et à ce que les autorités attendent des élèves et elles sont alors tolérées, voire valorisées, ou elles sont non réglementaires et les élèves ne peuvent pas alors se réclamer de la tradition pour les organiser [17]. »

---

15. Général Étienne Renard : conférence de rentrée en enseignement général du 2e bataillon de l'École spéciale militaire. Octobre 1989, non publié.

16. Général Étienne Renard : allocution aux élèves officiers du 2e bataillon de l'École spéciale militaire. Octobre 1989, non publié.

17. André THIÉBLEMONT, « Tradition et pouvoir : les discours saint-cyriens sur la tradition », *Cahiers internationaux de sociologie*, n° 64-1978, p. 79.

Niveaux d'entrée et spécificité militaire

Entrer dans les écoles militaires pratiquant le « recrutement direct » présente des difficultés variées. Les statistiques sur ce sujet, relativement difficiles à obtenir, présentent des éléments intéressants. Elles permettent ainsi de déterminer, par exemple pour l'année 1988, qu'un candidat sur trois a été reçu à l'École navale, un sur quatre à l'École de l'air, un sur trois au concours Lettres de Saint-Cyr, un sur deux au concours Sciences économiques et un sur quatre au concours Sciences. Ces « taux de sélectivité » peuvent paraître plus faibles que le simple rapport *nombre de candidats/nombre de reçus*[18], mais ils sont issus d'analyses poussées des spécialistes du ministère de la Défense et tiennent compte de plusieurs éléments généralement négligés ; et en particulier du fait que nombre d'élèves passent de très nombreux concours, pour être certains d'en réussir un. Bien souvent, s'ils sont reçus simultanément dans une grande école civile et dans une grande école militaire, ils choisissent la première. Les directions d'école doivent alors piocher des admis dans les listes complémentaires, parfois fort loin.

Dans de tels cas, le succès n'est pas toujours garanti : en 1988, le concours Sciences de Saint-Cyr — qui ouvre seul à ses lauréats le titre d'« ingénieur » à l'issue du cycle de formation — n'est pas parvenu à faire le plein. Sur 350 candidats, 313 étaient présents le jour du concours écrit, et sur 172 admissibles 143 se sont présentés. 95 ont été reçus sur la liste principale, et 24 sur la liste complémentaire. En réalité, 42 se sont désistés et l'armée de terre n'a donc pu en recruter que 77, alors qu'elle offrait 95 places... Ces chiffres démontrent que les « difficultés spécifiques de recrutement de l'ESM de Saint-Cyr » évoquées en 1982 dans un rapport parlementaire demeurent d'actualité : « Un pourcentage élevé de

18. Concours de l'année 1988. École navale : 509 candidats pour 75 places. École de l'air : 1 097 pour 95 places. École spéciale militaire : 311 pour 63 places (lettres), 126 pour 22 places (sciences éco), 350 pour 95 places (sciences).

candidats inscrits ne se présente pas soit aux épreuves écrites, soit aux épreuves orales et un nombre important d'admis n'intègrent pas, préférant opter pour une carrière civile ou intégrer l'École navale ou l'École de l'air qui sont préférées à l'École spéciale militaire. Ces désistements sont, en grande partie, compensés par l'appel de la liste complémentaire : mais la moyenne du dernier admissible est très faible[19]. »

Pour compenser ce déficit, en 1988 comme les années précédentes, il a fallu engager 82 élèves officiers issus du concours Lettres, alors que 63 places seulement leur étaient réservées et que, surtout, ils ne correspondent pas aux actuels besoins de spécialistes de haut niveau technique que l'armée de terre réclame. Autre problème : les élèves de la filière « Lettres » ne peuvent préparer que le concours de Saint-Cyr, très spécifique. On se présente donc à cette épreuve par vocation, mais sans en préparer d'autres comme le font les candidats scientifiques... Les critères de choix des candidats, lorsqu'ils sont reçus à plusieurs concours, ne sont pas tous connus. Mais une intéressante étude faite en 1989 par l'École navale auprès de ses soixante-quinze élèves officiers de première année permet de discerner qu'aucun d'entre eux n'avait été reçu à Polytechnique, mais qu'en revanche 5 auraient pu intégrer l'École centrale, 2 l'École des mines, 21 les écoles nationales supérieures d'ingénieurs, 5 l'école nationale supérieure d'ingénieurs des études et techniques de l'armement, 8 l'école supérieure des travaux publics, 18 l'École de l'air et 25 Saint-Cyr. Faut-il rapprocher ces chiffres de la remarque que faisait en juin 1990 l'amiral Gilbert Le Mélédo, chef du personnel militaire de la marine, lorsqu'il notait que son armée n'attire plus les jeunes « par les images à base de cocotiers et d'esprit d'aventure. Aujourd'hui, le modèle professionnel compte davantage que le genre de vie[20] » ?

19. Guy-Michel CHAUVEAU, *Rapport d'information n° 954*, t. 1 : *Le recrutement et la formation des officiers*, Assemblée nationale, juin 1982.

20. Jean GUISNEL, « Armées, la Terre et l'Air manquent d'éléments scientifiques », *Libération*, 26 juin 1990.

Outre la possibilité qu'elles offrent de mesurer, partiellement, le niveau d'entrée des concours de « recrutement direct », les statistiques confidentielles de l'Observatoire social de la défense permettent également de mesurer un paramètre important : le nombre d'élèves officiers fils de militaires. En 1988, ils étaient 34,6 % à l'École navale (26 élèves sur 75), 35,3 % à l'École spéciale militaire de Saint-Cyr (67 élèves sur 190), 30,5 % à l'École de l'air (29 élèves sur 95). Des taux relativement élevés, sans doute, mais comparables à ce qu'ils peuvent être dans d'autres secteurs de la fonction publique (28 % des fils d'instituteurs sont enseignants) et inférieurs aux chiffres de la très haute fonction publique. Dans chacun de ces cas, le nombre de fils de sous-officiers rapporté à l'ensemble d'une promotion reste faible sans être négligeable (1988 : 4 % à l'École navale, 7,8 % à Saint-Cyr, 8,4 % à l'École de l'air) et vient relativiser très largement le discours officiel sur la fonction de promotion sociale qu'auraient les écoles de recrutement direct. Lorsque les relations entre le milieu familial dont les élèves sont issus et les armées sont étudiées plus méticuleusement, les chiffres montent de manière caractéristique. Si l'on prend parmi les élèves ceux comptant dans leur parentèle (père, mère, frère, sœur, et « autres » : grands-parents, cousins, oncles, etc.) au moins un militaire professionnel en activité, ou ancien militaire, on monte — pour les élèves entrés en 1988 — à 91 % à l'École spéciale militaire, 86 % à l'École navale et 56 % à l'École de l'air.

L'origine sociale demeure d'ailleurs un facteur déterminant pour la suite de la carrière : François Cailleteau, aujourd'hui chef du contrôle général des armées, estimait en 1982 qu'un saint-cyrien d'origine sociale élevée avait en moyenne deux fois et demie plus de chance de devenir un jour général qu'un saint-cyrien d'origine modeste : « Il y a peu de doute sur l'existence d'un ''grand corps'' informel, en contradiction avec l'idéologie égalitaire officielle de l'institution militaire française », notait-il, tout en considérant qu'après tout il n'y avait aucune raison pour que les armées procèdent différemment d'autres institutions : « C'est un mécanisme parfaitement cohérent. Le fait que l'élite militaire est recrutée de la même manière que les autres élites garantit la cohésion entre l'armée et la société[21]. »

Une autre caractéristique des officiers issus des filières du recrutement direct est qu'ils épousent des filles de militaires, ce que les sociologues appellent l'« endogamie » : « On observe que plus on monte dans la hiérarchie des officiers, plus la présence de conjoints filles de militaires est élevée[22] », note Jacques Thouvenin, qui précise que le taux d'endogamie des officiers de recrutement direct, qui représentent moins du tiers de l'ensemble des officiers français, est « toujours égal ou supérieur à 25 % ». Le nombre des officiers épousant des filles d'officiers n'est pourtant pas extraordinaire. C'est ainsi qu'en 1977 les spécialistes pouvaient déjà noter que 18 % des cadres supérieurs épousaient des filles de cadres supérieurs, la tendance allant en s'accentuant[23].

Lorsqu'il entre dans une grande école militaire, le jeune élève officier ne choisit pas seulement un métier ; il entre aussi dans l'armée pour se conformer à des rites sociaux bien précis, tout en consolidant souvent une tradition familiale, et pénètre dans un univers aux bornes fixées pour le restant de ses jours : « Au-delà de l'idée de société, l'emporte finalement celle de ''communauté''. Il ne s'agit plus alors de simple dépendance mais d'adhésion, de simple cadre d'appartenance mais de groupe de référence, chacun se nourrissant des mêmes valeurs et du même particularisme, le mode de vie, de pensée, le conformisme ambiant, tout de bienséance, de réflexes hiérarchiques et de respect de l'ordre établi, constituant les grands pôles d'unité que ''l'autorecrutement'', si courant

21. François CAILLETEAU, « Elite selection in the French army officer corps », *Armed forces and society*, vol. 8, n° 2, hiver 1982, p. 257-274.

22. Jacques THOUVENIN, « A l'épreuve du quotidien, la vie hors service », in *La Spécificité militaire, actes du colloque de Coëtquidan*, sous la direction de Bernard BOENE, Armand Colin, Paris, 1990, p. 152.

23. Claude THELOT, *Tel père, tel fils ? Position sociale et origine familiale*, Dunod, Paris, 1982, p. 239.

aujourd'hui, vient encore renforcer[24]. » Mais l'officier général en herbe n'a encore que vingt ans, ou à peine davantage. La course d'obstacles ne fait que commencer...

Écoles de guerre et supersélection

L'une des conséquences de l'absence de participation de la France à des conflits militaires d'envergure est de ne plus permettre à des officiers, quels qu'ils soient, de montrer leur ardeur au combat. Les temps sont révolus d'un Louis XVIII passant en revue les saint-cyriens en 1819 et leur déclarant : « Mes enfants, il n'y en a pas un dans vos rangs qui n'ait dans sa giberne le bâton de maréchal de France de monsieur le duc de Reggio ; il ne tient qu'à vous de l'en faire sortir. » Marcel Bigeard, qui finit sa carrière comme général de corps d'armée, secrétaire d'État et député, appartient à une espèce pratiquement éteinte : celle des généraux sortis du rang ayant gagné leurs galons au combat. Après trente ans de paix interrompue par des crises militaires localisées (Tchad, Liban, etc.) que les stratèges classent parmi les « conflits de faible intensité », bien rares sont les plus jeunes des actuels officiers généraux qui ont entendu des coups de feu ailleurs qu'au champ de tir. Dans de telles conditions, sans pouvoir prouver comme leurs aînés leur valeur les armes à la main, les officiers qui veulent atteindre les sommets ne peuvent compter que sur des modes de sélection plus classiques, où l'aptitude à commander et surtout à combattre pèse finalement bien moins que le cursus scolaire.

Dans les trois armées, la progression des carrières est semblable. Après les premières années en corps de troupe, sur un bateau ou dans une escadre aérienne, les officiers sont admis à présenter le concours de l'école de guerre dépendant de leur armée : l'École supérieure de guerre, l'École supérieure de guerre navale et l'École supérieure de guerre aérienne sont

24. Pierre DABEZIES, « Une approche globale de l'armée », in *La Spécificité militaire, op. cit.*

installées dans des locaux distincts à l'École militaire. La réforme engagée en 1989, qui vise à les fusionner par la création d'un Collège interarmées de défense, a rencontré de si fortes oppositions que sa mise sur pied a été repoussée de septembre 1992 à septembre 1993. L'idée de Jean-Pierre Chevènement consiste à recruter les stagiaires de ce collège par un concours unique, ce qui aura naturellement pour conséquence de ne plus mesurer les officiers à l'aune des membres de leur armée, mais de mettre toutes les armées en compétition. A la fin du cycle de formation, les officiers rejoindraient leur armée d'origine, seuls les quinze meilleurs — toutes armées confondues — étant intégrés dans un corps de gestion unique.

En attendant que cette réforme voie le jour, ou que les oppositions qu'elle rencontre la tuent, le programme du concours fait toujours appel à des connaissances tactiques, réglementaires et de culture générale et se prépare le plus souvent par correspondance avec des instituts spécialisés qui emploient des correcteurs militaires retirés du service. Après une année, et souvent deux, de préparation très scolaire, les heureux élus s'échinent d'abord à trouver un logement dans la région parisienne, puis intègrent leur école pour deux ou trois ans d'études et de réflexions stratégiques, nouvelle étape vers les sommets. Dans les trois établissements, environ un tiers du temps est consacré à la formation générale qui fait appel à de nombreux conférenciers militaires et civils à l'éclectisme recherché, la formation militaire, pendant le reste du temps, restant l'apanage des états-majors et — en principe ! — de leurs meilleurs spécialistes dans chaque domaine.

En réalité, l'essentiel de la formation donnée dans les écoles de guerre consiste à forger l'élite de chaque armée, à faire se frotter les beaux esprits les uns aux autres, dans le cadre de l'institution. Et pour cette raison, on apprend surtout dans ces lieux à penser conformément aux modes définis par ceux qui sont à cet instant au pouvoir, lesquels ont eux-mêmes si bien appris de leurs prédécesseurs les bonnes manières de réfléchir qu'ils sont parvenus à leur succéder. Le système est subtil car il ne s'agit pas, du moins en principe, d'obtenir que tout le monde arrive nécessairement au même résultat à partir du même point de départ. Ce qui se révèle en revanche tout à fait essentiel, c'est que pour parvenir à une solution, chacun prenne les mêmes routes et utilise des procédés de raisonnement communs. Comme nous le confie le directeur de l'une de ces trois écoles : « Il ne s'agit pas d'une méthode ossifiée ; si les officiers ne veulent pas se plier à cette règle commune, il vaut mieux qu'ils fassent autre chose. » L'un de ses collègues ajoute : « La créativité demeure, mais nous voulons qu'ils puissent réagir devant une situation complexe. Ils auront des décisions à prendre dans des conditions tendues, quand tout se met à vibrer. Ils doivent alors raisonner logiquement, sans rien oublier des facteurs importants. Ça n'enlève rien aux idées personnelles, mais ils ne doivent pas se mettre à diverger en cas de panique. »

La méthode de raisonnement tactique

Ainsi donc, chaque école utilise en principe son propre schéma de pensée, en réalité pratiquement similaire aux autres, même s'il porte en chaque lieu un nom différent. On l'appellera ainsi « méthode de raisonnement tactique » dans l'armée de terre, « méthode d'appréciation de situation » dans la marine et « méthode de préparation d'action militaire » dans l'armée de l'air. Il est assez surprenant pour un esprit non averti de constater que ces principes de raisonnement font l'objet de graphiques, avec force flèches et termes ronflants incitant celui qui s'en sert à un raisonnement processionnaire et formaté, le seul apparemment que ses pairs seront à même de comprendre. C'est ainsi que dans l'armée de terre, l'officier — qui approche en général de la quarantaine lorsqu'il arrive à l'École de guerre — devra réapprendre à raisonner d'une manière extraordinairement scolaire, qui doit en principe lui permettre aussi bien de mener une action de guerre que d'écrire une lettre. Dans la *Revue verte*, où les candidats puisent la science devant leur permettre de réussir le concours, ils apprennent entre autres ces saints principes : « Au moment d'arrêter définitivement la réponse à laquelle nous a conduit l'étude, il convient de la confronter avec la forme générale de la réponse rédigée en conclusion du premier acte, afin de vérifier qu'aucune déviation par rapport au sujet ne s'est produite en cours d'étude, en particulier au moment de la synthèse. Une fois arrêtée, cette idée maîtresse sur laquelle s'achève la partie "comprendre" de la composition sera le guide intangible de la seconde partie au cours de laquelle il va falloir faire comprendre au lecteur son bien-fondé », etc.

De tels raisonnements, lorsqu'ils sont utilisés entre militaires accoutumés à cet exercice, ont peut-être un intérêt. Mais lors de confrontations avec des décideurs civils qui ne sont pas fondus dans ce moule, ou avec des militaires non encore avertis, on passe assez vite de l'incompréhension aux étincelles. La stupeur est parfois immense, au cours de ces périodes de crise que doivent traiter ensemble militaires et civils, lorsque ces derniers constatent que le raisonnement et les décisions de leurs interlocuteurs ne s'écartent pas d'un millimètre des rails procéduriers ou organisationnels. Rebelle à la méthode de raisonnement tactique, le futur chef d'état-major de l'armée de terre Jean Lagarde eut l'impression en entrant en 1958 à l'École de guerre de tomber sur une autre planète : « Je considérais "la méthode" comme un jeu d'esthètes mondains et désœuvrés, un cheminement lourd, lent et confus. Tout au plus lui accordais-je le bénéfice du doute s'il était appliqué à des échelons très élevés du commandement, mais sûrement pas à celui du groupement tactique. [...] La fameuse méthode demeurait pour moi un rituel non seulement prétentieux mais encore inefficace puisque ceux de mes condisciples qui la maniaient avec aisance aboutissaient à des solutions parfois antagonistes dont une partie se révélait finalement catastrophique. » Mais la grâce de la formation militaire, qui se fait forte de convaincre les récalcitrants, toucha Lagarde comme les autres : « Ce sont les premières armes sérieuses en état-major qui me firent prendre conscience des vertus de ces mécanismes de raisonnement lorsqu'ils sont pratiqués en commun par des hommes de compétence diverse travaillant en groupe. Ils deviennent alors un mode de communication sans égal et impriment aux investigations comme aux synthèses une solidité et une célérité exemplaires[25]. »

Les réticences de Jean Lagarde, l'un des plus brillants militaires français de l'après-guerre, rejoignent celles exprimées par l'un des jeunes officiers présents en Nouvelle-Calédonie en mai 1988, lors de la préparation de l'assaut contre la grotte d'Ouvéa. Le capitaine commandant le Groupement d'intervention de la gendarmerie nationale, Philippe Legorjus, fut tellement abasourdi de voir ses collègues de l'armée de terre faire devant lui la démonstration des déviations de la méthode de raisonnement tactique qu'il évoqua dans son rapport final certaines de ces curieuses dérives[26] : lorsque les collègues de Legorjus évoquaient l'utilisation d'avions de chasse et de bombes guidées par laser pour attaquer la grotte — en oubliant apparemment les otages qui s'y trouvaient ! —, ils appliquaient très strictement la méthode de raisonnement tactique, en procédant comme s'ils allaient récupérer des otages derrière des lignes ennemies après avoir effectué une « préparation du terrain ». Car celle-ci exige qu'on pose d'abord les questions : « De quoi s'agit-il ? Pourquoi ? Quoi ? Avec qui ? Contre qui ? », avant de déboucher sur des « conclusions partielles » permettant d'étudier *tous* les « modes d'action » possibles avant que les chefs décident lequel est le meilleur (cf. schéma). Pour un Legorjus formé le plus classiquement du monde dans une université de droit, la méthode était aussi ahurissante qu'incompréhensible...

L'essentiel, dans la méthode, se révèle être un formidable facteur d'élimination. Un officier non conventionnel peut entrer à l'École de guerre en passant entre les mailles du concours et de la « note de gueule » qui lui est attribuée. Mais pour en sortir dans de bonnes conditions, c'est une autre

25. Jean LAGARDE, « Ce que je dois à l'École supérieure de guerre », *Cahiers de Mars*, n° 119, 1988, p. 49.

26. *Paris Match*, n° 2034 du 27 mai 1990. *Le Monde* du 23 mai 1985.

La méthode de raisonnement tactique

Schéma de raisonnement

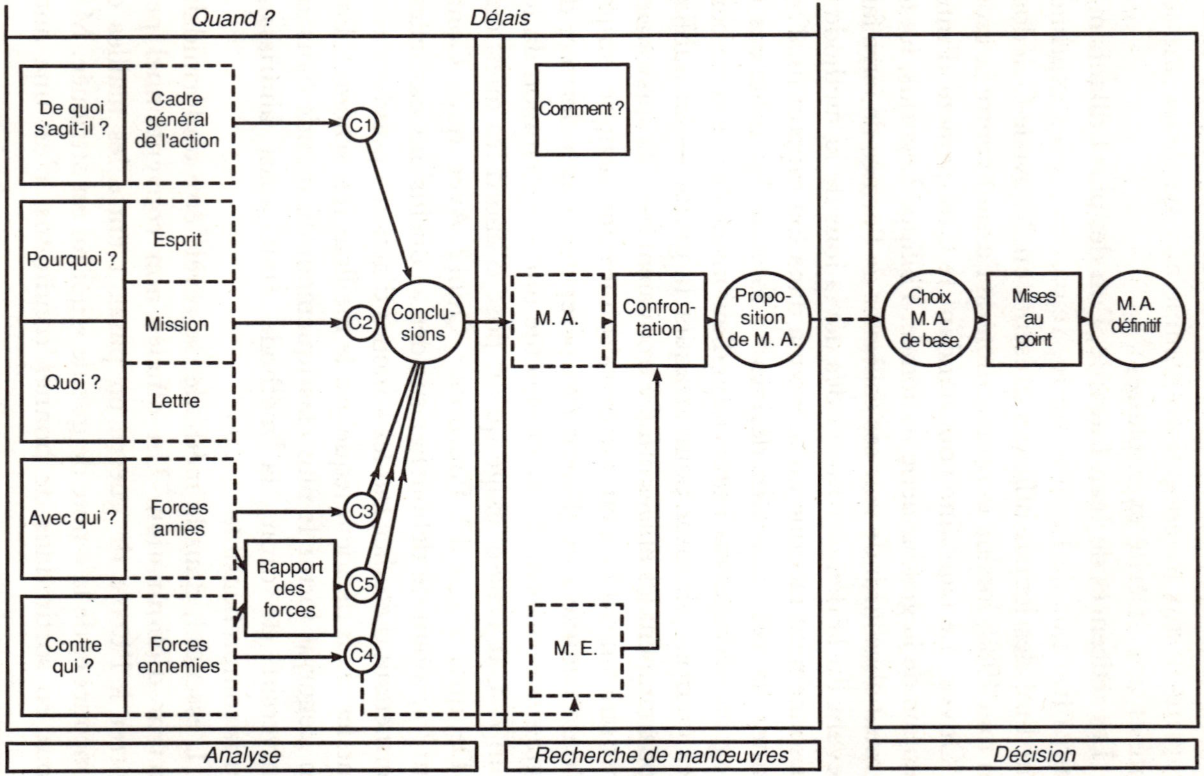

Source : La Revue verte (*nota :* MA désigne les « moyens d'action », ME les « moyens ennemis », C1… C4 les conclusions partielles).

affaire. Pour ce stagiaire qui ne la conteste pourtant pas fondamentalement, « la méthode de raisonnement tactique, c'est fait pour tout prévoir, en répondant au problème posé sans rien oublier. C'est faire la panoplie de tous les moyens possibles. Mais on ne nous explique jamais que notre action s'intègre dans un cadre civil ». Effectivement, il y a un problème... Pour cet ancien professeur de l'École de guerre, aucun doute n'est permis : « La sélection se fait sur l'aptitude à utiliser la méthode. » Ainsi donc, un officier sans génie mais raisonnant comme ses chefs aura toute chance d'être bien noté, c'est-à-dire d'être classé dans le premier tiers des stagiaires. Sinon, même étincelant, il ira se perdre dans les profondeurs du classement. Comme ce brillant lieutenant-colonel qui avait récemment proposé à l'armée de terre qu'elle supprime les « professeurs de groupe » chaperonnant les stagiaires de l'école de guerre... A cet âge, les deux ans de retard provoqués par une mauvaise notation ne se rattrapent pas ! Si, en revanche, le collègue d'à coté a eu une notation flatteuse, il est toujours dans la course pour atteindre les étoiles...

3

Les généraux et la politique

Sur les hauteurs de Suresnes, en cet hiver de 1973, le sénateur-maire socialiste Robert Pontillon reçoit : l'un de ses invités est un administré syndicaliste de la CFDT, Roland Honorat. C'est en sa compagnie qu'est arrivé le second hôte, un colonel des troupes de marine que le sénateur ne connaît pas, Georges Fricaud-Chagnaud. Cette année-là, les deux hommes sont tous deux stagiaires à l'Institut des hautes études de défense nationale, et ils ont sympathisé. Le courant n'est pas passé tout de suite entre le militaire ancien résistant qui a fréquenté tous les théâtres d'opération de l'armée française depuis trente ans et le syndicaliste de gauche. Mais un homme les a rapprochés : le préfet Jean Rochet, patron de la DST ; il était venu faire une conférence à l'IHEDN, et ses propos dénués de toute mesure sur les prétendus « ennemis intérieurs » qui allaient mettre la France à genoux ont indigné l'officier : « Pour lui, les dangereux rouges commençaient aux radicaux de gauche. Mais dans le maquis, j'avais bien vu que dans les coups durs ce ne sont pas sur les patriotes du temps de paix qu'on peut compter. Et je ne trouvais pas acceptable de faire des ennemis de la France de gens qui n'ont pas la même idée que vous de sa défense. »

Le colonel et les socialistes

Le colonel a pris seul sa décision : puisque les socialistes s'obstinent à ne pas comprendre que la politique de dissuasion nucléaire est bonne pour le pays, il va tenter de la leur expliquer... Pontillon, qui pense la même chose mais n'arrive pas à convaincre ses amis, flaire la bonne aubaine. Très vite, il organise à Suresnes un déjeuner — naturellement clandestin — entre ce militaire providentiel et Charles Hernu, Jacques Huntzinger et le journaliste Daniel Mitrani. Au cours de l'année 1973, ces rendez-vous seront suivis d'autres encore, tenus en général au restaurant *La Gauloise*, boulevard de La Motte-Piquet, à deux pas de l'École militaire. Fricaud-Chagnaud se jette à l'eau. En quelques journées bien occupées de l'été 1973 il produit, en vingt et un feuillets dactylographiés et sous le double pseudonyme de ses deux grands-pères, un texte d'explication de la politique de défense française [1] et surtout de la politique militaire nucléaire et des moyens de la faire accepter par les socialistes très majoritairement hostiles à la force de dissuasion. C'est à partir de cette note que Charles Hernu produira, sans jamais en dévoiler le véritable auteur dont l'identité est ici révélée, un texte identique à quelques détails près devant la structure socialiste adéquate — l'organisation générale de la défense — qui l'adoptera à l'unanimité [2] en mars 1974, avec des amendements mineurs...

Les choses étaient claires pour l'officier ; à ses yeux, si la gauche prenait le pouvoir en 1974 il serait impossible qu'elle fasse ce qu'elle avait promis, à savoir remettre en cause la dissuasion nucléaire. Tout au contraire, jugeait-il, il lui faudrait conserver la force nucléaire stratégique alors composée de 18 fusées sol-sol, 3 sous-marins nucléaires lanceurs d'engins et 36 Mirage IV : « Une telle force de dissuasion stratégique paraît largement suffisante pour une Europe pacifique, car l'attaque du territoire national (ou européen) par des armes nucléaires ou la menace d'attaque deviennent irrationnelles lorsque

1. Charles COLLET-Émile LAIDET, « La défense d'une France socialiste », 28 décembre 1973, non publié.

2. Parti socialiste, commission de la défense nationale, « Une dissuasion globale : résistance populaire et force nucléaire », 7 mars 1974.

l'adversaire potentiel compare le couple risque/enjeu. Ces forces existent ou sont sur le point d'exister. Interrompre leur fabrication n'entraînerait que peu d'économies. Elles représentent un argument politique considérable. Ce serait une attitude particulièrement irresponsable d'y renoncer à l'avance sans aucune contrepartie. » Dans le texte adopté quelques mois plus tard par la nouvelle commission de la défense du PS, la seule correction apportée consistera à changer le terme « irresponsable » par « grave ». Fricaud-Chagnaud ne s'est pas senti trahi...

Son analyse du nucléaire tactique est également reprise pratiquement mot pour mot par la commission de la défense socialiste, plus réservée en revanche sur la notion de « dissuasion populaire » à laquelle Hernu et ses amis préfèrent la notion de « résistance populaire ». Pour le colonel, il n'y a aucun doute : la notion de défense opérationnelle du territoire (DOT), censée organiser à l'avance une résistance populaire à l'occupation (elle est toujours en vigueur en 1990), n'a déjà plus de pertinence en 1973 : « Les doctrinaires comme Michel Debré ont senti le besoin de l'expression populaire. Ils n'ont trouvé pour le traduire que l'organisation d'une guérilla militaire, ne s'appuyant pas vraiment sur le pays et qui consacrerait en fait l'échec de la dissuasion, et d'autre part l'acceptation plus ou moins résignée du service militaire. La DOT, de plus en plus vidée de son sens initial, n'a plus pour objet que de protéger le gouvernement et ses organes d'exécution contre la réaction populaire, et non d'opposer une barrière à l'ennemi. »

« La dissuasion, c'est moi »

Le plus curieux et le plus instructif dans la comparaison des deux textes réside dans le fait que l'ensemble de l'analyse de Fricaud-Chagnaud sur le rôle présidentiel en matière de dissuasion nucléaire a été purement et simplement « sucré » : pour l'officier, « bien avant de s'exprimer par la résistance et la guérilla, la dissuasion populaire se réalise pleinement lorsqu'elle montre un peuple non pas uni derrière son armée mais en symbiose complète avec celle-ci, et en communion avec le président de la République lorsque ce dernier est appelé à mener la dissuasion nucléaire dans la partie difficile où l'on doit éviter aussi bien la guerre que la soumission. [...] Cette capacité intellectuelle et morale du chef de l'État de décider et de résister aux pressions de toute nature demeure, à l'heure où les conditions techniques sont remplies, la clé essentielle de toute stratégie de dissuasion. Les citoyens doivent prendre conscience du fait qu'en élisant leur président, ils choisissent l'homme à qui ils confient véritablement le destin du pays et leur vie même ».

Sous la plume d'un militaire s'adressant en 1973 à des socialistes, de telles formulations étaient particulièrement mal venues ! Car, à cette époque, le dogme de la gauche demeure aussi hostile qu'en 1959 à la force de frappe ; et l'absence d'un tel passage dans un texte officiel de la commission de la défense illustre la réalité : Georges Pompidou est alors président de la République, et François Mitterrand est loin d'avoir viré sa cuti. Il reste officiellement opposé à la force nucléaire militaire. L'examen par les socialistes, sous un jour favorable, du rôle présidentiel reste donc tabou. Au cours d'une conférence le 12 avril 1974, François Mitterrand déclare qu'il « reste convaincu que la France ne dispose pas des moyens, ni sur le plan industriel, ni sur le plan de l'espace, ni sur le plan de l'efficacité, d'assurer sa défense par la bombe atomique ». Le 14 mai toutefois, quelques jours avant le second tour de l'élection présidentielle qu'il perdra face à Valéry Giscard d'Estaing, il commence à montrer une évolution en déclarant : « Je suis hostile au développement des forces de frappe nucléaires. Mais voilà, vous me posez la question en 1974, et je suis un homme politique réaliste, et je dois assumer la responsabilité de la France. Or depuis quinze ans, cette force de frappe est devenue réelle, elle existe. »

A la fin de 1971, le projet de gouvernement socialiste « Changer la vie » avait fait l'objet d'âpres négociations. Concernant la défense, c'est la motion A (Bérégovoy-Constant) qui avait obtenu la majorité, et le texte final affirmait : « Le parti socialiste se refuse à prendre acte du fait nucléaire. Dès son accession au pouvoir le gouvernement de gauche devra prendre la décision d'interrompre la construction de la force de frappe. » Hernu, qui proposait un « maintien en l'état » de l'armement nucléaire, était renvoyé dans les cordes, tout comme Jean Guidoni (CERES). Puis le programme commun de gouvernement entre le parti communiste et le parti socialiste a été signé le 27 juin 1972, qui proclame, parmi ses objectifs : « Renonciation à la force de frappe nucléaire stratégique sous quelque forme que ce soit ; arrêt immédiat de la fabrication de la force de frappe française. Reconversion, selon un échéancier précis, de l'industrie nucléaire militaire en industrie atomique pacifique. »

Le 8 avril 1974 à Suresnes, Charles Hernu, Robert Pontillon et Jean-Pierre Chevènement — que François Mitterrand appelle alors « les trois sergents » — fondent la Convention pour l'armée nouvelle, une structure d'accueil pour les — rares ! — officiers et sous-officiers socialistes à laquelle Fricaud-Chagnaud n'adhéra jamais, pas plus qu'au PS d'ailleurs. Au point qu'il ne revit jamais plus Charles Hernu avant sa nomination au ministère de la Défense, en mai 1981... Mais il faudra attendre la convention socialiste sur la défense, les 7 et 8 janvier 1978 au Sénat, pour que le PS fasse complètement sienne la politique française de dissuasion. Bien que les « pacifistes » recueillent au début de la convention un tiers des mandats, Hernu et ses amis gagnent le débat sémantique ; il se déroule entre les partisans du « maintien en l'état » de la force nucléaire française, qui signifierait le blocage de son développement et son obsolescence progressive, et ceux — dont Hernu et ses amis jacobins — du « maintien en état », c'est-à-dire de la modernisation. Ces derniers gagneront à l'arraché... [3].

La contribution du colonel Fricaud-Chagnaud, nommé

---

3. Voir sur ces évolutions, Patrice BUFFOTOT, « Le parti socialiste face aux questions de défense en France », in *Social-démocratie et défense en Europe*, Institut de politique internationale et européenne, Paris X-Nanterre, 1985, p. 109-118.

général de brigade en octobre 1975, a donc suivi son bonhomme de chemin pendant que lui-même poursuivait de son côté une carrière sereine au Secrétariat général de la défense nationale [4] avant de prendre le poste très apprécié d'attaché militaire près de l'ambassade de France à Washington, et de terminer sa carrière active comme chef de la mission militaire française auprès du commandant en chef des forces alliées en Centre-Europe. Pendant toutes ces années, il a complètement coupé les relations avec les socialistes, sauf avec Robert Pontillon, qui se souvient encore — alors qu'il est depuis juin 1990 le premier socialiste français président de l'assemblée de l'Union de l'Europe occidentale [5] — de ses visites discrètes à l'attaché militaire aux États-Unis... Et on admettra que le metteur en forme des premiers textes socialistes sur la dissuasion ait pu ressentir quelque plaisir en entendant François Mitterrand déclarer le 16 novembre 1983 : « La pièce maîtresse de la stratégie de dissuasion en France, c'est le chef de l'État, c'est moi. Tout dépend de sa détermination. Le reste, ce sont des matériaux inertes, enfin, jusqu'à la décision qui doit consister précisément à faire que l'on ne s'en serve pas. » Mais Georges Fricaud-Chagnaud, qui fit ses adieux aux armes — avec quatre étoiles sur les manches — le 19 mars 1983 à Jousse (Vienne) sur les lieux de son premier commandement dans les Forces françaises de l'intérieur, restera une des exceptions qui confirment la règle : s'ils ne contestent pas leur légitimité lorsqu'ils sont au pouvoir, les généraux ne ressentent pas nécessairement une telle attirance pour les socialistes qu'elle puisse les pousser à devenir des artisans — même discrets —

4. Le SGDN est une importante structure dépendant du Premier ministre, chargée de la « veille technologique », du contrôle des exportations d'armement, de la préparation des conseils de défense. Voir Jean GUISNEL et Bernard VIOLET, *Services secrets*, La Découverte, Paris, 1988.

5. Créée le 17 mars 1948, l'Union de l'Europe occidentale compte neuf membres : Belgique, France, Luxembourg, Pays-Bas, Grande-Bretagne, Allemagne, Italie, Espagne et Portugal. Elle a pour fonction d'organiser la solidarité en matière de défense entre les divers membres et leur impose en particulier une solidarité militaire en cas d'agression contre l'un d'entre eux.

de ce fameux « consensus » sur la dissuasion nucléaire qui constituerait l'une des spécificités françaises...

Quarante-cinq généraux franchissent le Rubicon

Avant le premier tour de l'élection présidentielle de 1988, ceux qui allaient devenir « les 45 » s'étaient retenus. Normal : ils étaient divisés sur le soutien à apporter aux deux candidats de droite, et leurs affinités politiques les portaient davantage vers Raymond Barre que vers Jacques Chirac. Mais les généraux du cadre de réserve rassemblés autour du groupe Renouveau-Défense, structure proche de l'UDF associant des militaires et des diplomates retirés du service, n'avaient plus à tenir compte de telles considérations entre les deux tours : le 3 mai 1988, dans *Le Figaro*, ils franchissent le Rubicon et — démarche exceptionnelle — publient un appel sans ambiguïté en faveur de la candidature du Premier ministre. Le texte rédigé par une petite cellule réunie autour de François Maurin, ancien chef d'état-major des armées, explique aux électeurs que, pour ces anciens chefs militaires, « Jacques Chirac est le seul en qui ils ont confiance pour mener une politique de défense réaliste et moderne dans le monde instable où nous vivons, qui reste dangereux malgré certaines apparences ». Ils fustigent les prises de position de François Mitterrand qui « risquent de mettre en péril notre sécurité », et enfoncent le clou : « En estimant qu'il n'y a pas de choix pour nous entre "désarmement" et "surarmement", il pose un faux problème. Pour la première fois dans notre histoire, le responsable suprême de notre sécurité aura ainsi expliqué aux Français que l'effort de défense qui leur est demandé viserait un "surarmement" alors qu'il n'a pour objet que le maintien de la paix dans la sécurité. »

Le groupe Renouveau-Défense avait publié au cours des années précédentes deux textes de réflexion sur la politique militaire française, qu'ils avaient envoyés à Jacques Chirac. Pour les remercier, celui-ci avait organisé à l'intention de ces généraux acquis à sa politique deux déjeuners successifs à Matignon et les avait encouragés à poursuivre leurs réflexions. Mais la question d'un communiqué de soutien au candidat à l'élection présidentielle n'avait pas été évoquée... C'est plus tard que François Maurin et l'écrivain Jean-Marie Benoît, chevilles ouvrières de cette démarche, en étudièrent les modalités avec l'entourage de Jacques Chirac à Matignon, puis avec le directeur de campagne du candidat, Alain Juppé. Prévenu quelques jours avant la publication par Jean Picq, conseiller du Premier ministre pour les questions militaires, le ministre de la Défense André Giraud fit savoir qu'il était en désaccord avec l'initiative. Mais ses relations avec Matignon étaient alors si mauvaises que l'avis ne fut même pas entendu...

Démarchés par téléphone pour approuver le texte, de nombreux officiers généraux refusèrent de le faire, comme par exemple l'amiral Pierre Lacoste, ancien patron de la DGSE, ou son collègue Yves Leenhardt, ancien chef d'état-major de la marine. D'autres, moins nombreux sans doute, affirment aujourd'hui que la signature leur fut « extorquée » et qu'ils furent « abusés ». C'est le cas de Guy Méry, mais aussi de certains de ses cosignataires... Cette « extorsion » de signature n'a cependant provoqué, chez ces hommes auxquels on aurait été tenté de prêter *a priori* davantage de fermeté, aucune velléité de protestation publique contre l'utilisation intempestive de leur nom ou de leur grade. Comme l'affirme l'un des signataires, qui ne voit pas pourquoi il renierait son seing, « il est difficile à nos âges de prétendre qu'on peut avoir été abusé. Pour ma part je n'ai pas eu l'intention de m'en prendre au président, mais au candidat ». En fait, c'est dans les divers états-majors que les successeurs des signataires aux postes de responsabilité prirent le plus mal l'initiative.

« On n'imagine pas le mal fait aux armées »

La plupart sentirent aussitôt quels dégâts cette entrée tonitruante des généraux sur la scène politique allait provoquer.

Ce chef d'état-major, par exemple, n'avait toujours pas digéré le mauvais coup plusieurs mois plus tard : « Cette lettre m'a rendu fou de rage. Outre le fait qu'elle était inadmissible quant à la forme et au moment choisi, elle était fausse sur le fond : le président n'a jamais remis en cause un programme majeur. » Un de ses homologues renchérit : « On n'imagine pas le mal que cette lettre a fait aux armées. Quoi qu'on en dise, elle a contribué à détériorer les relations entre le président et les militaires. Il ne leur fait pas vraiment confiance. » Un proche collaborateur de François Mitterrand confirmait cette analyse en juillet 1989, plus d'un an après les faits : « Il est encore sous le coup de cette affaire, et le climat de confiance reste à rétablir. Il a une extraordinaire sensibilité sur l'expression des militaires. »

Les responsables militaires en activité auraient sans doute mieux admis ce geste si seuls des vieillards chenus avaient apposé leurs signatures. Car si la hiérarchie militaire n'est certes pas farouchement prosocialiste, elle se garde cependant comme de la peste de porter des jugements politiques sur les gouvernants. Or plusieurs des généraux ayant choisi d'attaquer *ad hominem* le président-candidat lui devaient pour une bonne part la fin de leur carrière : toute nomination d'un officier général dans son grade, puis dans sa fonction, nécessite en effet une décision du Conseil des ministres et le seing présidentiel.

Parmi ceux — tous officiers généraux à trois étoiles et plus — qui avaient omis de démissionner lorsqu'il leur fut demandé d'occuper les postes les plus prestigieux et les plus hautes fonctions opérationnelles, et qui choisirent d'appeler à voter contre celui qu'ils acceptaient alors comme chef, se trouvent le général de corps d'armée Yves Bardon, le vice-amiral Bertrand Bonavita, le vice-amiral d'escadre Jacques Bonnemaison, le général de division Daniel Clédière, le général de corps d'armée Furcy Houdet, le général de division Guy Lewin, le général d'armée Pierre Multon, le général d'armée Jacques Servranckx. Parmi les 45, douze anciens chefs d'état-major :

Jean Delaunay (CEMAT[6]-avril 1983), Michel Fourquet (CEMA-juin 1971), Gabriel Gauthier (CEMAA-janvier 1974), Claude Grigaut (CEMAA-janvier 1978), Albert Joire-Noulens (CEMMN-août 1976), Marc de Joybert (CEMMN-1973), Jean Lagarde (CEMAT-mars 1981), Jean-René Lannuzel (CEMMN-décembre 1982), André Martin (CEMAA-janvier 1971), François Maurin (CEMA-janvier 1977), Guy Méry (CEMA-juillet 1980), Maurice Saint-Cricq (CEMAA-janvier 1981). Plusieurs n'avaient vraiment pas eu à se plaindre, comme Bertrand de Montaudoin, le dernier chef de l'état-major particulier de Valéry Giscard d'Estaing : s'il pouvait à juste titre estimer que le commandement du 1er corps d'armée obtenu en octobre 1981 était moins gratifiant que l'état-major des armées attribué à ses deux prédécesseurs, sa nomination au poste de conseiller militaire du gouvernement le 15 juillet 1983, et sa reconduction un an plus tard, pouvait passer pour une honorable compensation. D'autres enfin, dans l'armée de terre, s'étaient complaisamment vu attribuer cette cinquième étoile dite « étoile baladeuse » offerte à des généraux de corps d'armée (quatre étoiles) n'ayant pas démérité et devant passer dans la réserve à 60 ans ; accordée six mois avant cette limite d'âge à son titulaire, « l'étoile baladeuse » ne permet pas d'aller jusqu'à 61 ans, mais offre une très belle fin de carrière. Depuis cette affaire, elle n'a plus de titulaire...

Sagesse ou pusillanimité ?

Dans ces conditions, les relations entre les grands chefs militaires d'active et leurs prédécesseurs furent quelque peu détériorées ; dans la discrétion, des coups de téléphone assez secs furent échangés et certains pince-fesses très sélects — qu'on appelle dans le jargon de l'armée de terre des « gloutch » —

6. CEMAT : chef d'état-major de l'armée de terre. CEMAA : chef d'état-major de l'armée de l'air. CEMMN : chef d'état-major de la marine nationale. CEMA : chef d'état-major des armées. La date est celle de l'admission en seconde section.

virent se dérouler des échanges peu amènes. Les sanctions les pires, celles des pairs, tombèrent : dans l'armée de l'air, le général Jean Fleury, chef d'état-major, fit interdire tous les signataires — dont plusieurs de ses prédécesseurs — d'invitation aux cérémonies protocolaires. Comme le général Maurice Schmitt, chef d'état-major des armées, l'amiral Bernard Louzeau fit personnellement connaître sa désapprobation à plusieurs signataires, mais n'eut guère besoin de pousser les anciens élèves de l'École navale : ceux-ci prirent tout seuls la décision de pousser sur la touche le président de leur association, l'amiral Jacques Bonnemaison. Dans l'armée de terre on s'abstient donc depuis cette date de proposer au ministre l'attribution de « l'étoile baladeuse » et le général Dominique de La Motte, président de l'association La Saint-Cyrienne regroupant les anciens élèves de l'école spéciale militaire de Saint-Cyr, dut faire face à une poussée d'hostilité de certains de ses adhérents ; mais le conseil d'administration échoua à lui trouver un successeur qui fît l'unanimité...

Du côté du pouvoir, après la réélection de François Mitterrand, on se pencha très attentivement sur le dossier. Jean-Pierre Chevènement n'avait pas manqué de remarquer que dix-sept des 45 signataires avaient été chefs d'état-major ou inspecteurs généraux des armées, qu'ils avaient fait état dans la présentation du texte — en se vantant un peu — de leurs qualités d'anciens « responsables de la conduite de la politique de défense de la France », et qu'ils avaient signé en groupe. Autant de considérations qui permettaient de considérer qu'ils avaient agi en contradiction avec l'article 7 du statut général des militaires, applicable aux officiers généraux du cadre de réserve qui impose en effet que toute expression publique tienne compte de « la réserve exigée par l'état militaire [7] » ; leur comportement aurait pu être également jugé en contradiction avec l'instruction de 1972 sur l'obligation de réserve qui interdit aux militaires « de faire des actes ou des

7. Statut général des militaires, *Dossier d'information*, n° 68, Service d'information et de relations publiques des armées, mars 1982.

déclarations de nature à faire douter non seulement de leur neutralité, mais aussi du minimum de loyalisme envers les institutions dont doit faire preuve celui qui a accepté de servir l'État ».

Les mesures à prendre à l'encontre des 45 officiers généraux firent l'objet de longs atermoiements. Au départ, le président de la République lui-même était partisan d'une mesure drastique, à savoir la mise à la retraite d'office. Cette sanction, qui, malgré son aspect spectaculaire, n'aurait sans doute provoqué aucun remous sérieux dans les armées tant le geste avait été jugé provocateur, n'a cependant pas été retenue : la date de la publication aurait permis aux généraux de bénéficier *illico* des effets de la loi d'amnistie votée en juillet... C'est donc finalement Jean-Pierre Chevènement, le ministre, qui monta au créneau en envoyant le 8 juillet 1988 aux 45 signataires une lettre cinglante, mais sans effets concrets, leur indiquant qu'ils avaient « dérogé à l'état militaire qui implique en toute circonstance discipline et loyauté ». La sanction, cependant, est remise à la prochaine incartade : « Dans l'hypothèse où vous manifesteriez de nouveau votre intention de vous libérer des devoirs inhérents au statut d'officier général du cadre de réserve, je ne manquerais pas d'accorder le fait et le droit en proposant au Conseil des ministres, comme d'autres gouvernements moins longanimes le firent jadis pour des manquements plus honorables, votre mise à la retraite d'office par radiation des cadres. » C'est qu'un officier général, sauf s'il le demande explicitement ou s'il est sanctionné par le ministre, n'est jamais mis à la retraite. Il est « versé dans le cadre de réserve », ce qui lui permet — avantage essentiel mais pratiquement unique — de ne payer que le quart de sa place quand il voyage en train, comme un officier d'active.

Faiblesse ? Pusillanimité ? Toujours est-il, donc, que le président n'a pas sévi, du moins pas directement, car la vengeance mitterrandienne est un plat qui se déguste glacé ; nombre de militaires considèrent à juste titre que les raisons de la remise entre les mains de fonctionnaires civils de plusieurs postes jusqu'alors tenu par des officiers généraux, et en particulier le Secrétariat général de la défense nationale et la Direction générale de la sécurité extérieure (DGSE, ex-SDECE)[8], sont à chercher en partie dans cette initiative électorale de leurs anciens collègues. Cette analyse est partiellement confirmée par ce proche de François Mitterrand qui estime quant à lui que ce geste de lèse-président perpétré par les 45 n'a fait que conforter l'hôte de l'Élysée dans une conviction très ancrée chez lui, à savoir que les généraux sont « frondeurs, lobbyistes, et organisés pour désobéir ». Ce qui ne veut pas dire qu'il n'a pas tout fait, en son temps, pour les caresser dans le sens du poil...

Pardon contesté pour les putschistes

Amnistier des généraux félons ? Jamais... A la fin de 1982, alors que François Mitterrand et les socialistes sont au pouvoir depuis un an et demi, leur première crise sérieuse va opposer le premier aux seconds. Huit anciens généraux putschistes de 1961 sont au cœur de la très violente controverse qui amènera les députés socialistes conduits par leur président de groupe à l'Assemblée nationale, Pierre Joxe, à amender le projet de loi présenté par le gouvernement de Pierre Mauroy. Le Premier ministre devra finalement faire appel, pour la première fois du septennat, à l'article 49.3[9] pour faire passer le texte de loi dans son intégralité. En laissant d'un côté quelques cicatrices douloureuses sur les députés socialistes, mais en donnant de l'autre un gage de bonne volonté à l'armée pour laquelle l'épisode algérien reste une source, désormais tacite mais toujours lancinante, de rancune.

Lorsque François Mitterrand arrive au pouvoir, le 10 mai

8. Le préfet Guy Fougier a été nommé patron du SGDN le 8 juin 1988, et le préfet Claude Silberzahn, patron de la DGSE le 22 mars 1989.

9. L'article 49, alinéa 3 de la Constitution de 1958 prévoit qu'un texte présenté par le gouvernement est considéré comme adopté par l'Assemblée, sauf si une motion de censure, déposée dans les vingt-quatre heures, est votée par une majorité de députés.

1981, ils ne sont que deux survivants du « quarteron de généraux en retraite » qui, le 22 avril 1961, à Alger avaient tenté la folle aventure du putsch militaire destiné à conserver l'Algérie à la France et à provoquer la perte de Charles de Gaulle. Edmond Jouhaud, 76 ans en 1981, avait été chef d'état-major de l'armée de l'air avant de prendre une retraite anticipée puis de se lancer dans le putsch. Seul pied-noir de la bande des quatre, il avait été libéré de prison en 1967. Son chef dans le réseau terroriste de l'OAS [10], Raoul Salan — 83 ans en 1981 —, a toujours à cette époque bon pied bon œil. Charles de Gaulle avait accepté de le libérer de la prison de Tulle en juin 1968 : c'était, pensait-il, le prix à payer — négocié avec le général Jacques Massu à Baden-Baden le 29 mai 1968 — de la sujétion de l'armée au pouvoir pendant les événements de Mai.

Les deux autres membres du quarteron, Maurice Challe et André Zeller, sont décédés. S'ils sont les plus connus des généraux putschistes encore vivants en 1981, Salan et Jouhaud ne sont pas les seuls. Il en reste six autres, qui ont joué des rôles subalternes, mais n'en ont pas moins été mis à la retraite d'office : Pierre-Marie Bigot, 73 ans, ancien commandant de la région aérienne d'Alger, libéré en 1965 ; Jacques Faure, 77 ans, représentant des putschistes à Paris, libéré en 1966 ; Marie-Michel Gouraud, 77 ans, commandant le corps d'armée de Constantine, libéré en 1965 ; Gustave Mentré, 73 ans, qui ne fera pas de prison ; Jean-Louis Nicot, 71 ans, major général de l'armée de l'air (il n'avait pas voulu organiser la protection de la métropole contre une possible opération aéroportée des putschistes), libéré en 1965. Enfin André Petit, 72 ans, qui avait accepté le commandement militaire d'Alger, avait été libéré en 1964.

François Mitterrand ne s'est pas précipité. Mais le 29 septembre 1982, un an et demi après l'élection présidentielle, le chef du gouvernement Pierre Mauroy a présenté au Conseil

10. L'Organisation de l'armée secrète est directement responsable de 1 500 assassinats, pour la plupart entre mars et juin 1962.

des ministres un projet de loi « relatif au règlement de certaines conséquences des événements d'Afrique du Nord ». Le président avait déclaré quelques jours plus tôt : « Il appartient à la nation, au bout de vingt ans, de pardonner. » En réalité, le travail est mâché : au fil des années, et des différentes amnisties intervenues [11], toutes les condamnations prononcées pendant ou après la guerre d'Algérie ont été effacées. Reste un dernier point à régler, qui n'est pas un détail : 800 officiers, 800 policiers et 400 administrateurs civils renvoyés de la fonction publique entre 1961 et 1963 attendent l'ultime normalisation administrative, la « révision de carrière ». Pour les 8 généraux, le cas est particulier car leur ultime réhabilitation doit prendre la forme d'une réintégration dans le cadre de réserve.

Quand Salan vote Mitterrand

Lorsque le gouvernement présente son projet de loi, il respecte les engagements pris à de très nombreuses reprises, pendant les vingt précédentes années, par le nouveau président. François Mitterrand a fait part de ses sentiments dès le 18 mai 1962 lorsque, cité par la défense devant le Haut Tribunal militaire qui jugeait Raoul Salan, il était venu rappeler que ce dernier avait fait l'objet d'un attentat en 1957, qui lui avait laissé la vie sauve, non sans provoquer la mort de son accompagnateur, le commandant Ridier : « Commencer à tuer un Français parce qu'on n'est pas d'accord avec lui, cela oblige à poser cette question : quand donc la patrie reconnaîtra-t-elle les siens ? » déclare-t-il à la barre.

En 1966, avec Guy Mollet et Gaston Defferre — qui déclarait quelques années plus tôt à propos des tueurs de l'OAS « qu'on les pende, qu'on les fusille » —, le futur président dépose une proposition de loi prévoyant « la réintégration de

11. Décret du 22 mars 1963, lois du 23 décembre 1964, du 17 juin 1966, du 31 juillet 1968, du 16 juillet 1974.

plein droit dans les fonctions, emplois publics, offices publics ou ministériels ainsi que les divers droits à pension ». Deux ans plus tard, en 1968, Gaston Defferre dépose un amendement — repoussé par l'Assemblée mais voté par les socialistes — proposant le rétablissement dans leur grade et fonction de tous les fonctionnaires impliqués dans l'OAS. Lors du débat sur la loi d'amnistie de 1974, les socialistes avaient proposé des amendements — repoussés — qui réclamaient, sans évoquer explicitement le cas des putschistes, qu'elle soit plus large. Les généraux rebelles, que cette loi d'amnistie réintégraient dans l'armée pour les mettre aussitôt à la retraite d'office, auraient pu considérer qu'ils ne s'en tiraient pas trop mal. Ce ne fut pas le cas.

Lors de la campagne présidentielle et sans trop se forcer, François Mitterrand avait tenu à donner de nombreux gages aux rapatriés d'Algérie, à ces pieds-noirs — souvent, mais pas toujours, sympathisants de l'OAS — qui entendaient saisir l'occasion pour que l'éponge soit passée une fois pour toutes. Celui qui n'est encore que candidat et qui aimait, dit-on, à rappeler en privé que « Mazarin a bien pardonné à la Fronde » suivait ces affaires de très près. Depuis près de dix ans, quelques-uns de ses proches travaillaient sur ces dossiers sensibles avec Jacques Roseau, porte-parole de l'association le Recours ; parmi eux se trouvaient l'avocat Jacques Ribs, qui deviendra conseiller à l'Élysée après le 10 mai 1981, et Georges Dayan, natif d'Oran et le plus proche ami de François Mitterrand. Au parti socialiste, dont le siège se trouvait encore place du Palais-Bourbon, des réunions régulières se tenaient autour de Pierre Bérégovoy et de Laurent Fabius.

La perspective de l'élection présidentielle accélère le processus : en mars 1981, Jacques Roseau et Guy Forzy, président du Recours, rendent discrètement visite dans son appartement parisien à Raoul Salan. Ils lui annoncent clairement leur intention d'appeler les rapatriés à voter pour François Mitterrand. Le vieux chef des félons qui tient la clé du vote de la frange la plus dure des anciens partisans de l'Algérie française — plusieurs dizaines de milliers de bulletins de vote — leur fait passer quelques jours plus tard son message d'acceptation par le colonel Jean Gardes, président de l'association des anciens militaires détenus : d'accord pour appeler à voter Mitterrand !

D'ultimes tractations se déroulent jusqu'à ce que, le 4 avril 1981 à Avignon, le candidat socialiste formalise publiquement quinze promesses aux rapatriés, rédigées par Jacques Ribs, Michel Charzat et Pierre Bérégovoy. Parmi celles-ci se trouve *la* promesse : « Une amnistie totale sera enfin réalisée, effaçant les séquelles de toute nature des événements d'Algérie. » Entre les deux tours de l'élection présidentielle, le 7 mai 1981, un congrès extraordinaire réuni pour l'occasion par le Recours à Montpellier reçoit un télex urgent du PC de campagne socialiste. Le candidat Mitterrand est particulièrement explicite : « Je vous confirme ma volonté, déjà ancienne, de mettre un terme définitif aux problèmes des rapatriés, spécialement en ce qui concerne l'amnistie, dont je voudrais que tous comprennent que dans un esprit de profonde union nationale je la souhaite intégrale, effaçant toutes les séquelles, même de carrière, du drame algérien. » La réponse du Recours est limpide et brève : « Prendrons position sanction Valéry Giscard d'Estaing. Fin de message. »

Lutte fratricide

Alors que le projet de loi présenté au Conseil des ministres ne semblait pas devoir soulever de problèmes particuliers à l'Assemblée, le retour de Pierre Joxe d'un voyage en URSS marque soudain le début des hostilités entre le groupe socialiste, soutenu par une large frange de l'opinion publique qui contribuera par la suite à gonfler les rangs des « déçus du socialisme », et le gouvernement. Joxe, pour plusieurs raisons, ne veut pas entendre parler d'amnistie. Lui qui effectua son temps de service à la sortie de l'ENA comme officier de la sécurité militaire en Algérie à la fin des hostilités n'avait pas à l'époque la moindre faiblesse pour les officiers félons. Il ne se renie pas. Second motif justifiant son attitude : son père

Louis Joxe, ministre du général de Gaulle, avait été l'un des principaux négociateurs des accords d'Évian qui aboutirent à l'indépendance de l'Algérie en 1962, et sa tête avait été mise à prix par l'OAS. Il ne le pardonne pas. Ce refus net, que François Mitterrand lui-même ne pourra ébranler, n'aurait cependant pas pu s'exprimer aussi fortement s'il n'avait trouvé un très large écho chez les députés socialistes.

Le 20 octobre au soir, le bureau exécutif du PS demande le retrait du texte ou l'exclusion des putschistes de son bénéfice. Le 21 octobre, jour même du vote, Paule Dayan, chargée de relations entre l'Élysée et le Parlement et fille de Georges Dayan, arrive à la réunion du groupe porteuse d'un texte confirmant que la loi d'amnistie exprime bien la volonté présidentielle. Elle est interdite de parole par Pierre Joxe qui, avec l'aide d'Alain Richard et de Jean-Pierre Worms, a définitivement convaincu ses collègues. Le secrétaire d'État aux rapatriés Raymond Courrière a beau se démener en faveur du texte, et guerroyer à la tribune, rien n'y fait. Galvanisés, les socialistes rebelles, qui ont trouvé des soutiens très précieux sur les bancs communistes et gaullistes, votent en leur compagnie l'amendement qui exclut les généraux de la loi.

Camouflet pour l'Élysée, ce geste déclenche la fureur des rapatriés et l'inquiétude discrète de l'armée. Le chef d'état-major des armées, le général Jeannou Lacaze, prend langue avec le ministre Charles Hernu et lui rappelle que les militaires « sont très sensibles à ce genre de choses » ; aussitôt, Hernu envoie un petit mot à Courrière dans lequel il lui fait part du message… Le secrétaire d'État aux rapatriés n'avait guère besoin de cet avertissement : il avait tant pris à cœur « son » texte de loi que l'adoption de l'amendement provoquera chez lui un malaise cardiaque, le soir du vote. Quelques semaines plus tard, l'habileté tactique présidentielle commence à faire son œuvre : les sénateurs socialistes dûment chapitrés par l'envoyé élyséen Michel Charasse s'abstiennent comme par enchantement d'amender le texte de loi, y compris ceux qui — comme Marcel Debarge — avaient voté en faveur de l'amendement lors de la réunion du bureau exécutif le 20 octobre.

Les textes adoptés par les deux assemblées parlementaires ne l'ayant pas été en des termes identiques, le projet de loi doit repasser en seconde lecture devant l'Assemblée nationale. Mais ni Pierre Joxe ni les députés n'ayant malgré les objurgations l'intention de se déjuger, le Premier ministre doit se résoudre à demander l'autorisation d'engager la responsabilité de son gouvernement. Le 23 octobre, Pierre Mauroy clôt l'affaire à la tribune de l'Assemblée et affirme que les généraux félons ne bénéficient pas d'une clémence démesurée, que la guerre d'Algérie est loin : « De toutes les images qui en restent, l'une des plus insupportables est sans doute celle de soldats et d'officiers qui se sont dressés contre la République [...]. Vingt ans se sont depuis écoulés, et au fil des années bien des pas ont été effectués dans la voie du pardon. [...] Le pardon n'est pas l'oubli. Il n'implique aucune approbation des faits qui, hier, ont provoqué des condamnations. Mais la société française doit aider à l'apaisement des esprits. Elle doit aider à refermer les plaies. C'est le rôle du gouvernement. C'est l'engagement qu'il avait pris devant le pays lors du dernier scrutin présidentiel. Cet engagement doit donc être tenu. Il le sera. »

Huit généraux rebelles à la République et à ses lois rentrent donc, en cette deuxième année du septennat, dans le giron national. Autant que les députés, de nombreux électeurs socialistes durent avoir quelque mal, ce soir-là, à digérer ce pardon mitterrandien imposé à la hussarde. Mais dans le concert des voix qui avaient réclamé que les putschistes ne bénéficient pas de la réintégration dans les cadres, il en était au moins une qui avait sonné un peu plus tristement que d'autres, celle du général François Binoche... Ce compagnon de la Libération avait été de ceux qui, en poste en Algérie lors du putsch, avaient contribué à son échec en refusant de suivre les rebelles. Dans un texte publié après le débat parlementaire [12], il s'indigne du fait que les officiers fidèles n'aient jamais reçu de

12. Général François BINOCHE, « A sens unique », *Le Monde*, 28 octobre 1982.

récompense pour leur action : « Quelles mesures a-t-on prévues pour les cadres, officiers et sous-officiers de carrière, loyaux envers le gouvernement et qui, avant ou après l'appel du général de Gaulle, entravèrent l'action des putschistes, bloquant les rouages et les services du commandement et s'assurant du contrôle des troupes dont ils s'estimaient responsables ? Non seulement leur attitude et leur courage ne furent en aucun cas l'objet d'une quelconque récompense, ce qui n'aurait été que justice, mais ils furent soumis à toutes sortes de vilenies et de vexations ayant pour but final leur départ de l'armée. »

Étrange situation que celle du général Binoche. Car alors que les généraux de l'OAS sont désormais de nouveau membres de l'armée en cette fin de 1982, il est toujours, lui, en retraite d'office. Il n'a bravé aucune loi, ne s'est pas rebellé contre ses chefs ou contre la République. Plus simplement, il a dit ce qu'il pensait, il a de la sorte « contrevenu au devoir de réserve ». On aurait pu penser que le nouveau président aurait préféré commencer par le réintégrer, lui et ses collègues Antoine Sanguinetti et Jacques de Bollardière. Manifestement, ce n'était pas le plus urgent !

Les trublions, à la porte !

Trois hommes aussi différents que possible. Trois officiers généraux aux faits de guerre incontestables, et d'ailleurs incontestés. Tous trois jugés trop bavards par des présidents de la République aimant plus que quiconque les militaires muets, et qui leur firent payer très cher leur volonté de s'exprimer publiquement. Le premier à avoir fait preuve de ces velléités est Jacques Paris de Bollardière ; en juillet 1973, il est arrêté par la marine nationale au large de Mururoa sur un navire appartenant à des militants antinucléaires néo-zélandais, le *Fri*, en compagnie du journaliste Brice Lalonde, du prêtre Jean Toulat et de l'écrivain Jean-Marie Muller. Venu pour protester contre les explosions nucléaires atmosphériques que pratique encore la France à cette époque, Jacques Paris de

Bollardière n'est pas un inconnu : saint-cyrien, mais sorti sergent de l'École spéciale militaire pour cause d'insubordination chronique, condamné à mort en 1940 par un tribunal militaire vichyste, compagnon de la Libération, général en 1956 (à 48 ans), il a pris vigoureusement position contre la torture en Algérie en mars 1957.

Sa carrière militaire est dès lors compromise, mais il attend cependant le putsch des généraux pour démissionner et demander son admission dans la seconde section : « Dans cette période où l'hésitation et l'attentisme de beaucoup m'écœuraient, j'éprouvais le besoin d'un choix clair [13] », expliqua-t-il quelques années plus tard. Georges Pompidou, président de la République, n'a pas bien pris le voyage tropical du général, et tranche rapidement son cas : le 25 juillet 1973, le Conseil des ministres décide de le mettre à la retraite, à titre disciplinaire. Le commandant Jean Blondel, secrétaire de sa promotion de Saint-Cyr, lui envoie alors un courrier au nom de ses camarades pour lui rappeler leur conception commune de la pratique politique d'un officier : « La servitude militaire, qui fait aussi la grandeur de son état, lui impose une réserve absolue à l'égard des propagandes ou des prises de position équivoques et malsaines, surtout quand elles utilisent son sang et ses services passés à des fins politiques discutables [14]. »

Le général de division François Binoche, comme Jacques de Bollardière, est compagnon de la Libération. Mais en plus, il est gaulliste. Et même gaulliste de gauche notoire. Après avoir quitté l'armée en 1970, il a repris du service en 1975 dans la revue *L'Appel* qu'éditent des fidèles de l'homme du 18 juin 1940. Alors que le président Valéry Giscard d'Estaing se prépare à se rendre à Bonn en visite officielle et compte y discuter avec Willy Brandt, à cette occasion, de la mise en service des missiles nucléaires Pluton, François Binoche fait état de

---

13. Général Jacques PARIS DE BOLLARDIÈRE, *Bataille d'Alger, bataille de l'homme*, Desclée de Brouwer, Paris, 1972, p. 110.

14. Jean TOULAT, *Un combat pour l'homme, le général de Bollardière*, Le Centurion, Paris, 1987, p. 137.

ses anciennes fonctions de gouverneur militaire français de Berlin pour s'en prendre vigoureusement à l'Allemagne. Celle-ci, à le croire, « est restée immuable de Bismarck à nos jours » et il voit dans la soumission de la France « un effroyable retour en arrière ». La sanction ne se fit pas attendre et le général fut mis d'autorité à la retraite.

Dans un autre genre, Antoine Sanguinetti est également très tonique. Vice-amiral d'escadre et major général de la marine nationale, il considère que Valéry Giscard d'Estaing n'est pas un président à la hauteur, et que ce n'est pas avec lui que la France pourra faire sienne une ambitieuse politique navale. Tant que de tels avis sont proférés dans les dîners en ville, celui qui les tient ne risque rien. Le problème, c'est qu'Antoine Sanguinetti — en bon Corse — a le sang chaud. Et il écrit ce qu'il pense : une première publication en 1975 lui vaut d'être rétrogradé à la présidence de la commission d'essai des bâtiments neufs. Ce qui ne l'empêche pas de tirer une nouvelle bordée en janvier 1976 : le ministre de la Défense Yvon Bourges le convoque alors et lui intime l'ordre de ne plus écrire ; au risque pour l'amiral en cas de récidive de subir une sanction disciplinaire et d'être mis à la retraite d'office. Naturellement, l'amiral remit le couvert à plusieurs dizaines de reprises, finit par publier à nouveau une série de papiers dans *Le Monde* en juin 1976 ; il fut mis en retraite d'office la semaine suivante par le Conseil des ministres. Ce qui ne l'a pas empêché de demeurer particulièrement actif au parti socialiste dont il fut finalement exclu pour une sombre histoire de candidature sans investiture en Corse, puis dans le mouvement de « l'appel des cent » contre l'implantation de fusées américaines en Europe au début des années quatre-vingt ; sans oublier la Ligue des droits de l'homme, dont il demeure un très actif militant.

Réhabilités à la sauvette

Ainsi donc, en novembre 1982, les putschistes d'Alger sont-ils réintégrés dans tous leurs droits et prérogatives par le

Parlement, alors que Bollardière, Binoche et Sanguinetti se morfondent toujours dans le statut de retraités. Leur réhabilitation faisait pourtant si peu de doute que le général Jeannou Lacaze, chef d'état-major des armées, avait fait savoir au ministre Charles Hernu, dans les semaines qui avaient suivi son arrivée, qu'il ne serait pas convenable de les réintégrer sans que Salan, Jouhaud et leurs collègues le soient aussi... De fait, le cas des trois sanctionnés est très différent de celui des anciens membres de l'OAS. Dans une note adressée le 15 novembre 1982 à Michel Delebarre, directeur de cabinet du Premier ministre, Maurice Benassayag, directeur de cabinet du secrétaire d'État aux Rapatriés, évoque le casse-tête qu'avait provoqué le ministère de la Défense en pensant résoudre les avatars parlementaires de l'amnistie. Ce dernier avait en effet suggéré que, dans le texte de loi d'amnistie des putschistes et pour calmer les socialistes, la mention « sont réintégrés » soit remplacée par « peuvent être réintégrés ».

Et Benassayag de répondre que « cette rédaction, si elle doit concerner les autres termes du texte initial, ne vise que les généraux amnistiés en 1974 et donc exclurait toute possibilité d'adjoindre Sanguinetti, Binoche et de Bollardière. Si le texte est modifié sous la forme ''peuvent être réintégrés'', les généraux de Bollardière, Sanguinetti et Binoche pourraient être pris en compte. Mais accepteront-ils d'être assimilés aux généraux d'Alger ? Ces généraux d'Alger demanderont-ils à bénéficier de ce qui pourrait apparaître non pas comme une volonté de la représentation nationale mais comme l'expression d'une grâce présidentielle ? ». Finalement, le sort des « trois » ne sera d'aucune manière lié à celui des putschistes. Mais se pose alors le problème de l'impossibilité de réintégrer des retraités dans la réserve, autrement que par une loi. C'est finalement Charles Hernu qui prit un arrêté dans une quasi-clandestinité, et en avisa personnellement les bénéficiaires par téléphone. Le général de Bollardière fut le seul à refuser cette mesure : il estimait que ce geste bien tardif était malvenu de la part d'un président qui était venu lui rendre visite le 25 juillet 1973 à l'hôpital militaire du Val-de-Grâce, avant de déclarer à la sortie :

« Sur le plan politique, le parti socialiste a toujours estimé les expériences nucléaires inutiles et dangereuses. La signification politique de mon geste doit être comprise par tous [15]. » Charles Hernu — qui entreprit pourtant des réformes autrement plus importantes — ne jugea pas utile de revoir les textes régissant l'expression des militaires en général, et des officiers généraux en particulier.

« Ne pas franchir le seuil de la polémique »

La liberté d'expression des militaires est régie par deux textes distincts. Le statut général des militaires qui rappelle dans son article 7 le socle des démocraties, à savoir que « les opinions ou croyances, philosophiques, religieuses ou politiques sont libres ». Mais c'est pour ajouter aussitôt que « les militaires en activité de service doivent obtenir l'autorisation du ministre lorsqu'ils désirent évoquer publiquement des questions politiques ou mettant en cause une puissance étrangère ou une organisation internationale ». Le second texte de référence est une instruction ministérielle publiée par le ministre de la Défense, Michel Debré, le 29 septembre 1972. Il précise que les militaires sont tenus, comme tous les fonctionnaires, au devoir de réserve. Dont l'appréciation est laissée pour une large part à l'analyse personnelle : « L'étendue de ce devoir varie évidemment en fonction de la situation personnelle de chacun, caractérisée notamment par le grade détenu et par l'emploi occupé, en fonction aussi des circonstances et en particulier de la diffusion qui est susceptible d'être donnée aux points de vue exprimés. Mais chacun, en fonction de ces différents éléments, doit être en mesure d'apprécier ses responsabilités propres. Dans tous les cas aussi, chacun veillera à ce que l'usage de sa liberté d'expression n'aboutisse pas à franchir le seuil de la polémique sur le plan des personnes ou des

15. Jean-Marie MULLER, *« Vous avez dit pacifisme ? » De la menace nucléaire à la défense civile non violente*, Cerf, Paris, 1984, p. 83.

différentes catégories de personnel que comprennent les armées. »

Que faire de tels textes quand on est militaire ? Choisir de s'exprimer en ne faisant pas état de sa fonction ni de sa qualité, c'est-à-dire sans mentionner son grade, comme le fit en son temps Charles de Gaulle ? Sans doute... Mais une telle attitude peut être aussi prise pour un reniement, et le sous-chef d'état-major de l'armée de l'air, Étienne Copel, en désaccord avec la politique de dissuasion nucléaire française, a refusé de s'y soumettre en 1984 lorsqu'il décide de publier un livre retentissant [16]. Il pense que l'arme nucléaire n'est pas une panacée contre toute éventuelle menace d'agression, mais seulement contre celles venant de pays disposant eux-mêmes de cette arme. De telles positions, venant d'un officier qui fut le premier Français à tirer une bombe atomique à partir d'un avion de chasse, ne pouvaient que passer très mal. Copel se fait donc placer dans le cadre de réserve avant même la sortie de son livre et attend les réactions. Elles seront particulièrement nombreuses, y compris dans la presse militaire officielle. Le général Jean Salvan, qui fut son condisciple au Centre des hautes études militaires et à l'Institut des hautes études de défense nationale, contestera au fond les thèses de Copel, non sans lui décerner un brevet d'audace : « Comme toi, j'ai horreur de ceux qui pleurnichent, mais continuent à percevoir leur solde. Tu as estimé ne plus pouvoir agir à l'intérieur de nos armées, tu as posé ta casquette : tu as bien fait, et tous nos camarades sont conscients de ton courage intellectuel — le plus difficile — et tu le sais [17]. »

Quand un officier ne veut pas se mettre hors jeu, c'est-à-dire ne pas compromettre ses minces chances de devenir un beau jour officier général, il ne lui reste donc plus que la possibilité de s'exprimer à l'intérieur de l'institution, dans le cercle

---

16. Général Étienne COPEL, *Vaincre la guerre. Une autre défense, une autre armée*, Lieu Commun, Paris, 1984.

17. Général Jean SALVAN, « Lettre ouverte au général Copel », *Armées d'aujourd'hui*, n° 90, mai 1984.

fermé de ses relations professionnelles ou familiales. Dans ces conditions, affirme ce capitaine de vaisseau, « on peut tout dire dans la marine. Mais pas n'importe quand. Il faut être dans le moule, ne pas être atypique, ne pas exprimer des opinions à contretemps. On peut avoir n'importe quelle conversation, mais sans provoquer. La marine a une vraie structure d'accueil intellectuel. On peut discuter, on ne va pas directement dans le mur en béton ». Le plus important n'est-il pas d'en être persuadé ?

4

Le choix des généraux : la prime au conformisme

Il fait nuit noire en ce début d'automne 1988. Deux ombres s'approchent sans bruit des murs de la cathédrale de Strasbourg. De bonnes chaussures, des tenues de sport confortables et légères. Ascension. Par l'extérieur, sans avoir demandé d'autorisation à l'archevêque pour cette excursion interdite, les deux hommes assurent leurs prises et grimpent tranquillement. Quelques dizaines de minutes plus tard, ils sont sur la flèche et entreprennent de redescendre aussi discrètement qu'ils sont montés. Exploit secret d'étudiants en goguette ? Défi inutile d'alpinistes alsaciens trouvant trop plate la plaine du Rhin ? Rien de tout cela : il s'agit simplement d'un petit plaisir de quinquagénaires en forme dont l'un, Christian Quesnot, vient de prendre ses fonctions de chef d'état-major de la 1re armée auprès du patron de celle-ci, le général Michel Fennebresque.

Les réformateurs du groupe « Sully »

Général depuis mai 1987 — il n'avait pas encore 49 ans —, Christian Quesnot est jeune. Cet âge est un élément qui n'aurait guère de signification dans une autre institution. Dans l'armée de terre une promotion aussi précoce a valeur pour son bénéficiaire, sauf accident, de passeport pour les sommets. Le corps vif et sec et le cheveu ras, il appartient à une espèce rare dans l'armée de terre : celle des officiers parachutistes de l'arme du génie. Après y avoir servi à presque tous les postes, il a commandé à partir de juillet 1982 le 17e régiment de génie parachutiste qu'il a emmené à Beyrouth aux pires moments pour y mener des opérations de déminage particulièrement risquées. Nombreux sont ceux de ses amis qui s'accordent à penser, comme lui d'ailleurs, qu'après son passage à Strasbourg il prendra directement le chemin de Toulouse pour y succéder au général Michel Guignon à la tête de la 11e division parachutiste, l'un des fleurons de l'armée de terre. Professionnel d'élite au regard des critères habituels de ses pairs, Christian Quesnot présente également la particularité d'avoir fait l'unanimité en sa faveur — lorsqu'il était colonel — pour s'être attelé à une tâche digne d'Hercule : l'informatisation et la complète réorganisation (réussies !) du bureau Planification-finances de l'état-major de l'armée de terre. Entré en 1958 avec la promotion « Maréchal Bugeaud » à l'École spéciale militaire de Saint-Cyr, il a toujours pensé que c'est à l'intérieur de l'institution que seront réunies les conditions nécessaires, sinon suffisantes, pour que son armée évolue et se modernise.

En 1974, alors commandant, il fait partie d'un groupe de jeunes officiers réformateurs, tous issus de *la Bugeaud* et avides de transformations en profondeur. L'armée de terre traverse à cette époque une très grave crise d'identité, remettant en cause son statut et sa place dans la société française ; cette profonde rupture se traduit par l'émergence — et la répression par une Sécurité militaire très active — de nombreux « comités de soldats » et la persistance d'un lourd malaise chez un grand nombre de cadres. Les temps sont durs : quelques jeunes officiers créent donc le « groupe Sully » qui proposera des réformes, naturellement jamais appliquées. Parmi ces francs-tireurs, quelques hommes dont on entendra parler et qui pour certains d'entre eux font encore, quinze ans plus tard, partie de l'actualité. Il y a là, outre Christian Quesnot, le commandant Jean-Bernard Pinatel. Officier vif-argent et acteur atypique de l'institution, il osera en octobre 1976 publier un livre [1], ce qui ne se fait pas quand on est stagiaire à l'École

1. Jacqueline GRAPIN et Jean-Bernard PINATEL, *La Guerre civile mondiale*, Calmann-Lévy, Paris, 1976.

de guerre et respectueux de ses chefs qui, eux, n'ont jamais écrit.

L'ouvrage se garde bien de traiter directement des problèmes militaires français et l'officier est suffisamment prudent pour ne pas faire état de sa qualité professionnelle, ce qui interdit que sa hiérarchie lui cherche des poux dans la tête. Mais on sent à quelques accents qu'il appartient à la maigre confrérie des réformateurs ; et l'allusion aux événements qui ont ébranlé l'armée française deux ans plus tôt est limpide, quand on lit ces lignes évoquant les attaques déstabilisantes des groupes d'extrême gauche — « l'ennemi intérieur » dans le jargon de l'époque —, auxquelles l'armée n'a pas su répondre : « Face à un organisme suffisamment sain, de telles attaques sont une incitation à résoudre ses contradictions internes, donc à s'adapter. Mais elles peuvent aussi provoquer des réactions de défense qui accentuent les déséquilibres. Si au lieu de se réformer, certaines sociétés se raidissent sur leurs contradictions, elles disparaîtront [2]. »

« Viscosités »

Pourvu qu'ils respectent les règles de fonctionnement dictées par l'institution, c'est-à-dire — essentiellement — qu'ils n'aient pas de contacts avec la presse et qu'ils ne clament pas sur les toits leurs projets de réformes et les vrais sentiments que leur inspire le sommet de la hiérarchie, des officiers brillants peuvent faire une belle carrière. C'est ainsi que Jean-Bernard Pinatel ne manquera aucun des postes de commandement qu'il faut réussir, sera gratifié de notes élogieuses et pourra considérer — dès sa nomination au grade de capitaine en 1967, prétendent certains de ses amis qui n'en sont pas encore revenus — qu'il a vocation à devenir un jour chef d'état-major de l'armée de terre. Au moins... Nommé patron du Service d'information et de relations publiques des armées

2. Jacqueline GRAPIN et Jean-Bernard PINATEL, *op. cit.*, p. 224.

(Sirpa) à l'été 1985, passé général en mars 1988, il rendra pourtant son képi en septembre 1989 pour aller prendre la direction de la communication du groupe Bull. Quatre mois plus tôt, le 11 mai 1989, en nous annonçant sa décision de démissionner, plus que les déboires de la politique de communication qu'il avait mise en place à la hussarde au Sirpa — elle ne lui avait pas valu que des amis — il en rendait responsables les « viscosités » de l'armée de terre qu'il jugeait insupportables : « Je ne dis pas qu'elles sont illégitimes, je dis seulement que je ne les supporte plus », nous confiait-il alors.

Les réformateurs du groupe Sully ont passé le concours d'entrée à Saint-Cyr entre le 12 et le 16 mai 1958, ont vécu — sans y adhérer — le putsch d'Alger alors qu'ils étaient sous-lieutenants, et n'ont connu au cours de leur carrière que des diminutions d'effectifs et une réduction de la taille de l'armée de terre. « Les Sully » eurent souvent le sentiment qu'ils n'avaient d'autre choix que de prendre la porte ou d'assister, impuissants, à la mort de leurs idéaux et de leurs espoirs de carrière. Pour un Quesnot marchant du feu de Dieu, pour un Pinatel parti jeune avec les étoiles, combien de leurs camarades auront dû quitter l'armée dans des conditions qu'ils n'ont pas choisies ? André Thiéblemont et Philippe Debas sont de ceux-là, et paieront de leur carrière leur volonté de réformer l'institution en passant par l'extérieur après avoir constaté que, par l'intérieur, ça ne marchait pas.

C'est après la publication de deux articles très sévères que le lieutenant-colonel Thiéblemont dut prendre la porte. Qu'avait-il écrit de si insupportable que l'armée de terre n'ait pu davantage supporter sa présence dans ses rangs ? Tout simplement que, « à l'exception des jeunes chefs probablement encore guidés par des images héroïques ou préservés de la machine technico-administrative, les militaires sont les créateurs et les pourvoyeurs d'une mécanique qui pompe leur énergie dans un but que jamais ils n'avoueront : celui de conserver ou d'améliorer leurs relations de pouvoir en recueillant à terme quelques gratifications, quelle qu'en soit la nature[3] ». Sa reconversion dans les relations publiques amènera par la suite l'auteur de ce texte à veiller sur le destin de l'association des saints-cyriens dans la vie civile (voir chapitre 5).

Philippe Debas devra lui aussi quitter l'armée. Au cours de l'année 1974, avec Jean-Bernard Pinatel, dans le cadre du groupe Sully et dans le but de connaître le point de vue d'une des composantes de l'appareil politique, il avait eu le culot de prendre une initiative propre à faire hurler la Sécurité militaire en rencontrant un certain nombre de personnalités communistes, dont Francis Crémieux et Henri Rol-Tanguy. Mais ce n'est pas pour ce geste qu'il devra prendre la porte. Son crime? Avoir écrit... Une première publication[4], en 1976, avait été accueillie sans incident particulier. Il y proposait pourtant quelques initiatives de taille, dont le découplement du nucléaire tactique de l'action militaire classique ou la mise sur pied d'une force d'hélicoptères. Mais Philippe Debas veut convaincre et persévère : des textes de lui se succèdent[5]. Le 7 janvier 1982, trop confiant sans doute dans les conséquences, sur la liberté d'expression des militaires, de l'arrivée de Charles Hernu au ministère de la Défense, c'est dans le quotidien de gauche *Le Matin de Paris* qu'il publie à nouveau. L'objet du texte est d'amener le lecteur à réfléchir sur la dissuasion, dont il considère les modalités comme irréalistes : « Ses tenants ont beau se répandre en discours obscurs sur la mesure des risques et de l'enjeu, il reste que si l'on tue l'ennemi celui-ci vous rend la pareille dans le quart d'heure. La riposte aux fusées de l'adversaire va de soi ; mais le tir en premier, partant sa menace, est folie. La défense se résout en un pari dont l'enjeu est la vie de la nation : tout au rien[6]. »

3. Paul DALOU (pseudonyme d'André THIÉBLEMONT), « La crise de croissance de l'armée de terre », *Le Monde*, 7 et 8 octobre 1981.

4. Philippe DEBAS, *L'Armée de l'atome*, Copernic, Paris, 1976.

5. ID., « Le mépris de l'ennemi », *Le Monde*, 1981 ; « Pour une cavalerie légère nucléaire », *Défense nationale*, janvier 1978 ; « Doctrinaires », *Défense nationale*, mai 1978, etc.

6. ID., « Tout ou rien », *Le Matin de Paris*, 7 janvier 1982.

Le commandement tousse, les menaces directes ou moins directes fusent, Debas se rebiffe, Hernu est appelé à la rescousse et s'en lave les mains. L'officier est muté, puis se fâche. Dans son dernier texte écrit sous l'uniforme, il tape très fort en détaillant le sort fait aux officiers qui veulent s'exprimer : « Peu d'officiers écrivent sur la guerre. Cela est naturel. S'agissant d'une chose de telle conséquence, il est bon que des obstacles découragent les dilettantes. Les spécialistes souffrent d'autres atteintes : affectation au Nord pour qui pouvait prétendre au Sud ; interdiction de séjour à Paris ; mutation vengeresse ; notation rectifiée ; intérêt des emplois mesuré ; accusation de trahison ; entremetteur qui incite à partir ; punition, inscrite sans être annoncée ou annoncée sans être inscrite[7]. » Entre autres amabilités, Debas traite du « pharisaïsme » de ses chefs, de leurs textes stratégiques qui ne sont que du « galimatias », de « l'entreprise d'abêtissement » qu'ils dirigent. Et ainsi de suite. Il est muté au fort de Vincennes, au service historique de l'armée de terre et décide quelques mois plus tard, après avoir reçu un blâme, de rendre son uniforme. Non sans un dernier pied de nez : privé de bureau, il s'installe un jour dans les toilettes de son service en grand uniforme et Légion d'honneur pendante, avec une table, une soucoupe et un simple carton sur lequel il a écrit : « Donnez un franc au colonel-pipi. » En octobre 1983, il prend la porte et se dirige vers l'industrie où il œuvre aujourd'hui sereinement. Sans avoir renoncé à publier sur la défense, il vient d'écrire une pièce de théâtre sur Jeanne d'Arc.

L'armée adore les réformateurs, quand ils sont sortis de son sein. Mais peu nombreux sont ceux, comme Debas, qui veulent délibérément forcer l'institution dans ses retranchements. Autre membre du groupe Sully, qui a bifurqué pour sa part vers la fonction publique civile, Jacques Dewatre, actuellement préfet de Moulins. Et encore Éric Fockedey, aujourd'hui directeur commercial d'Intertechnique, ou Philippe Rondot, toujours dans l'armée mais avec le statut très particulier des

7. Id., « L'ennemi intérieur », *Le Monde*, 18 janvier 1983.

membres du cadre spécial, qui lui interdira de devenir général alors même qu'il aura rendu à l'État des services autrement plus signalés que ceux de nombre de ses collègues arborant, eux qui n'ont jamais pris aucun risque, les brillantes étoiles. Après un long passage au SDECE, ce colonel spécialiste de l'islam a été recruté au début des années quatre-vingt comme conseiller par le préfet Yves Bonnet, alors directeur de la DST, et a joué un rôle crucial dans la libération des otages français et belges d'Abou Nidal, en avril 1990[8].

Excès de prétendants pour la 11e division para

Quinze ans après l'extinction du groupe Sully, le jeune commandant Quesnot est donc devenu un non moins jeune général qui entend bien faire valoir des qualités dont il a, à juste titre, un sentiment assez élevé. Car il est un de ceux qui ont compris — sans jamais le dire publiquement, il ne se prive pas de le faire savoir à l'intérieur de l'armée — que les temps changent, que le processus de désarmement aura à terme des conséquences énormes sur l'armée de terre française et qu'il est plus que temps de la moderniser et de la muscler pour l'adapter aux nouvelles données européennes et mondiales. Il espère bien avoir la possibilité de faire valoir ses idées en partant commander la 11e division parachutiste, à Toulouse. Problème : il n'est pas le seul à pouvoir prétendre à un tel commandement qui implique de nombreuses qualités. Parmi lesquelles : être parachutiste (indispensable), avoir entendu un jour siffler des balles (de plus en plus rare), avoir prouvé ses capacités à commander (utile), être aimé de ses chefs *(sine qua non)*, ne pas être trop vieux.

Dans la période au cours de laquelle le général Guignon doit quitter la 11e DP, plusieurs généraux peuvent, outre Quesnot,

8. Philippe Rondot a joué un rôle décisif dans la libération de la Française Jacqueline Valente, le 10 avril 1990. Elle était otage avec toute sa famille du groupe palestinien d'Abou Nidal.

prétendre à sa succession : Jean Varret, un cavalier ; Marc Waymel, artilleur ; Michel Zeisser et Jacques Vidal appartenant aux troupes de marine, et enfin Michel de Courrèges ; tous occupent des postes de bon niveau, aucun — sauf Vidal sur lequel pèsent les remous de l'opération d'Ouvéa — ne peut rencontrer d'opposition politique de la part de Jean-Pierre Chevènement. Un seul sera nommé, le général de Courrèges, qui avait sur tous les autres un avantage décisif : il était chef de cabinet du chef d'état-major de l'armée de terre le général Gilbert Forray ; qui considérait, lui, qu'il était le meilleur. Comme il propose toujours au ministre les nominations de ses grands subordonnés en ne mettant pratiquement, comme d'ailleurs tous ses collègues chefs d'état-major, qu'un seul nom en face du poste à pourvoir, il était logique que son candidat bénéficie d'un bel avantage.

Ainsi donc le général de Courrèges est nommé à la 11ᵉ DP. L'armée de terre avait eu pour le général Quesnot, en tout cas elle l'a prétendu, l'idée d'un poste prestigieux ; elle avait en effet imaginé qu'après le départ de Jacques Chirac de Matignon, celui-ci puisse succéder au général d'aviation Bernard Norlain comme chef du cabinet militaire du Premier ministre. Raté ! Car l'armée de terre avait pensé à tout, sauf que Michel Rocard garderait Norlain, avec lequel il eut immédiatement un excellent contact (voir chapitre 6). Christian Quesnot, qui considérait qu'il avait autant de vertus que quiconque pour diriger une division, n'était pas du genre à supporter l'humiliation d'une mise à l'écart ni une hypothétique et très aléatoire nomination à Matignon. Sans coup férir, il cherche au printemps 1989 un travail dans l'industrie — qu'il trouve —, et envoie sa lettre de démission au général Forray. A-t-on raison de prêter à ce dernier, quand il reçoit la lettre, la formule selon laquelle il n'a « rien à faire dans l'armée de tous ces petits de Gaulle » ? Toujours est-il que la démission est acceptée sans autre formalité...

C'est un autre général, ami de Christian Quesnot, qui prévient dans une note écrite Jean-Pierre Chevènement de l'incident. Le ministre convoque aussiôt ce démissionnaire dont il n'avait jamais entendu parler, le reçoit longuement et lui demande les raisons de son départ. Après explication, Christian Quesnot obtiendra directement du ministre séduit le commandement de la 7e division blindée de Besançon, à la place d'un collègue déjà officieusement désigné. Si la logique est pour une fois respectée, son parcours du combattant devrait le mener un jour très haut ; mais il est loin d'être terminé et il serait bien étonnant que quelque piège ne s'ouvre pas un jour sous ses rangers... Car si les hiérarques militaires avalent — comment faire autrement ? — les coups de pouce personnels des ministres, ils sont très rarement digérés. Et c'est d'ailleurs pour cette raison qu'ils sont si rares, l'institution préférant de beaucoup les éviter par tous les moyens et gérer — c'est-à-dire autogérer — les carrières de ses membres, sans interférence extérieure. Toujours est-il que les rumeurs n'ont pas tardé à courir sur Quesnot, et qu'il arriva dans sa division à Besançon en septembre 1989 précédé d'une sulfureuse et fausse réputation de militant socialiste pur et dur, savamment concoctée par certains de ses concurrents et de ses supérieurs. Quelques mois plus tard, ses subordonnés de la 7e DB qui avaient vu avec quel entrain ce sapeur avait appris à piloter un char et à tirer au canon, et avec quelle énergie il s'était débarrassé de quelques brebis galeuses, ne tarissaient plus d'éloges sur son compte.

Les meilleurs de leurs fils

Christian Quesnot, on l'aura compris, ne peut pas être considéré comme l'un des espoirs de l'armée de terre. Ce qui ne veut pas dire qu'il lui est interdit d'en nourrir, loin de là... Mais le simple fait que sa hiérarchie ait un jour accepté de le laisser partir, et que le ministre ait dû le rattraper par le fond du treillis, montre bien qu'il fera seul sa carrière, ou qu'elle ne sera pas. Ce n'est pas le cas de tout le monde, et une passionnante illustration de la manière dont les chefs militaires voient au sein de chaque armée la génération montante permet de s'en rendre compte en décembre 1989, quand *Le Point* décide de publier une liste des cent jeunes âgés de moins de quarante ans qui feront la France de l'an 2000 [9]. Concernant les militaires, naturellement, les journalistes de l'hebdomadaire demandent aux états-majors de leur indiquer la perle.

Loin de choisir dans son vivier de 18 495 officiers l'oiseau rare inattendu, l'armée de terre désigne selon ses critères éternels et les plus classiques le plus beau de ses fils. Son meilleur espoir. Sans bien sûr que sa personnalité soit en cause, force est de constater que le lieutenant-colonel Gérard Duhesme, 36 ans, incarne toutes les plus nobles valeurs de l'armée de terre et que sa désignation laisse peu de place à l'émergence sur la scène publique de talents moins classiques. Saint-cyrien naturellement, et cavalier bien entendu, il a servi comme chef d'escadron dans la plus « classe » des unités françaises, le 1er régiment de hussards parachutistes. Sa notice au *Bottin mondain* indique qu'il est vicomte, ça peut arriver ; et s'il n'est pas encore général de corps d'armée comme l'était son père le vicomte Guy (son grand-père était également général), une raisonnable patience ne devrait pas le décevoir. Comme nous le dira un de ses collègues officiers, et qui affirme au demeurant n'avoir rien à lui reprocher : « Il faut admettre qu'un tel profil est plus porteur que d'autres. A qualités égales être fils de général, vicomte et très inséré socialement, ça aide une carrière dans l'armée de terre. »

Le plus instructif sans doute est de comparer l'officier idéal de l'armée de terre tel que le voit sa hiérarchie, et son collègue de la marine tel, là encore, que le distinguent ses chefs. Dans le même numéro du *Point*, l'officier de marine choisi par l'état-major est Philippe Sautter, 40 ans, capitaine de frégate et commandant du navire lance-missiles *Aconit* basé à Brest. Alors que la marine a la réputation d'être particulièrement conservatrice et vieille France, catholique — si possible intégriste — jusqu'au bout des ongles, et appréciant par-dessus tout que plusieurs générations d'une même famille se mettent

9. « 100 Français pour l'an 2000 », *Le Point*, n° 899, 11 décembre 1989.

à son service, l'image est brisée : Philippe Sautter est issu d'une famille protestante et fils de pasteur, et ne compte aucun militaire — et *a fortiori* aucun marin — dans sa parentèle. Son seul lien, plutôt ténu, avec l'armée serait (en cherchant bien) la présence pour quelques mois de son frère Rémy Sautter au cabinet de Charles Hernu, avant qu'il devienne vice-président de RTL. Pas de quoi incarner une tradition... Mais il est permis de retenir de ces deux personnalités — choisies par leurs chefs — que la première incarne des valeurs sociales aussi fortes que ses qualités professionnelles quand, dans le second cas, seules ces dernières sont prises en compte. Serait-ce que le simple fait d'appartenir au corps des officiers de marine, donc à la caste, soit un signe d'identité suffisant pour que toute autre considération sociale soit inutile ? Ou encore, plus simplement, que la marine communique davantage et intègre mieux la diversité des valeurs de cette fin de siècle ? A voir la manière dont elle gère ses « consuls », dont Philippe Sautter ne fait pas partie, c'est bien possible...

La marine et ses consuls

Malgré ses sous-marins stratégiques, ses porte-avions et sa présence sur tous les océans de la planète, la marine a un problème très particulier : elle constitue une petite armée. 4 560 officiers [10], un effectif total de 65 294 hommes. Et une implantation territoriale squelettique essentiellement concentrée autour de ses ports de Cherbourg, Toulon et Brest. L'armée de terre en comparaison dispose de 18 495 officiers, d'un effectif total de 288 553 hommes, et d'une implantation territoriale généralisée. Car dans les zones où les casernes sont rares, voire absentes, il existe toujours un délégué militaire départemental appartenant à l'armée de terre et chargé de faire le lien entre les autorités locales et les élus d'une part, et

10. Les effectifs budgétaires des armées françaises ont été publiés au *Journal officiel* du 27 mars 1990, p. 3708 à 3711.

l'institution militaire de l'autre. La marine, comme l'armée de terre, dispose naturellement d'un service d'information directement attaché à l'état-major et chargé de faire passer ses messages dans le grand public et dans la presse, généraliste ou spécialisée ; mais depuis de longues années, les marins ont jugé que leurs implantations et leur présence ne leur permettaient pas de faire suffisamment connaître leur opinion dans le pays. Ni surtout de faire en sorte que les intérêts de l'institution soient connus dans l'administration, l'appareil d'État et les autres armées.

Ainsi donc sont nés les *consuls*, officiellement baptisés « officiers détachés » : plusieurs dizaines d'officiers de marine choisis pour leur profil — ce sont les meilleurs et ils sont pour la plupart promis aux étoiles —, mais aussi pour les postes qu'ils occupent et leur capacité à y faire passer les messages de l'état-major. Exemple : à 15 heures, le 28 mars 1990, dans la salle de conférence du premier sous-sol de l'état-major de la rue Royale à Paris, les consuls sont réunis autour de six amiraux. A savoir le contre-amiral Charles-Henri Méchet — sous-chef d'état-major « matériel » —, le vice-amiral Guy Labouerie — inspecteur des réserves et de la mobilisation (poste essentiel pour activer les groupes de pression) —, le contre-amiral Marcel Le Ciclé — sous-chef d'état-major « opérations » —, le contre-amiral Félix Pelliard — sous-chef d'état-major « logistique » —, le vice-amiral Ghislain de Langre — secrétaire général adjoint de la défense nationale — et le contre-amiral Claude Poirrier, de la direction du personnel militaire de la marine.

Autour d'eux 56 officiers supérieurs, les consuls, pour la plupart capitaines de vaisseau. La fine fleur de la marine, ceux dans lesquels l'état-major met tous ses espoirs pendant ce passage qu'ils font dans les bureaux parisiens. Les fonctions qu'ils occupent donnent un aperçu des moyens d'information qu'ils représentent pour la maison mère et des capacités qu'ils incarnent pour faire passer un message : ils sont officiers de liaison dans tous les états-majors et dans tous les cabinets militaires des ministères, présents dans toutes les directions de la délégation générale pour l'armement, au Secrétariat général de la défense nationale (SGDN), dans les centres de formation et certains services de renseignements, etc. Leurs réunions trimestrielles n'ont rien de clandestin et le ministre de la Défense en est d'ailleurs averti par l'intermédiaire de son représentant au sein de l'état-major, l'amiral Michel Merveilleux du Vignaux, inspecteur général de la marine.

Les thèmes abordés au cours de cette réunion du 18 mars démontrent que les sujets de préoccupation de la marine, en ce début d'année 1990, étaient plutôt techniques : actualité des opérations en cours, exposés sur les nouveaux systèmes de missiles surface-air et les transmissions de la force océanique stratégique, état d'avancement du développement de la torpille Murène, directives pour la communication. Ainsi va, dans la marine, la formation des chefs. Les postes opérationnels à la mer sont utilisés pour maintenir l'outil en état de réponse immédiate, les fonctions parisiennes sont mises à profit pour que les futurs hiérarques puissent mieux connaître l'ensemble des rouages de la machine, et surtout mieux la servir à l'extérieur. Avec cette méthode que les autres états-majors leur envient mais se révèlent incapables de seulement imiter, les marins gagnent — et très gros ! — sur deux tableaux : la cohésion interne de leur personnel de direction, et l'unicité du discours destiné à l'extérieur. Impensable avec une telle force de communication que les messages dévient. Ou que ceux qui sont émis ne reflètent pas à très peu de chose près la pensée de l'état-major et de la hiérarchie… L'esprit d'équipe, en quelque sorte !

« On se dit parfois qu'on a eu de la chance »

Appartenir au club des consuls ne constitue pas un passe-partout permettant d'accéder sans autre formalité aux étoiles d'amiral. Mais cela aide puissamment. Dans la marine, comme dans les autres armées, on ne devient officier général qu'après avoir donné toutes les garanties sur plusieurs points essentiels. La stricte qualité professionnelle, sanctionnée par de bonnes notations des supérieurs lors de chaque temps de commandement et — de manière de plus en plus systématique — par un passage à l'École de guerre, a bien sûr une importance primordiale. Mais ceux qui choisissent les officiers généraux privilégient également la fidélité à l'institution — si possible *perinde ac cadaver*, à l'instar des jésuites — et les capacités à la servir longtemps. Troisième critère, désormais crucial : l'âge du colonel ou du capitaine de vaisseau pressenti. S'il est jeune, c'est-à-dire âgé de cinquante ans ou moins lors de sa nomination, il aura le temps d'aller très loin et, sauf faux pas, de progresser quasi automatiquement jusqu'aux postes de responsabilité les plus élevés. Dans la marine, souligne cet amiral très proche du faîte des honneurs, « ce sont en principe les meilleurs qui deviennent amiraux. La sélection est très sérieuse, ce qui n'empêche pas ceux qui sont pris de ne pas avoir vraiment d'arguments pour prétendre qu'ils sont meilleurs que les autres. On se dit parfois qu'on a eu de la chance... ».

Dans l'armée de l'air, où la sélection est la plus draconienne et la plus élitiste, devenir général impose absolument d'avoir fait l'École de guerre. Une seule exception à cette règle intangible : le spationaute Jean-Loup Chrétien qui ne pouvait décemment pas être le seul aviateur français à avoir foulé les étoiles sans en porter sur la casquette. Autre condition pour devenir général d'aviation : appartenir à la chasse, c'est-à-dire avoir fait carrière dans les intercepteurs de la défense aérienne, dans les chasseurs-bombardiers de l'aviation tactique ou dans la reconnaissance. Quelques « transporteurs » appartenant au commandement du transport aérien militaire et quelques « bombardiers » appartenant aux forces aériennes stratégiques parviennent parfois, s'ils ont de la chance, à tirer leur épingle du jeu grâce à leur appartenance au personnel navigant. Mais les « rampants », mécaniciens ou gestionnaires des bases, n'ont aucune chance d'accéder aux postes de responsabilité les plus élevés. Quand on demande à un aviateur pourquoi les chasseurs — seuls — peuvent prétendre aux positions hiérarchiques supérieures, il répond le plus souvent comme ce général — chasseur — qui occupa les plus hautes fonctions : « La raison la plus avouable, c'est que chez nous la majorité des unités sont des unités de combat, pas de transport. L'autre raison c'est que nous avons, nous les chasseurs, un certain complexe de supériorité : si les autres ne sont pas dans la chasse, c'est parce qu'ils n'en ont pas été capables. Au cours des éliminatoires qui durent toute la carrière, le chasseur a franchi plus d'obstacles que les autres. C'est ici qu'on trouve le côté attrayant du métier, et ce n'est pas chez les transporteurs qu'on a tourné les *Chevaliers du ciel...* »

C'est au sein des conseils supérieurs de chaque armée, présidés chacun par le ministre de la Défense dans le courant du mois de novembre, que se déroule la cérémonie sacrée d'inscription à la liste d'aptitude des officiers généraux ; dans la marine et l'armée de l'air, les conseils supérieurs sont composés de tous les généraux à quatre et cinq étoiles. Dans l'armée de terre où ces derniers sont plus nombreux, les membres du conseil sont recrutés parmi les titulaires de grands commandements opérationnels ou territoriaux et parmi les inspecteurs des principales armes (arme blindée-cavalerie, troupes de marine, artillerie, infanterie). La liste d'aptitude donne les noms de ceux qui seront appelés l'année suivante à exhiber deux étoiles sur leurs manches, ou à en ajouter une à celles qu'ils portent déjà. Lorsque le ministre l'a entérinée, elle est gérée au sein de son cabinet par le chef du Bureau des officiers généraux — en 1990 le général Alain Bonavita —, et chaque chef d'état-major est alors autorisé à prévenir les heureux élus. Mais les nominations ne seront présentées lors d'un Conseil des ministres à la signature du président de la République qu'au fur et à mesure du départ en seconde section des généraux en poste. Ce qui peut parfois prendre du temps : c'est ainsi que, concernant l'armée de terre, certains colonels inscrits à la liste en novembre 1989 ne seront titulaires de leur étoile qu'en mars 1991. L'inscription présente d'autres particularités, dont celle de n'être pas publiée au *Journal officiel*, donc de ne pas avoir d'existence juridique réelle. Conséquence : si un officier inscrit n'est pas effectivement nommé, il ne peut prétendre à aucun recours administratif ou judiciaire.

La pesanteur des habitudes séculaires

Choisir un général est toute une affaire, dans toutes les armées. Mais dans la marine, la gendarmerie ou l'armée de l'air, le faible nombre des officiers concernés par une éventuelle promotion ne donne pas lieu à d'infinies tractations. Les voies de dégagement en cours de carrière vers les activités civiles permettent à un officier sentant qu'il n'arrivera pas aux étoiles de sortir à temps de l'institution militaire et de faire valoir en d'autres lieux les compétences techniques acquises dans l'armée, parfois aisément négociables. Il n'en est pas tout à fait de même dans l'armée de terre, où les inscriptions à la liste font l'objet de longues négociations et d'arbitrages subtils à l'intérieur de l'institution, en tenant compte de rentes de situation aussi inattendues que désuètes. C'est ainsi que la gestion des postes d'officiers généraux se fait au sein de chaque arme : le nombre de postes à étoiles offerts à l'infanterie, à l'arme blindée-cavalerie, aux troupes de marine ou à l'artillerie — considérées comme les « armes nobles » — sera en effet toujours le même. De la même manière, le nombre de généraux appartenant au génie, aux transmissions ou au train des équipages sera pratiquement intangible.

Ce qui fait hurler les officiers appartenant aux armes dites « nobles », c'est que les places y sont très chères à la sortie de Saint-Cyr ou de l'École militaire interarmes. Celles-ci étant toutes trustées par les meilleurs éléments — qui se dirigent également souvent vers la gendarmerie —, les autres élèves moins brillants sont alors contraints de se tourner vers les armes moins prestigieuses où les postes ne sont pas comptés. Résultat de ces choix faits à vingt ans : un cyrard moyen qui aura pris le train ou les transmissions dans ses jeunes années, et compte tenu du fait que ces armes disposent d'un quota de généraux qu'il leur faut remplir quelle que soit la qualité de leurs personnels, a toutes les chances de devenir général avant ses collègues des armes nobles. Le dernier des cyrards à opter pour les troupes de marine, qui se trouve tout de même dans le premier tiers du classement, n'a que très peu de chances de devenir général quand le premier de l'arme du matériel, classé derrière lui à Cyr, le sera certainement. Certains petits malins, sur les conseils de leurs inspecteurs, ont quitté en cours de route des armes nobles pour rejoindre des circuits moins prestigieux. Grâce à cette savante manœuvre, ils sont aujourd'hui généraux...

La gestion des carrières par armes génère actuellement de très lourdes tensions dans l'armée de terre, où nombreux sont les officiers qui réclament la mise sur pied d'un système leur paraissant plus juste. Il exigerait que tous les officiers soient gérés ensemble, et non plus en tenant compte de leur arme d'appartenance, structure paraissant aujourd'hui à beaucoup comme étant à la fois archaïque et complètement inadaptée. Les généraux seraient alors recrutés parmi les meilleurs — ou considérés comme tels — de toute l'armée de terre, et non plus parmi ceux de chaque arme. Souhaitée par un nombre grandissant d'officiers, cette réforme verra-t-elle le jour ? La révolution culturelle qu'elle impliquerait, la suppression des centaines de postes d'officiers ayant pour seule fonction de gérer le fonctionnement quotidien et l'avancement, la pesanteur des habitudes séculaires suffisent à expliquer pourquoi elle n'aura pas lieu rapidement. Et en tout cas tant qu'un réformateur hardi et convaincu de la nécessité d'une telle initiative ne sera pas parvenu à un poste suffisamment élevé pour qu'il puisse faire valoir ses vues, les choses resteront en l'état.

Les sévères symptômes du « prurit stellaire »

En attendant ces hypothétiques évolutions, l'inscription à la liste continue de provoquer chez les colonels susceptibles d'en bénéficier une étrange affection, parfois baptisée le

« prurit stellaire », aux symptômes d'autant plus sévères que les années passent. A toute question sur son avenir posée vers le mois d'octobre, l'intéressé soulève en général les épaules dans un mouvement de plus en plus las à mesure que décembre approche et répond : « On verra. » Pendant ce temps les manœuvres offensives ou retardatrices battent leur plein en coulisses, dès le printemps. C'est à cette époque que les inspecteurs d'armes, le directeur du personnel militaire de l'armée de terre et l'inspecteur général qui dépend du ministre font leur propre liste, chacun dans son coin. Parallèlement, les grands commandeurs — le patron de la 1re armée et celui de la Force d'action rapide — et les commandants des régions militaires se mettent au travail. Eux aussi font une liste. Avant l'été, toutes ces feuilles ultra-secrètes et mieux protégées que la liste des cibles des armes nucléaires stratégiques françaises se mettent à circuler entre les divers chefs. Les premières décisions officieuses sont prises et, avant de partir en permission estivale, les membres du Conseil supérieur de l'armée de terre se sont déjà mis d'accord sur un tiers des noms, les plus faciles.

A la fin de l'été, deuxième tour de piste. Les camarillas, les coteries et autres bandes se mettent alors en branle pour placer les copains qui ne se sont pas imposés du premier coup. Traditionnellement, les parachutistes des troupes de marine, dont l'élément le plus en vue en 1990 est le général Maurice Schmitt, chef d'état-major des armées, étaient très forts à ce jeu ; mais les légionnaires leur ont donné du fil à retordre ces dernières années dans la mesure où ils tiennent d'une main de fer à la fois le véritable réservoir à poudre propulsive qu'est la direction du personnel militaire avec le général Jean-Louis Roué, et l'Inspection générale de l'armée de terre avec le général Jean-Claude Coullon. En revanche, on ne se souvient plus aujourd'hui que pour mémoire du « conseil des vallées » qui rassemblait les sages des chasseurs alpins et savait naguère donner des coups de pouce. Au chapitre des traditions bien établies dont il est difficile de vérifier l'influence, on retiendra également la filière des francs-maçons. Quant à ceux, rarissimes, qui crurent devoir se rapprocher des socialistes pour favoriser leur avancement, ils en furent — sauf exception — pour leurs frais.

Beaucoup plus efficaces sont les filières de solidarité établies autour des unités prestigieuses. « J'ai été sous-lieutenant, lieutenant, capitaine et colonel dans mon régiment, se souvient ce général bien connu, et maintenant, je surveille mes fils. » Le procédé est simple et appliqué ailleurs que dans l'armée : autour d'un chef doté d'un minimum de charisme et d'efficacité administrative, les officiers se rassemblent et constituent une petite cour, un carré de fidèles. Les règles du jeu connu sous le nom de « Tu m'tires, j'te pousse » sont claires : le chœur des fidèles chante dans toute l'armée les louanges du patron en affirmant « qu'avec celui-là au moins on aimerait partir à la guerre ». De son côté, celui-ci progresse dans la carrière en halant ses talentueux et généreux fidèles : il les prend à ses côtés dans un poste administratif, les choisit pour lui succéder dans son régiment, les note généreusement, les propulse au tableau d'avancement. C'est quand le patron arrive au sommet que les coups d'accélérateur sont les plus spectaculaires. Avoir un inspecteur ou un membre du Conseil supérieur de l'armée de terre dans sa poche, tout en n'étant pas trop godiche, c'est le succès garanti. Ce général issu de l'infanterie et qui compte quelques poulains prometteurs dans son écurie détaille : « Aujourd'hui, la luttte pour l'avancement est encore bien pire qu'avant. Il faut être vite repéré, se rapprocher du soleil, faire savoir par tous les moyens possibles qu'on est d'accord avec le ministre étant donné qu'on ne peut pas lui montrer qu'on a des couilles, puisqu'il n'y a plus de guerres. Au Conseil supérieur, il est naturel que les membres poussent les gens qu'ils connaissent. » Quelques grands militaires jouissent ainsi d'un très grand pouvoir, et singulièrement ceux qui sont en poste à Matignon ou à l'Élysée. Leurs capacités d'intervention, dues à la proximité des lieux de décision, sont telles qu'il est très difficile — dit-on dans les états-majors — de leur refuser la promotion réclamée pour un de leurs collaborateurs.

Faire payer cher la moindre faute

Les deux premières étapes, dites de « pré-fusion » des différentes listes, ont été franchies avant l'automne. Reste la dernière, la plus périlleuse. Début octobre les membres du Conseil supérieur se retrouvent pour évoquer le troisième tiers, celui qui fait mal. Ici se traitent les cas de tous ceux sur lesquels les avis sont partagés. Ce membre du Conseil explique : « C'est un exercice difficile : nous connaissons en principe tous les colonels sous nos ordres. Mais il reste les autres. On juge un homme sur un moment de sa carrière, et on doit parier sur l'avenir. Mais le coefficient d'erreurs est minime. » On discute, on s'engueule parfois, on chipote au point de se livrer de temps à autre à des exercices particulièrement périlleux. Le nombre de places disponibles à la liste étant prédéterminé, c'est l'heure des comptes, parfois sordides. Explication d'un général de l'armée de terre expert en la matière : « Le système ne fonctionne pas au mérite, mais à l'élimination. Les gens sont distingués par les petites conneries qu'ils font. Il faut bien comprendre que le problème n'est pas de trouver des généraux, mais d'éliminer le maximum de gens qui pourraient prétendre à le devenir. Dans ces conditions, c'est à cet instant qu'on paie très cher la moindre faute. »

Lorsque l'état-major s'est finalement mis d'accord sur tous les noms, l'un de ses représentants — en général le chef d'état-major en personne — se présente chez le directeur de cabinet du ministre avec le dossier sous le bras. Officiellement pour lui demander les modifications qu'il suggère. En réalité pour lui faire avaler la pilule à sec. Souvenirs d'un directeur de cabinet en poste chez un ministre de François Mitterrand : « La capacité d'intervention d'un directeur de cabinet est globalement très faible. Dans l'armée, rien n'est mieux verrouillé que ça. Chaque modification est difficile et la marge de manœuvre d'une faiblesse extrême. Si l'on veut intervenir, on touche nécessairement — nous dit-on — au rationnel (la carrière normale d'un officier), à l'inéluctable (l'âge et la date de sa promotion précédente) ou au juste (les carrières de gens moins brillants que lui). Notre capacité d'intervention demeure à la marge. Ce système fonctionne en autogestion. »

Officiellement, les plus hautes autorités militaires se défendent de telles pratiques. Ce qui ne les empêche pourtant pas de se livrer à quelques exercices de haute voltige. L'un des artifices les plus acrobatiques que pratiquent en chambre les membres du Conseil supérieur consiste à omettre délibérément d'inscrire un proche collaborateur du ministre en place, pourtant désigné à ce poste de cabinet pour ses qualités personnelles, et à présenter à l'arbitrage ministériel une liste sans le moindre vide. Étant entendu que l'autorité politique ne laissera pas passer « l'oubli » d'un proche collaborateur, et imposera qu'il soit lui aussi inscrit. Le chef d'état-major tentera alors une manœuvre, énorme mais classique et qui ne rate pas toujours, consistant à réclamer que toutes les promotions prévues soient conservées, et qu'un poste supplémentaire soit créé pour le « pistonné ». Seconde éventualité, plus fréquente : la feinte est déjouée, et un malheureux inscrit est éjecté et renvoyé à l'année suivante. Invariablement l'état-major prétendra que l'officier imposé par le ministre, quel qu'il soit, l'appartenance politique n'a ici aucune importance, l'a été pour des raisons politiques. En réalité, cet argument est le plus souvent faux… Mais il permet à l'évincé une petite consolation : celle du débarquement inique de la liste, au profit d'un concurrent pistonné.

« Jeter un pot de merde sur la table… »

Charles Hernu, entre 1981 et 1985, s'était pratiquement mis d'accord avec les états-majors : 10 % des promotions lui revenaient personnellement. Ses successeurs n'ont pas eu la même attitude, même si Paul Quilès, se souviennent ses interlocuteurs de l'époque, eut à la fin de 1985 une altercation très sérieuse lors d'une séance du Conseil supérieur de l'armée de l'air. André Giraud pour sa part se faisait prudent, estimant difficile d'émettre un jugement sur des officiers qu'il connaissait peu. Jean-Pierre Chevènement, affirment ses collaborateurs, ne donne pas plus de « trois ou quatre coups de pouce par an ». Fût-on ministre, est-il vraiment facile d'émettre une opinion au cours d'un conseil supérieur quand la moindre de celle-ci, affirme l'un d'eux, revient à « jeter un pot de merde sur la table » ?

Comment, dans un milieu aussi bétonné, des originaux qui ne se seraient pas fondus dans le paysage depuis le début de leur carrière et ne correspondraient donc pas en tout point au modèle de leurs anciens peuvent-ils prétendre passer à travers les mailles du filet et arriver au sommet ? C'est très difficile. Ce général, membre du Conseil supérieur de l'armée de terre, admet l'évidence : « Nous faisons du conformisme. Mais on discute, on ne rejette pas les originaux *a priori.* » Avis contredit par un collaborateur civil, et particulièrement sévère, d'un récent ministre : « Toute la sélection se fait sur la base de la normalisation. Tout individu qui a du caractère et pense par lui-même est éliminé. On donne l'avantage aux gens couleur de muraille, et le crétin lâche a toutes ses chances. Le courage et l'intelligence ne sont pourtant pas toujours des handicaps, mais ils constituent des risques. »

Il serait certainement erroné d'imaginer qu'un homme de cinquante ans n'a plus de capacités pour apporter des idées neuves à une institution. Mais des officiers souvent écrasés par une hiérarchie tatillonne et un système de pensée calcifié ne peuvent pas espérer arriver à des postes de responsabilités nationales avant cet âge. Des carrières lentes, sans possibilité d'accélération dans une armée qui n'a pas connu de conflit digne de ce nom depuis trente ans, ne sont pas génératrices de renouveau. Et cet officier très au fait des plans de carrière de ses collègues a raison de noter : « Dans la fonction publique civile, un directeur d'administration centrale prend ses fonctions en moyenne à quarante-cinq ans. Pour être général de division, et avoir un peu de pouvoir, il faut dix ans de plus. Or les gens qui arrivent au pouvoir trop vieux sont restés trop longtemps sans avoir l'habitude des affaires. Devant le changement, il sont comme la poule devant le couteau. »

Remettre en cause cet état de fait, donner la moindre secousse à ces équilibres forgés au cours des années, reviendrait sans aucun doute à mettre à mal un fragile édifice. Et les politiques que la moindre poussée de fièvre des militaires font frémir d'angoisse se gardent bien d'y jeter ne serait-ce qu'un coup d'œil. Jean-Pierre Chevènement pourtant a cherché, en 1989, à porter partiellement remède — à dose homéopathique ! — à cet état de fait. Dans une note expédiée à tous les chefs d'état-major, il a demandé que les propositions d'inscription à la liste d'aptitude tiennent davantage compte de deux critères à ses yeux essentiels : le jeune âge relatif des impétrants — garantie de leur durée de vie dans les postes qu'ils occuperont —, de même que leur expérience des relations internationales. A suivre...

5

L'autogestion des carrières

Il est un peu voûté et son teint pâle a la transparence d'un vélin. Il a eu quelque mal, tout à l'heure, à monter l'escalier de l'hôtel de Brienne où il est l'invité du ministre Jean-Pierre Chevènement. Mais appuyé sur sa canne et sanglé dans son uniforme jaspé de général qu'il avait revêtu pour la première fois à cinquante et un ans en 1940, André Marteau affiche une légitime fierté : il est né le 13 décembre 1889 et a aujourd'hui 100 ans. Beau jour pour recevoir la grand-croix de la Légion d'honneur, quand on a été fait chevalier du même ordre en septembre 1914 pour avoir reçu quatre blessures en chargeant à la lance les troupes du Kaiser ! Gazé trois fois à Verdun, il fait l'École de guerre avant de rejoindre Lyautey au Maroc en 1923. En 1940, nommé général de brigade, il commande la 4e division légère de cavalerie, puis la 7e division légère mécanique qui tentera en vain de s'opposer à la percée des blindés du général Guderian. En octobre 1943, il est arrêté par la Gestapo, déporté à Dachau, et libéré par les Américains en mai 1945, quelques semaines avant d'être atteint par la limite d'âge. Général un jour, général toujours.

Pas de retraite pour les étoilés

Le général de division André Marteau a beau être plus vieux que le siècle, il n'est pas en retraite depuis 1945 mais seulement en « seconde section » et, s'il n'appartient plus au « cadre d'active », il fait toujours partie du « cadre de réserve ». Être mis en retraite, pour un officier général, a des allures d'infamie. Mais ce statut extraordinaire, au sens propre du terme, qui interdit à un général de jamais quitter l'armée ne lui procure, comme on l'a vu, que des avantages matériels fort minces : il garde le droit de ne payer que le quart de sa place en 1re classe sur la SNCF comme tous les officiers d'active, et peut pratiquer un abattement forfaitaire de 10 % sur sa feuille d'impôts. Si la troupe vient participer à ses obsèques, ce ne sera pas parce qu'il est général — cet honneur est réservé à ceux de ses collègues mourant en service —, mais parce qu'il a quasi automatiquement un grade élevé dans l'ordre de la Légion d'honneur. En principe, l'officier général en deuxième section jouit de ces minces avantages pour compenser un possible rappel par son ministre, en particulier en cas de guerre. En réalité cette éventualité est aujourd'hui très peu vraisemblable, et les maigres prébendes ne valent que par le supplément de considération qu'elles procurent à son titulaire : la gestion de son dossier personnel est assurée, comme pour ses collègues d'active, par le *Bureau des officiers généraux* appartenant au cabinet du ministre et installé dans l'hôtel de Brienne. Lorsqu'ils ont besoin de s'y rendre, c'est le chef du bureau — en 1990, le général Alain Bonavita — qui l'accueille en personne avec tous les égards dus à son rang ; et c'est indiscutablement plus flatteur et plus efficace d'être reçu par un pair dans des fauteuils Empire du Mobilier national que de parler dans l'hygiaphone d'une vulgaire caisse de retraite ! Le bénéficiaire de ces petites gâteries est alors en droit de penser, pour ce qui le concerne, qu'il a vraiment eu raison d'entrer dans une carrière qui prend jusqu'après leur mort un si grand soin de ses élites.

Les armées françaises comptent 580 officiers généraux en activité. C'est scandaleusement et ridiculement bas, pensent ceux qui n'y sont pas arrivés. C'est suffisant, pensent les intéressés qui ont eu tant de mal à gagner leur position. C'est en tout cas beaucoup au regard d'autres pays, dont les États-Unis qui en comptent moins du double alors que les effectifs militaires sont quatre fois plus nombreux. Mais les armées sont ainsi faites qu'elles considèrent le nombre de leurs officiers généraux comme l'un des critères essentiels de leur statut social, donc de la reconnaissance que leur porte la nation. Et elles se battent avec un bel entrain pour que les réductions d'effectifs auxquelles elles doivent faire face depuis la fin de la Seconde Guerre mondiale ne se traduisent pas par la diminution des postes offerts à ceux qu'elles considèrent comme les meilleurs. C'est ainsi que la marine compte aujourd'hui 65 amiraux (3 amiraux, 9 vice-amiraux d'escadre, 9 vice-amiraux, 44 contre-amiraux), contre 63 en 1963. Mais ses officiers étaient alors 3 960 et sont 4 560 en 1990. L'armée de terre disposait en 1962 de 292 généraux d'active, pour 38 000 officiers. Ils sont aujourd'hui 201 (4 généraux d'armée, 24 généraux de corps d'armée, 47 généraux de division, 126 généraux de brigade) pour 19 000 officiers.

Malgré ces évolutions, les places d'officier général sont chères. Les appelés sont nombreux puisqu'en principe tout militaire peut prétendre à le devenir, mais les élus sont rares : en réalité, seuls les officiers titulaires du diplôme de sortie de l'une des grandes écoles du recrutement direct ont quelque chance de le devenir, et encore pas tous ! L'obtention du brevet de l'École de guerre est déterminante puisque la quasi-totalité des officiers généraux en sont aujourd'hui titulaires. Les limites d'âge sont désormais si sévères que pour parvenir aux étoiles, il faut également être sorti jeune de l'École, et avoir ensuite gravi plus vite que les autres chaque échelon. Ce qui permet aux bons connaisseurs de la chose militaire de repérer très vite, parmi les premiers des classements de sortie, ceux qui ont du *potentiel.*

Bible, Chronotron et Stellomètre

Cette analyse du « potentiel » d'un officier est un exercice auquel ceux-ci adorent se livrer : chaque promotion au grade supérieur est disséquée, en fonction de l'âge du bénéficiaire qui détermine de la sorte ce qu'on appelle dans l'armée de

LES GRADES DANS L'ARMÉE FRANÇAISE

	Armée de terre et gendarmerie	*Aviation*	*Marine*
Officiers subalternes	Sous-lieutenant Lieutenant Capitaine	Sous-lieutenant Lieutenant Capitaine	Enseigne de vaisseau de 2e classe Enseigne de vaisseau de 1re classe Lieutenant de vaisseau
Officiers supérieurs	Commandant Lieutenant-colonel Colonel	Commandant Lieutenant-colonel Colonel	Capitaine de corvette Capitaine de frégate Capitaine de vaisseau
Officiers généraux	Général de brigade (deux étoiles) Général de division (trois étoiles) Général de corps d'armée (quatre étoiles) Général d'armée (cinq étoiles)	Général de brigade aérienne Général de division aérienne Général de corps aérien Général d'armée aérienne	Contre-amiral Vice-amiral Vice-amiral d'escadre Amiral

Nota : Après avoir commandé en chef « devant l'ennemi », un officier général peut recevoir, du Parlement, son bâton de maréchal de France. Le dernier à avoir reçu cette distinction est Pierre Kœnig, décédé le 2 septembre 1970 et fait maréchal de France à titre posthume le 6 juin 1982.

terre le *bigramme* : le premier chiffre est l'âge du sujet, le second la date de la promotion. Un officier a toutes ses chances si son bigramme lui permet d'être au-dessus de la diagonale constituée par l'évolution moyenne de ses prédécesseurs. Sinon... Un capitaine de vaisseau nommé contre-amiral à 48 ans bénéficie ainsi d'un *potentiel* d'amiral à quatre étoiles, dans la mesure où il a encore douze ans de carrière devant lui. Sauf accident, bien sûr ! L'importance du potentiel est telle qu'un amiral — Alain Fatou — put réaliser dans les années soixante-dix une présentation synoptique des officiers de marine n'ordonnant pas ces derniers selon la date de leur nomination dans le grade, à l'instar de la *Bible* officielle, mais selon leur âge lors de cette nomination. Ce procédé qu'il avait baptisé le *Chronotron*, qui portait en abscisse la date de naissance des intéressés, et en ordonnée celle de leur nomination dans leur dernier grade, permettait de distinguer d'un seul coup d'œil les marins au plus fort potentiel, donc promis au plus bel avenir : leur altitude sur le tableau ne laissait aucune place au doute et désignait sans erreur possible ceux qu'une mésaventure quelconque avait fait marcher sur leur lacet. « Il n'y a pas de doute sur le fait que nous sommes des satellites sans fusée de propulsion, constate cet officier général. Tant qu'on tient en orbite, c'est bon. Mais si on s'arrête on se met à chuter, rien ni personne ne peut nous rattraper à temps. »

Fort utilisé par le ministre Yvon Bourges, le Chronotron ne l'est plus aujourd'hui par les instances supérieures de la marine pour déterminer l'avancement. C'est en tout cas ce qu'on nous a assuré, avec une pointe de regret... En poussant la logique jusqu'au bout et avec des méthodes similaires un jeune commandant de l'armée de l'air aujourd'hui général, Yves Grousset, avait déterminé en 1973 les principes du *Stellomètre de Dugommier.* Au prix de calculs savants et de comparaisons entre des paramètres ésotériques pour qui n'est pas militaire, ce tableau permettait « à tout officier de l'air ayant rempli sa fiche individuelle de mesurer ses espoirs et ses craintes. Car, à vrai dire, il s'agit plutôt de déterminer ce qu'il peut espérer.

Gardons-nous de promettre[1] ». Par dérision, Grousset était allé jusqu'à analyser la couleur des yeux de cent officiers généraux entrés à l'École de l'air entre 1965 et 1944, afin de déterminer l'exactitude de la rumeur voulant que cet élément comptât énormément pour la direction de personnel : « Puisque l'on parle si souvent de la couleur des yeux comme d'un critère indiscutable, parlons-en. Celle de notre aimable clientèle se répartit comme suit : marron 52, bleu 24, vert 4, gris 6, gris-bleu 5, gris-vert 3, noir 5. Conclusion : la légende suivant laquelle il serait recommandé les yeux verts ou gris ou bleus ne repose sur aucune base scientifique sérieuse. »

Toujours est-il que les fonctionnaires civils, quand ils découvrent ces règles conjuguées de la limite d'âge et du potentiel, n'en reviennent pas. Ce proche collaborateur d'un récent ministre de la Défense note : « Dans les dossiers personnels, en fonction des postes qu'il a occupés et de ses promotions, on voit très bien que le profil d'un officier est décidé très tôt. A trente ans, le nombre des étoiles est dessiné, donc décidé. » Mais, si c'est un excellent critère, être jeune et rapide ne suffit pas à garantir l'accès au sommet, très divers selon l'armée à laquelle on appartient. Ainsi, c'est à la Délégation générale pour l'armement que les chances d'accéder aux étoiles sont les plus élevées : en 1990, un ingénieur de la DGA sur 27 a ses étoiles, mais le fait qu'ils comptent de nombreux polytechniciens joue beaucoup ; sans cette quasi-garantie, ils ne rentreraient pas dans l'armée. Seconde meilleure chance : la marine. Un officier d'active sur 70 y possède actuellement ses étoiles. Le taux est nettement moins bon dans l'armée de terre : un pour 92. Dans l'armée de l'air, la plus jeune et la moins riche en traditions puisqu'elle ne fut fondée qu'en juillet 1934, et où l'on part plus tôt que dans les autres armées tout en étant payé plusieurs années à taux plein, cela devient franchement mauvais : un officier sur 113 est général. Enfin, la gendarmerie arrive bonne dernière avec un taux d'un général pour 124 officiers.

1. Yves GROUSSET, « Superconstellation », *Le Piège* (revue des anciens élèves de l'école de l'air), n° 52, janvier 1973, p. 36.

De tels taux d'encadrement sont-ils suffisants ? En visitant un état-major et en constatant que chaque général d'un niveau élevé est lui-même flanqué d'un ou de deux adjoints, également généraux mais d'un grade inférieur, ou d'autant de colonels ou de capitaines de vaisseau pour ceux qui n'ont que deux étoiles, on est fondé à se poser la question. Mais l'armée de terre a sans doute raison de faire remarquer que deux centaines de généraux pour une armée comptant 340 000 hommes en 1990, civils compris, ne traduisent pas un taux d'encadrement excessif, pour des tâches de gestion particulièrement lourdes. Des zones géographiques particulières affichent une concentration d'étoiles très forte. Par exemple, certains officiers de marine ricanent en constatant que sept amiraux cohabitent à Toulon... Que faire ? Dans cette armée de temps de paix où les balles de l'ennemi ne font pas le nettoyage par le vide qui bouleverse les tableaux d'avancement, le nombre des postes d'officiers généraux offerts demeure l'une des carottes permettant d'attirer des jeunes de bon niveau dans la carrière. Mais les chiffres que nous indiquions plus haut sont de ce point de vue éloquents, et les conditions d'accès aux étoiles draconiennes : une place de général pour 91 officiers, quand 165 jeunes sortent chaque année de Saint-Cyr, cela laisse peu d'espoirs de parvenir au sommet... Même dans la marine où le taux est plus favorable, les 75 jeunes issus chaque année de « La Baille » savent à l'avance qu'ils devront compter sur de nombreuses reconversions précoces et des départs de l'armée pour que leurs chances s'améliorent.

Administrativement, les généraux sont des fonctionnaires à statut militaire bénéficiant de ce qu'on appelle dans l'administration, pour déterminer la rémunération, un « indice hors échelle », marqué par une lettre [2]. Quelle que soit l'armée, la pyramide des grades est particulièrement resserrée, et les militaires aiment à comparer leur situation à celle des personnels de la RATP ou de l'Éducation nationale en comptant le taux

2. Indice B pour les deux étoiles, indice C ou D pour les trois étoiles, indice E pour les quatre étoiles, indice F ou G pour les cinq étoiles.

de fonctionnaires « hors échelle » par rapport au nombre total d'emplois de ces « entreprises », pour affirmer bien sûr que leur sort est moins favorable. Sans être réellement pertinente, car la fonction de ces deux institutions ne présente guère de similitude, la comparaison entre l'armée de terre et la RATP est pourtant intéressante : pour 39 665 agents, les transports parisiens comptent 389 « personnels supérieurs » hiérarchiquement situés au-dessus des cadres. Selon une classification propre à la RATP, six sont placés en « échelle F » et vingt et un en « échelle E ».

Pour tenter de remédier à ces aigreurs militaires, il a été envisagé à plusieurs reprises au cours des dernières années de créer au sein des armées, et singulièrement de l'armée de terre, une superélite d'officiers, recrutés dès Saint-Cyr, dont le nombre de places serait réduit, et auxquels l'accès au grade de colonel et à de vrais postes de responsabilité serait garanti, ce qui est loin d'être le cas jusqu'à présent ; c'est parmi ces derniers que seraient également choisis les généraux. Au lieu d'être pyramidal, c'est-à-dire de compter davantage de jeunes officiers dans les grades les plus bas, que d'officiers plus anciens dans les grades les plus élevés, ce nouveau corps serait cylindrique : la promotion ne s'y ferait donc qu'à l'ancienneté, comme au Conseil d'État ou à la Cour des comptes. Les promoteurs de ce projet ne vont toutefois pas jusqu'à envisager des nominations de généraux au tour extérieur...

Curiosités et coquetteries

Le temps n'est plus où les officiers généraux faisaient preuve de coquetterie et pouvaient, tel le général Gouraud promu en juin 1912, porter un képi de colonel d'infanterie de marine sur lequel il avait rajouté deux étoiles ; ou comme le général Frech qui, à Hué en 1937, préférait arborer six galons sur son képi de cette même arme [3]. Le général est un *généraliste*, jugé apte

3. Georges DILLEMAN, « Les étoiles. Insignes des grades et des fonctions des officiers généraux », *Carnet de la sabretache.*

à commander en chef des unités de différentes armes, à faire manœuvrer ensemble l'artillerie et l'infanterie, la cavalerie et le génie. Bien qu'issu d'une arme, il doit l'oublier dès qu'il a reçu ses étoiles et ne plus se soucier des particularismes. Est-il bien nécessaire de préciser que dans la réalité il n'en est rien : un général issu de la Légion étrangère, subdivision d'arme de l'infanterie, portera certes l'uniforme commun. Mais un détail pour initiés, parfois un seul bouton de la Légion sur sa veste, ou un invisible gilet vert, viendra le plus souvent rappeler son origine à ses interlocuteurs avertis. Et si Charles Hernu est vénéré dans la gendarmerie, c'est aussi parce qu'il a accepté que les généraux de cette arme portent depuis le 14 juillet 1981 un uniforme particulier, eux qui devaient jusque-là — horreur ! — se mettre à porter celui de l'armée de terre dès qu'ils avaient gagné leurs étoiles.

Curieusement, le statut des officiers généraux ne connaît que deux grades : celui de général de brigade (ou contre-amiral), avec deux étoiles, ou celui de général de division (ou vice-amiral), avec trois étoiles. C'est ainsi que le décret pris en conseil des ministres « nomme au grade de général de brigade le colonel X » ou annonce que le général de brigade Y est « promu au grade de général de division ». Mais pour ce qui concerne les officiers généraux à quatre ou cinq étoiles, ils sont uniquement « élevés au rang et appellation » de général de corps d'armée ou de général d'armée (vice-amiral d'escadre ou amiral). Alors que l'époque aurait pu sembler propice à des exercices plus utiles, ces spécifications datent d'un décret pris à la veille de la Seconde Guerre mondiale, le 7 juin 1939, et signé par le président de la République Albert Lebrun ; elles avaient été décidées pour régler de délicats problèmes protocolaires détaillés par le président du Conseil Édouard Daladier dans l'exposé des motifs du décret : « Notre hiérarchie militaire actuelle met fréquemment sur le plan international nos officiers généraux dans une situation délicate vis-à-vis des officiers généraux étrangers. C'est en particulier le cas du chef d'état-major général de la défense nationale, des chefs des états-majors généraux des trois armées ainsi que des membres des conseils supérieurs de la guerre, de la marine ou de l'air, auxquels leur grade en temps de paix risque de ne conférer, dans les réunions internationales, que le rang de préséance revenant à un général de division ou à un vice-amiral. Au contraire, les officiers généraux étrangers remplissant les mêmes fonctions dans les armées terrestres, navales ou aériennes, souvent beaucoup moins importantes, se voient attribuer le rang attaché à des titres divers de maréchal, vice-maréchal, amiral de la flotte, amiral, colonel-général, général d'armée, etc. »

Les exclus se rebiffent

Depuis cette date l'armée de terre, la marine et l'armée de l'air disposent donc de généraux à quatre et à cinq étoiles. Mais les mœurs ont évolué, et en ces temps actuels où la coopération internationale exige que les ingénieurs de l'armement effectuent à leur tour de fréquents voyages pour discuter avec leurs collègues étrangers, ils aimeraient bien — eux aussi — arborer éventuellement quatre ou cinq étoiles sur les manches, alors qu'il ne leur est possible d'en avoir que deux, ou trois. Ils ne dédaigneraient pas non plus ne pas être cachés au fond de la tribune officielle de la place de la Concorde, presque derrière les rideaux, le jour du 14 Juillet. Cet ingénieur général très haut responsable de la Délégation générale pour l'armement (DGA) s'étrangle d'indignation : « Chaque fois qu'on demande notre quatrième étoile ou notre cinquième à un ministre, il nous dit que c'est d'accord. Mais ça n'est jamais possible : pour avancer, une idée comme celle-là doit passer par des filières militaires complètement verrouillées, du genre Direction des services financiers et autres. Et dans toutes les cérémonies officielles, les responsables de la DGA continuent d'être placés au troisième ou au quatrième rang. Dans toutes les familles de militaires, pourtant, celui qui n'a pas réussi a fait Saint-Cyr alors que le meilleur a fait Polytechnique avant d'entrer à la DGA. Que nous soyons en permanence considérés comme les valets d'armes de gens qui ne se sont pas foulé la rate, ça la fout mal ! »

Ça va pas la tête ? répondent en chœur les autres, marins, aviateurs et biffins [4], c'est-à-dire ceux qui peuvent prétendre aux fameuses quatre ou cinq étoiles. Ce débat, envenimé depuis 1939, dure en fait depuis le XIXe siècle sans avoir avancé d'un millimètre. Les arguments sont rodés. Fiel, venin et mauvaise foi garantis, même si les spécialistes de la gestion des personnels rappellent doctement que la distinction repose sur la loi de 1882 relative à l'administration de l'armée, qui implique la subordination des services au commandement : « La prérogative du chef est dans le commandement, confie ce spécialiste, et c'est pour cette raison que les services comme la DGA n'auront jamais les quatre ou les cinq étoiles. »

Dans la gendarmerie, on se force à oublier que c'est Charles Hernu, décidément grand seigneur, qui a permis le 7 juillet 1981 que le général Jacques Boyé soit le premier officier général de l'arme à recevoir une quatrième étoile, désormais attribuée au major général et à l'inspecteur général de l'arme. Mais en 1990 on réclame une cinquième étoile dans la maréchaussée, avec des chances raisonnables de l'obtenir. Explication : chaque arme dispose d'un inspecteur général, représentant personnel du ministre à l'état-major. Il s'agissait en juin 1990 de Bertrand Dupont de Dinechin dans l'armée de terre, de Michel Merveilleux du Vignaux dans la marine nationale, de Vincent Lanata dans l'armée de l'air. Ces trois officiers généraux ont leurs cinq étoiles. Le quatrième, Édouard Amardeil, inspecteur général de la gendarmerie, n'en a que quatre. Il se trouve que dans le cadre de la réforme Armées 2000 (cf. *infra*, chapitre 7), le ministre de la Défense a décidé en juin 1989 de créer un corps d'inspecteurs généraux des armées, qui perdront chacun leur relation directe avec un état-major particulier, pour être concernés par tous. Comment la gendarmerie pourrait-elle supporter l'humiliation

4. L'infanterie, dans l'armée de terre, est traditionnellement appelée la *biffe*. Dans les autres armées, c'est l'armée de terre qui bénéficie de ce surnom.

qui consisterait à ce que l'un de ses membres, qui ferait le même travail que ses collègues des armées, n'ait pas lui aussi cinq étoiles ? Cette épineuse question n'était pas encore tranchée à l'heure où nous écrivions ces lignes...

Le cas des médecins militaires est encore plus étrange : ces derniers, qui appartiennent au Service de santé, comptent parmi les plus éminents spécialistes des armées. Certains sont des professionnels de très haute volée, internationalement reconnus et renommés, qui publient leurs recherches dans les mêmes conditions que leurs collègues civils. Ainsi le médecin général Jean Miné, directeur central du Service de santé jusqu'à la fin de 1990, est-il un spécialiste d'orthopédie mondialement connu dans le milieu médical pour la qualité de sa pratique et de ses recherches. Or il se trouve que par l'une de ces aberrations qu'apprécie tant la fonction publique française, seuls les médecins versés dans la branche administrative du service, et qui cessent dès lors de pratiquer, peuvent atteindre les trois étoiles. Ceux qui opèrent n'y ont pas accès ! Jean Miné qui aspirait légitimement à des fonctions de responsabilité dut abandonner ses fonctions hospitalières pour occuper le poste de directeur, avec trois étoiles, qu'on lui offrait...

L'étrangeté de la situation a été admise depuis de longues années et les armées ont inventé pour leurs médecins deux grades qui n'existent nulle part ailleurs : celui de « médecin-chef des services de classe normale » qui permet de payer un praticien comme un général à deux étoiles, même s'il ne garde sur les manches que les galons de colonel. Et celui de « médecin-chef des services de classe exceptionnelle » qui permet de payer un médecin-colonel comme un général à trois étoiles ! De toute façon ces acrobaties n'ont pas suffi : les médecins militaires, qui peuvent gagner incomparablement mieux leur vie dans le privé, s'étaient mis à démissionner en masse de l'armée, jusqu'à ce que le ministère de la Défense leur accorde très discrètement au printemps de 1990 des augmentations de salaire comprises entre cinq mille et dix mille francs afin qu'ils demeurent à leur poste. Ils disposent désormais de revenus équivalents à ceux des leurs, civils et du secteur public. Cabinets et visites privés en moins.

Le « conditionnalat » illégal

Les officiers généraux nommés jeunes sont une plaie pour leurs petits camarades : avec la garantie de rester en place dix ou douze ans, ils bloquent le tableau d'avancement et empêchent ceux qui poussent derrière d'occuper à leur tour une place au soleil. Depuis de longues années, les armées ont inventé et utilisent à tour de bras pour remédier à cet état de fait un système parfaitement illégal, le « conditionnalat ». Le principe, très simple, consiste à faire signer une lettre de démission avec date en blanc au bénéficiaire de la promotion. Un colonel ou un capitaine de vaisseau n'est donc nommé général de brigade ou contre-amiral que s'il accepte de signer ce document impliquant qu'il quitte l'armée avant la limite d'âge de son grade. Place aux jeunes ! Les systèmes diffèrent par des détails selon les armées, mais sont identiques dans les principes. Prenons la liste d'aptitude des officiers généraux de l'armée de terre sortie en décembre 1989.

D'abord, les petits veinards : nés en 1939, 1940, 1941 et 1942, ils bénéficient de ce qu'on appelle le « choix jeune ». Ils auront leurs premières étoiles entre quarante-huit et cinquante et un ans. Le potentiel que leur garantit l'armée de terre implique qu'ils n'aient pas à signer de lettre de démission. Ils ne sont donc pas « généraux conditionnels », et auront en fin de carrière, à soixante ou soixante et un ans, quatre étoiles au minimum : c'est le dessus du panier, et leur identité permet de déterminer avec certitude ceux qui seront les grands chefs de l'armée de terre en l'an 2000. Deuxième catégorie : le « choix moyen ». Pour les natifs de 1938, pas de problème ; ils ne sont pas conditionnels, et peuvent espérer une quatrième étoile, la troisième étant garantie. Pour les officiers nés en 1937, c'est déjà moins bon : avant leur désignation, ils ont signé une lettre de démission portant une date de 1994, qui les fera apparaître à cette période dans le compte rendu du Conseil des ministres comme étant versés dans le cadre de réserve « par anticipation et sur leur demande ». « Conditionnels quatre ans », ils auront en principe trois étoiles. Derniers « choix moyens », ceux nés en 1936. Pas mal, mais sans plus. « Conditionnels trois ans », ils n'ont qu'une très maigre chance de devenir généraux de division. Les « choix moyens » et les « choix jeunes », c'est-à-dire les généraux qui seront réellement utilisés par l'armée de terre, sont au nombre de trente-cinq à quarante chaque année.

Dernière catégorie inscrite à la liste : les « choix anciens », qualifiés dans l'armée d'un terme délicieux ; on les appelle en effet les « raducs », abréviation de « ras du cul ». Les natifs de 1935 inscrits à la liste de décembre 1989 sont ainsi conditionnels à deux ans maximum, et ceux de 1934 entre six mois et un an. Derniers choix anciens de 1989 : les « généraux quart de place », nés en 1933. Colonels « n'ayant pas démérité », selon la formule consacrée, ils sont priés de partir en retraite le jour même de leur accession aux étoiles. Seul avantage : ils pourront porter le képi à feuilles de chêne lors des cérémonies officielles et bénéficieront du quart de place à la SNCF pour le restant de leurs jours.

Depuis quelques années, une dérive assez inquiétante pour avoir motivé plusieurs recours au Conseil d'État, en cours d'instruction, s'est fait jour : certains lieutenants-colonels et capitaines de frégate sont également contraints à la rédaction de lettres de démission préalables à la nomination dans le grade supérieur. Les chances des plaignants à faire condamner le ministère de la Défense pour ces pratiques dignes du Far West ne sont pas minces, dans la mesure où le « tableau d'avancement » des officiers supérieurs est public, tandis que la « liste d'aptitude » des officiers généraux demeure secrète. Un colonel promis aux étoiles conditionnelles se verrait donc immédiatement retirer cette promotion en cas de rébellion — sans possibilité de recours puisque la liste d'aptitude n'a pas d'existence officielle —, ce qui n'est pas le cas pour un lieutenant-colonel.

A noter enfin que, concernant le conditionnalat, les amiraux ont pris depuis 1984 des habitudes de sévérité extrême : qu'il s'agisse des promotions à deux ou trois étoiles, ils sont tous et sans exception nommé conditionnels. Un contre-amiral est de la sorte toujours nommé pour quatre ans. Explication d'un des pères de ce système : « Quand une douzaine de capitaines de vaisseau sont placés chaque année sur la liste d'aptitude, notre problème n'est pas de les choisir mais de déterminer qui on laisse sur le carreau. Si un contre-amiral n'est nommé que pour quatre ans, c'est pour qu'il puisse partir s'il n'a pas donné une satisfaction suffisante pour devenir vice-amiral. Ce n'est pas légal, mais il est nécessaire de procéder ainsi si l'on ne veut pas avoir des gens bénéficiaires de rentes de situation. »

La science de la reconversion

La lourdeur et parfois les erreurs induites par ce système d'accès aux étoiles venant couronner un processus de sélection continu depuis l'âge de vingt ans a au moins un avantage : les officiers mesurent très rapidement l'éventuelle nécessité d'une reconversion, et peuvent prendre à temps des dispositions qui s'imposent. De ce point de vue aussi, les chances ne sont pas égales : les officiers issus du recrutement direct disposent de diplômes — titres d'ingénieurs ou équivalence d'une maîtrise universitaire — leur permettant de trouver un emploi ou une formation complémentaire dans de meilleures conditions que leurs collègues issus de cycles moins prestigieux. Outre les ingénieurs de l'armement, qui bénéficient d'un cycle d'études particulier après l'École polytechnique, les écoles militaires délivrent principalement trois types de diplômes d'ingénieur : celui de l'École spéciale militaire de Saint-Cyr, réservé aux élèves ayant suivi la filière scientifique, celui de l'École navale et celui de l'École de l'air.

Il y a une dizaine d'années, le problème s'est posé du niveau de ces études, considéré comme trop peu élevé par la toute-puissante « commission nationale des titres d'ingénieurs » qui veille avec un soin jaloux sur les habilitations actuellement délivrées à 177 écoles en France. Les premières difficultés ont été relevées par la commission à Saint-Cyr, dont les diplômes scientifiques laissaient semble-t-il apparaître des lacunes dans plusieurs domaines, mais surtout en informatique. Les représentants de la commisssion sont donc passés par Coëtquidan pour effectuer un rappel à l'ordre ; il a été entendu, puisque c'est en partie pour cette raison que la scolarité a été portée à trois ans en 1983, que le corps professoral, les équipements et les programmes ont été renouvelés : les problèmes de niveau de sortie des scientifiques de Cyr — affirme la commission des titres — ne sont plus aujourd'hui qu'un souvenir. Même chose à Navale où, selon un membre de la commission qui l'avait visitée en avril 1984, « les marins n'avaient pas perçu l'évolution technique de la société. Ils avaient dans l'esprit qu'un militaire se distingue d'un civil, alors que dans la réalité les deux mondes sont imbriqués. Quand ils quittaient la carrière avec la volonté de s'intégrer dans le secteur économique à un bon niveau, ils rencontraient parfois des décalages au point de vue scientifique et technique. A Navale, nous avions donc recommandé des liens plus étroits avec l'Université ».

Avis entendu : l'École navale, dont la qualité du diplôme conditionne celle de la reconversion de ses anciens élèves, a elle aussi pris le taureau par les cornes. Des liens se sont tissés avec d'autres grandes écoles d'ingénieurs, et plusieurs millions de francs ont été investis dans la construction d'un laboratoire d'hydrodynamique très performant. La conclusion d'Yvan Mirochnikoff, président honoraire de la commission des titres d'ingénieurs, c'est qu'aujourd'hui « la formation des ingénieurs des écoles militaires est valable au point de vue scientifique et technique. L'entreprise civile qui les embauche n'est pas en peine pour les utiliser ». Le seul point où le bât blesse, estime-t-il, concerne les élèves sortant des écoles d'officiers ne pratiquant pas le recrutement direct, mais accueillant de jeunes sous-officiers, ou officiers de réserve en situation d'activité (ORSA) : École militaire interarmes, École militaire de la flotte, École militaire de l'air. Celles-ci devraient aussi pouvoir permettre à leurs élèves d'accéder à des titres d'ingénieurs négociables « dans le civil », à la condition que leur soit davantage ouverte l'opportunité d'une formation continue.

LES SOLDES (BRUTES, ANNUELLES) DES MILITAIRES EN 1990*

Sous-lieutenant	: 112 139 F
Lieutenant	: 131 306 F
Capitaine	: 161 630 F
Commandant	: 172 214 F
Lieutenant-colonel	: 209 403 F
Colonel	: 233 433 F
Général de brigade	: 301 232 F
Général de division	: 361 879 F
Général de corps d'armée	: 376 182 F
Général d'armée	: 427 961 F

* Chiffres de l'armée de terre. Nous avons pris dans chaque grade l'échelon de salaire le plus élevé, correspondant généralement à l'ancienneté la plus forte. Les montants ne tiennent pas compte des primes diverses (indemnités de service en campagne, indemnité pour charge militaire, expatriation, etc.) qui peuvent représenter, avec des disparités considérables, un supplément très significatif.

Source: Le Casoar, n° 118, juillet 1990.

Certains officiers profitent très jeunes des opportunités qui leur sont offertes — en très petit nombre — de bifurquer vers la fonction publique civile où ils peuvent entrer, par exemple, dans la carrière préfectorale. Mais c'est loin d'être le cas de tous. Avec son diplôme d'ingénieur en poche, éventuellement breveté de l'École de guerre ou titulaire d'un brevet technique acquis à l'Université ou dans une grande école grâce aux années sabbatiques qu'offre la filière de l'enseignement militaire supérieur scientifique et technique (EMSST), l'officier se croit promis aux étoiles ; jusqu'au jour où il subit la plus amère des désillusions. Les symptômes sont discrets, et souvent discernés par les petits camarades avant l'intéressé lui-même : la montée au grade supérieur tarde, les cruciales notes annuelles attribuées par le supérieur hiérarchique baissent, les postes les plus attrayants sont attribués à des plus jeunes, alerte rouge ! Pour ceux qui ne veulent pas finir avec des étoiles « raduc » ni comme « quart de place », voire sans rien du tout, il est toujours temps de chercher la reconversion, d'autant plus facile que l'on est jeune et diplômé. Mais attention, prudence ! Il ne faut pas le faire savoir à la hiérarchie : si elle apprend que l'un de ceux qu'elle promet aux étoiles, même un peu ternies, est en train de chercher un job, tout est fini. Pour le demandeur d'emploi, qui profitera le plus souvent d'une retraite appréciable et éventuellement cumulable avec le salaire, c'est l'heure de l'appel aux réseaux, aux vieux copains de promotion perdus de vue depuis des années, aux confréries d'anciens militaires : elles sont entrées depuis quelques années dans une période faste, à mesure que la situation économique s'améliorait. Et bien rares sont aujourd'hui les militaires, y compris d'ailleurs les officiers généraux, qui ne se lancent pas dans une seconde carrière après quarante ou cinquante ans.

Solidaires et fiers de l'être

L'une des plus actives associations de reconversion d'anciens militaires est celle des « Anciens saint-cyriens dans la vie civile ». Au début de 1990, signe d'une prospérité certaine, elle s'est offert une campagne de promotion, avec dépliant en quadrichromie et rencontre avec la presse sur le thème : « Sous le casoar, l'esprit d'entreprise… » On y apprend que l'annuaire de l'association pour 1987 recense, parmi 1 800 membres : 301 directeurs de société, 117 chefs de département, 112 présidents, 56 directeurs généraux, 21 chefs d'entreprise, 12 avocats, 11 médecins, 5 magistrats, 2 diplomates. L'argumentaire destiné aux éventuels recruteurs est habilement conçu, et valorise les spécificités d'une formation et d'une carrière d'officier : « Deux caractéristiques sont aujourd'hui essentielles pour le management des entreprises. La vigie, c'est-à-dire l'observation des signes extérieurs susceptibles d'influencer le métier de l'entreprise. La souplesse, la ''réactique'' permettant de s'adapter plus vite et mieux que les concurrents. Ces deux caractéristiques sont précisément les compétences de base de l'officier qui par tradition doit réfléchir à l'imprévisible et rechercher les hypothèses probables. » Suit l'inévitable couplet sur la méthode de raisonnement tactique, puis la conclusion claironnante : « L'officier saint-cyrien est un homme de valeur, rompu aux contacts humains, doté d'un sens aigu de l'analyse et de la synthèse, sachant prendre des décisions rapides et attaché à l'esprit de corps. »

Dans la marine, qui jouit d'une spécificité plus forte, les réseaux sont anciens et particulièrement efficaces : comme les officiers mariniers (sous-officiers de la marine) qui épluchent les petites annonces de *Cols bleus* pour y trouver des emplois de reconversion, les officiers font jouer toutes leurs relations à l'heure où ils quittent la marine. L'Association des anciens officiers de vaisseau dans les carrières civiles (AOVC) bénéficie ainsi de filières privilégiées non seulement dans les entreprises liées à la défense, mais aussi dans l'ingénierie, l'informatique, l'électronique professionnelle, les constructions aéronautiques et navales, les bureaux d'étude technique, l'ingénierie et la sûreté nucléaires, etc. L'annuaire de l'AOVC répertorie de la sorte près de 500 entreprises employant un et le plus souvent plusieurs de ses membres, en France mais aussi dans le monde entier.

Le ministère de la Défense offre des aides non négligeables à la reconversion de ses cadres, et une entreprise peut par exemple accueillir pendant trois à six mois un stagiaire officier, sans payer ni salaire ni charges sociales et avec possibilité pendant ce stage d'effectuer une formation payante de 150 heures maximales payées par les armées. Comme l'expliquent en commun le syndicat des patrons français (CNPF) et le ministère de la Défense, les entreprises auraient tort de se priver alors qu'elles ont tant d'oiseaux rares sous la main : « Formés à l'école du caractère, ils ont affronté des situations de crise : leur réponse a été le sang-froid, la méthode et la rigueur auxquels ils ont été accoutumés. Ils ont vécu des responsabilités croissantes et ont élargi et approfondi leurs connaissances techniques. La mobilité et la disponibilité sont pour eux une seconde nature, et convaincre et motiver les hommes pour réussir avec eux sont leur raison d'exister[5]. » On peut même se demander pourquoi l'armée tient tant à se séparer d'eux !

5. CNPF-Défense, *Guide du recrutement des cadres militaires à l'usage des employeurs*, Paris, 1989.

6

Les généraux du gouvernement

Faut-il conserver le général Saulnier à l'état-major des armées ? A l'automne 1987, en pleine cohabitation encore mais à six mois déjà de l'élection présidentielle de mai 1988, c'est la question qui se pose avec acuité au gouvernement de Jacques Chirac et qui agite la galaxie militaire parisienne. Jean Saulnier, général d'aviation et premier chef de l'état-major particulier de François Mitterrand à l'Élysée, a pris le 1er août 1985 la succession de Jeannou Lacaze, chef d'état-major des armées. Durement secoué par la tourmente Greenpeace — c'est lui qui avait débloqué les fonds secrets nécessaires au montage de l'opération —, Jean Saulnier s'en est tiré au bénéfice du doute et a pu, malgré cet épisode, terminer en beauté sa carrière au sommet de la hiérarchie. Très apprécié par le président, qui goûte sa parfaite fidélité et son apprentissage accéléré des subtilités de l'art politique, il est dur d'oreille comme de nombreux pilotes de chasse ; ce qui ne l'a pas empêché de bien s'entendre avec les deux premiers ministres de la Défense qu'il a fréquentés : Charles Hernu — qu'il appelait parfois Herr Nu, pour le faire rire — dont il a côtoyé la gloire puis la chute, et Paul Quilès, qui devait succéder pendant six mois au maire de Villeurbanne.

Un vrai problème : choisir le premier des militaires

Les choses se sont nettement moins bien passées entre Jean Saulnier et André Giraud, ministre de la Défense de la cohabitation à partir de mars 1986. Ce dernier estimait en particulier que la proximité intellectuelle du général avec le président était trop forte, dans la mesure où elle accentuait encore les liens opérationnels privilégiés entre l'état-major des armées et l'Élysée. Éternelle querelle de compétence : si la Constitution de 1958 prévoit que « le Premier ministre est responsable de la Défense nationale » et que le gouvernement « dispose de la force armée », elle précise en toutes lettres que le président de la République est « le chef des armées ». Toujours est-il qu'André Giraud n'a pas d'atomes crochus avec Jean Saulnier : il ne lui reproche sans doute pas grand-chose au fond, mais considère que, premier des soldats français, le général est davantage un élément d'équilibre dans le jeu de la cohabitation — et en l'occurrence un contrepoids très utile à l'Élysée — qu'un véritable chef militaire.

Le ministre regrettera en fait, sans jamais le dire, que la gestion des armées tienne davantage compte des impératifs politiques et diplomatiques du moment que de la nécessité, urgente à ses yeux, des réformes de structure. Les choses sont allées loin, puisque André Giraud a discrètement demandé le départ de Saulnier ; Jacques Chirac, considérant que ce serait une source inutile de conflit avec l'Élysée, a refusé. Et François Mitterrand, consulté, n'a finalement même pas eu à trancher... En octobre 1987, la question du remplacement du CEMA se pose avec une acuité nouvelle. Jean Saulnier aura 57 ans le 15 novembre, et il devra quitter le service actif atteint par la limite d'âge des généraux aviateurs à cinq étoiles, quatre ans avant celle de leurs homologues de l'armée de terre et de la marine [1].

François Mitterrand veut garder Jean Saulnier, en le prolongeant de six mois, afin qu'il puisse finir le septennat avec lui. Sans être courant, le procédé n'est pas exceptionnel et

1. Les officiers généraux de l'armée de l'air, s'ils sont pilotes, jouissent d'un statut particulier : ils quittent le service actif en étant « admis en congé du personnel navigant », avec solde pleine, quatre ans avant d'être « versés dans le cadre de réserve ».

Jeannou Lacaze venait d'en bénéficier pendant six mois, entre février et août 1985. Le refus de Chirac et surtout de Giraud est catégorique. Ils n'imaginent pas, font-ils valoir au chef des armées, que la carrière d'un général soit liée à des contingences politiques quelles qu'elles soient. Le président aurait pu passer outre, mais il avait suffisamment de chats à fouetter à cette époque pour se mettre un nouveau conflit avec le gouvernement sur les bras. Il accepta finalement de renoncer à la prolongation de Saulnier. Mais par qui donc le remplacer ?

Schmitt et Louzeau : le parachutiste et le redoutable

Deux admissibles sont en lice. Le premier, très longtemps favori, est le chef d'état-major de la marine, l'amiral Bernard Louzeau. Un homme étonnant ! Son physique rondouillard de bon vivant tranche avec l'idée qu'on se fait classiquement de l'officier de marine, raide et confit dans des conventions désuètes : amateur de bonne chère et de Gitanes maïs, très fin mélomane et doté d'un sens de l'humour corrosif, Louzeau n'est pas un militaire comme les autres. Et il est l'un des meilleurs. Sorti major de l'École navale à 21 ans, il fait preuve d'originalité en choisissant les sous-marins, qui n'ont à l'époque rien d'une voie royale pour accéder au sommet. Une carrière classique le mène sur et sous tous les océans du globe avant qu'une bifurcation décide de son avenir : en 1959, il entre à l'École d'application militaire de l'énergie atomique de Cherbourg, et ses instructeurs pensent immédiatement qu'il a toutes chances de devenir le premier « pacha » (commandant, dans le jargon des marins) d'une machine dont personne ne parle encore, sauf quelques ingénieurs et quelques marins triés sur le volet : le plus secret des projets français, le Q 252 qui deviendra le premier sous-marin lance-engins français, *Le Redoutable*. Dans la foulée de l'école atomique, après un court intermède à bord du sous-marin *Dauphin*, Bernard Louzeau entre à l'École supérieure de guerre navale en 1963.

Il s'y taille un joli succès lorsque le président de la

République, Charles de Gaulle, visite un jour l'école et se fait présenter quelques exercices tactiques. L'un d'eux consiste pour les stagiaires à simuler une sortie de la rade de Brest avec un sous-marin, alors que les abords du plateau continental sont condamnés par des navires de lutte anti-sous-marine et des submersibles hostiles. Le président se penche vers un jeune et fringant capitaine de corvette et lui demande sur un ton badin ce qu'il compte faire pour se tirer de ce très mauvais pas : « Mon général, je fonce ! » répond Louzeau à son interlocuteur approbateur. Vingt-six ans plus tard, l'un des instructeurs qui avaient assisté à la scène s'en souvient encore... Et le premier commandant du *Redoutable* fut effectivement Bernard Louzeau, qui prit ses fonctions le 1er mai 1969, deux jours après la démission du général. A son bord, le premier geste du nouveau pacha fut de décrocher le portrait présidentiel — que dans la marine française on appellera jusqu'à la fin des temps un « loubet », du nom du président de la République entre 1899 et 1906 — et de le retourner à l'arsenal avec un formulaire réglementaire assorti de la mention « remise à changer »...

Parvenu au poste de chef d'état-major de la marine le 30 janvier 1987, Bernard Louzeau se retrouve donc en course dix mois plus tard pour le poste de CEMA. Face à lui, un candidat de taille : le général Maurice Schmitt, chef d'état-major de l'armée de terre. « Belle figure d'officier » que cet artilleur des troupes de marine [2], saint-cyrien et fils de général, qui fit ses premières armes comme lieutenant lors du siège de Diên Biên Phu. Parachuté dans la cuvette, dont la chute marqua la fin de la guerre d'Indochine, fait prisonnier en mai 1954 par les Nord-Vietnamiens dont il connut les geôles durant quatre mois, il mène ensuite une carrière classique, mais où ne manque aucun des passages obligés ; Algérie, École de guerre, enseignement militaire supérieur scientifique et technique, commandement du 8e régiment parachutiste d'infanterie de

2. Les troupes de marine, autrefois appelées troupes coloniales, appartiennent à l'armée de terre dont elles sont l'une des armes les plus cotées.

marine, Centre des hautes études militaires le conduisent logiquement au poste de major général (numéro deux) de l'armée de terre en mai 1983. L'affaire Greenpeace précipite sa nomination à la tête de l'armée de terre où il remplace le général René Imbot, installé pour sa part aux commandes de la DGSE le 25 septembre 1985.

Discipline et franchise

Le premier des deux finalistes, Maurice Schmitt, est un « terrien » grand et sec, incarnant toutes les qualités que prisent par-dessus tout les politiques chez les militaires : discipline et franchise, loyauté sans faille ni états d'âme, volonté de faire appliquer les directives partout où elles doivent l'être, discrétion absolue. Les coups de gueule de Maurice Schmitt sont spectaculaires, et des généraux se souviennent d'être « sortis à l'horizontale » de son bureau pour avoir osé proférer une idée ou une remarque déplaisante. Ce qui n'empêche que quelques jours, voire quelques heures plus tard, l'incident peut être complètement oublié et la discussion reprise au point même où elle avait été interrompue. Mais le parachutiste est un vertébré à sang chaud : lors de la visite à Paris à l'été 1989 du général chef d'état-major de l'armée soviétique, Mikhaïl Moïsieev, l'hôte des armées françaises avait prononcé une conférence au Centre des hautes études militaires. Sortant des questions préparées à l'avance, un stagiaire — colonel — lui demande comment il justifie les « crimes de guerre » commis par l'Armée rouge en Afghanistan. L'interprète s'est abstenu de poser la question, mais Schmitt s'est fâché, considérant que ce terme était blessant pour l'invité : affecté à ses côtés quelques semaines plus tard, le colonel fut sèchement prié d'aller se faire muter ailleurs... Si les généraux étaient des navires, Maurice Schmitt serait un cuirassé : un mètre de blindage, grosse puissance de feu et bonne vitesse en haute mer. Eaux troubles s'abstenir.

Pour l'autre prétendant possible au poste de chef d'état-major des armées en cette fin de 1987, Bernard Louzeau, c'est le sous-marin d'attaque qui vient logiquement à l'esprit : un coup de périscope au ras de la côte, deux torpilles dans les œuvres vives et retour aux abysses, ni vu ni connu. Tous les hommes politiques qui l'ont fréquenté s'accordent à louer ses mérites, son sens tactique et son intelligence brillante. Mais André Giraud et Jean-Pierre Chevènement ont vu — en particulier dans la guérilla menée avec un art consommé par Louzeau en faveur de l'achat de F-18 américains pour le porte-avions *Charles de Gaulle* — jusqu'où un tel patron pouvait mener, tout en restant strictement inattaquable, une campagne d'opinion d'une extraordinaire efficacité contre Dassault. En respectant les règles : lorsque Jean-Pierre Chevènement affirma haut et fort en décembre 1989 que le Rafale équiperait le porte-avions, l'amiral qui ne s'était jamais exprimé publiquement sur la question siffla l'arrêt complet des hostilités, auquel toute la marine se prêta immédiatement.

Qu'aurait donné un tel homme à la tête de l'état-major des armées ? Nul ne le saura. Mais André Giraud hésita jusqu'au bout et ses collaborateurs civils et militaires se partagèrent en deux camps, avec chacun son poulain. C'est finalement « la capacité de Schmitt à obéir et à commander sans dévier d'un millimètre qui l'a emporté » lors de sa nomination le 16 novembre 1987, dit l'un de ses partisans quand un autre aurait préféré voir Louzeau gagner la mise : « C'est une machine beaucoup plus fine, dont l'attitude pleine de distance et d'humour ne marquait pas un manque d'autorité, ni de capacité à mener les hommes. » Résumé de la décision par Giraud lui-même, auprès de ses collaborateurs : « Louzeau est plus intelligent, mais Schmitt est plus militaire. » Ça ne se discute pas...

Les états-majors : que la confiance règne

Choisir un chef d'état-major est plus difficile qu'il n'y paraît. Les hommes politiques qui veulent avoir à leurs côtés des collaborateurs militaires de confiance n'ont aucune possibilité de faire des choix audacieux, de prendre dans un « vivier » des hommes qu'ils auraient choisis. L'appareil militaire est ainsi fait, les traditions ont la peau si dure, et l'autogestion des carrières de ses membres par l'institution est finalement si confortable pour un gouvernement, que la marge de manœuvre du décideur est aussi faible que les choix sont restreints. Les discussions sans fin dans lesquelles se sont plongés les états-majors parisiens au cours de l'année 1990, à savoir les supputations savantes sur les identités des trois successeurs des chefs d'état-major atteints par la limite d'âge[3], ne pouvaient se dérouler sans un outil indispensable en main : l'annuaire des officiers d'active, connu dans les armées sous le seul nom de *la Bible*.

Ce document, confidentiel mais trônant en bonne place dans chaque bureau, donne les dates de naissance et celles de la nomination dans leur grade de tous les officiers, y compris généraux. Il permet donc de trouver ceux qui sont, selon la formule consacrée, « les plus anciens dans les grades les plus élevés » ; pour peu qu'ils soient également suffisamment jeunes pour avoir le temps d'exercer leur commandement avant leur départ dans le cadre de réserve, tous les espoirs leur sont permis. Pour choisir un chef d'état-major, le politique n'a donc le choix au maximum qu'entre trois ou quatre noms, parmi lesquels il faudra dénicher l'oiseau rare. D'où, parfois, des scènes curieuses.

Celle-ci a lieu peu de temps après la démission du général Jean Delaunay de l'état-major de l'armée de terre, le 1er avril 1983, et se déroule au restaurant *Chez Francis*, place de l'Alma dans le 8e arrondissement de Paris. A la table, cinq hommes, dont les trois principaux membres du cabinet de Charles Hernu : Jean-François Dubos le conseiller spécial, François Bernard le directeur du cabinet civil et militaire, François

3. Bernard Louzeau à l'état-major de la marine le 19 novembre 1990, Maurice Schmitt à l'état-major des armées le 23 janvier 1991, Gilbert Forray à l'état-major de l'armée de terre le 16 février 1991.

Cailleteau le conseiller pour les affaires juridiques. Face à eux, deux généraux : Jacques de Barry, commandant la 1re armée, et Pierre Multon, major régional de la 6e région militaire. Ce dernier est l'homme du jour ; en démissionnant, Delaunay a parlé de lui au ministre comme de son meilleur successeur possible ; les hommes de confiance d'Hernu, qui ne le connaissent pas, ont choisi de rencontrer cet artilleur, pour se faire une opinion.

Elle sera désastreuse : celui qui, à l'apéritif, est virtuellement le futur chef d'état-major de l'armée de terre voit son avenir singulièrement compromis dès que le serveur apporte les hors-d'œuvre. La raison de cette brutale évolution ? Alors que tout le cabinet Hernu est engagé dans la mise sur pied de la Force d'action rapide, et que les réformes que celle-ci entraîne dans l'armée de terre sont, de notoriété publique, à l'origine de la démission fracassante de Jean Delaunay, Multon se révèle malgré tout un adversaire déclaré de l'initiative gouvernementale. Ses interlocuteurs, qui n'auront pas besoin de se faire détailler davantage cette hostilité rédhibitoire, tireront donc un trait sur le premier nom de la liste et lui offriront en juillet le commandement du 1er corps d'armée.

Le second patronyme est celui d'un général détenteur d'un poste clé : celui de directeur du personnel militaire de l'armée de terre. Entre ses mains l'avancement de tous les officiers, les notations, les plans de carrière, la préparation du conseil supérieur inscrivant les colonels à la liste d'aptitude des officiers généraux. Il s'agit de René Imbot, qui connaîtra deux ans plus tard son heure de gloire en se proposant de « couper les branches pourries » à la DGSE. Contrairement à Multon, Imbot avait au départ un problème d'image : celle du légionnaire pur jus, dur à la tâche sans doute mais peu accoutumé aux réflexions stratégiques. Surprise et premier bon point : Imbot trouve véritablement géniales, sans aucune restriction, les initiatives prises par Hernu. Second atout : tel un joueur de poker abattant un carré d'as, il fait valoir ses états de service intellectuels : École de guerre à Fort Leavenworth (États-Unis), nomination à la section des plans atomiques du groupe d'armées Centre-Europe (CENTAG) à Heidelberg (RFA), et naturellement l'École de guerre française. Contrairement à une rumeur colportée avec insistance dans les milieux militaires, René Imbot n'avait pas eu l'occasion de rencontrer auparavant dans des cercles philosophiques plus fraternels et plus discrets, auxquels il n'appartenait pas, des collaborateurs de Charles Hernu, ou ce dernier en personne. Ce qui est certain, c'est que le général René Imbot devient le 10 mars 1983 chef d'état-major de l'armée de terre.

Francs-maçons et militaires

Une idée reçue très ancrée dans tous les états-majors veut que quelques-uns des militaires les plus influents du pays, spécialement au sommet de la hiérarchie, fassent partie de la franç-maçonnerie et aient essentiellement gagné leurs étoiles et leurs postes grâce à leurs relations dans ce monde très discret. En réalité, selon les informations que nous avons pu recueillir, les sommets de la pyramide militaire ne sont pas représentés dans les principales obédiences qu'il s'agisse de la Grande Loge nationale française, de la Grande Loge de France, du Droit humain ou du Grand-Orient de France : on n'y compte aucun officier général à cinq étoiles. En revanche, l'échelon inférieur, celui des quatre étoiles, n'est pas absent et compte des officiers d'active comme de réserve. Au plan du nombre, l'importance des militaires francs-maçons n'est pas négligeable même si elle est très loin d'atteindre le niveau qu'on lui prête parfois. C'est ainsi que la « Fraternelle de la défense nationale », rassemblant tous les militaires et assimilés dépendant du ministère de la Défense et appartenant aux diverses obédiences françaises (les maçons disent qu'une fraternelle est « interobédience »), ne compte pas plus de trois cents membres, dont la moitié d'officiers et de sous-officiers.

C'est en fait dans la gendarmerie que la présence maçonnique est la plus forte : la « Fraternelle de la gendarmerie » compte à elle seule 150 membres, du gendarme de base au général. Au Grand-Orient de France, la loge « Éole » fondée à la fin de la Seconde Guerre mondiale par des officiers de l'armée de l'air s'est progressivement transformée en une structure banalisée, sans lien particulier avec l'armée de l'air ou l'aéronautique. A noter d'ailleurs que les autorités maçonniques ont désormais une grande réticence face aux loges corporatistes rassemblant des francs-maçons d'un même milieu professionnel. C'est ainsi qu'au printemps 1990 les « sages » du Grand-Orient et leur grand-maître Jean-Robert Ragache se sont opposés à la création d'une loge militaire à Paris. Pour assouvir leur soif de rassemblement et de réflexion sur des thèmes touchant la défense et les armées, les maçons « fana-mili » ont créé à Paris le Cercle Joffre — le maréchal était franc-maçon — comptant une cinquantaine de membres ayant tous été auditeurs de l'Institut des hautes études de défense nationale (IHEDN). Et parmi eux plusieurs officiers généraux et supérieurs, des membres du corps préfectoral, des personnalités diverses et... un journaliste.

Contrairement à ce que colporte la rumeur militaire, très intriguée parfois par des promotions fulgurantes que le talent des bénéficiaires ne semble pas le moins du monde justifier, le fait pour un franc-maçon d'être militaire ne constitue pas nécessairement un avantage. Du temps de Charles Hernu, pourtant maçon fervent, ses « frères » lui ont souvent et vertement reproché de n'avoir pas eu à leur endroit les gestes qu'ils attendaient. Il s'agissait moins là de réclamer des promotions — d'ailleurs parfois accordées — que des coups de pouce pour faire avancer une idée, un projet de petite réforme, la dénonciation de dysfonctionnements. A chaque fois que cela s'est produit, et les maçons ne manquent pas d'exemples nominatifs, l'entourage d'Hernu a tout au contraire sévi. D'abord en jetant d'autorité au panier les dossiers envoyés, ensuite en prévenant la Direction de la protection et de la sécurité de la défense (DPSD, ex-Sécurité militaire) de la nécessité d'avoir à écarter les intéressés de tout poste sensible. Y compris en plaçant dans le dossier de sécurité de l'officier un avertissement à destination de ses supérieurs, n'indiquant d'ailleurs pas son appartenance à la maçonnerie mais plutôt une gracieuseté du genre « pédéraste », ou autre...

Le problème avec le ministre Jean-Pierre Chevènement est d'un autre ordre. Non seulement il n'est pas maçon, mais il semble que ce soit également le cas de ses collaborateurs civils. Reste un militaire proche du ministre et appartenant à la franc-maçonnerie, mais pas suffisamment bien en cour auprès de l'état-major des armées ou des autres états-majors pour prétendre pouvoir accélérer des dossiers personnels. Cette incapacité permet en général d'afficher un vertueux refus de l'interventionnisme ou du piston, et dans ce cas précis l'intéressé est naturellement accusé de « ne pas aider ses frères » par ces derniers. Modérément influente, incapable à elle seule de faire monter des militaires aux sommets, la maçonnerie fonctionne dans les armées comme un réseau de niveau modeste. Si sa réputation reste mythique dans les états-majors, bien peu nombreux sont ceux qui lui doivent une réelle promotion. Pour atteindre les cimes d'autres circuits sont bien meilleurs. Celui de l'Élysée, par exemple.

A l'Élysée : proximité sans connivence

A la tête des états-majors, le pouvoir politique se contente aisément de généraux jouant un rôle de chefs syndicalistes, pourvu que la défense des revendications catégorielles de leurs troupes n'entame pas le potentiel opérationnel et, surtout, ne les entraîne pas sur le terrain médiatique, où il leur demeure plus que jamais interdit de mettre les pieds ! Mais dans les trois lieux stratégiques parisiens, ceux où se prennent les décisions militaires, ces critères ne suffisent pas : il s'agit des postes de chefs de cabinet militaire du Premier ministre et du ministre de la Défense et de celui de chef de l'état-major particulier du président. Ici la proximité entre le détenteur du pouvoir civil et le chef militaire qui l'assiste atteint un tel degré de sensibilité que le choix du titulaire d'un poste aussi crucial fait l'objet d'une étude particulièrement longue et détaillée. Mais alors que cela joue peu dans la nomination d'un chef d'état-major, les liens personnels prennent dans ce cas une importance primordiale. S'ils n'existent pas lors de la nomination, ils doivent nécessairement se tisser par la suite, au risque dans le cas contraire de provoquer une rupture rapide.

Dès son arrivée à l'Élysée en mai 1981, c'est le réseau personnel de François Mitterrand qui lui a présenté Jean Saulnier (voir chapitre 10). Et quand il s'est agi de lui donner un successeur, c'est le ministre de la Défense Charles Hernu qui présenta la candidature de Gilbert Forray ; ce dernier avait appliqué à la lettre les instructions ministérielles dans les deux postes auxquels le ministre l'avait nommé : celui de directeur des écoles de Coëtquidan, chargé de mettre en place la réforme des études, et celui de premier patron de la Force d'action rapide. La découverte par Gilbert Forray des mœurs élyséennes fit parfois sourire certains des collaborateurs civils de François Mitterrand. Par exemple quand il leur expliqua sur un ton docte quelques semaines après son arrivée, selon l'un de ces derniers, qu'« avec le président, il faut faire attention, lorsqu'il dit quelque chose, il a parfois une autre idée derrière la tête… ». Mais on apprécia en ces lieux sa compétence, sa capacité à présenter des dossiers opérationnels précis et impeccablement montés, et sa manière de défendre avec conviction son point de vue, « au risque de passer parfois pour une tête de mule ».

Passer à l'Élysée est un honneur des plus courus : une telle nomination joue sous la Ve République un rôle d'accélérateur formidable, et le chef de l'état-major particulier a toute chance de finir dans la peau d'un chef d'état-major tout court. Cet état de fait se comprend : le premier conseiller militaire du chef des armées a nécessairement un rôle essentiel. C'est vrai dans le domaine budgétaire et de la programmation, où les avis de l'état-major particulier sont très écoutés, mais aussi pour ce qui concerne la vie opérationnelle des armées : envoyer un navire au large du Liban ou une flotte de soutien aérien en Afrique, lancer le cas échéant une opération militaire se décide le plus souvent entre l'Élysée et l'état-major des armées, sans que le ministre de la Défense soit nécessairement averti des détails. Il est donc bien établi, en particulier depuis la présidence de Valéry Giscard d'Estaing, que le poste de chef de l'état-major particulier est un tremplin pour de plus hautes fonctions encore.

« Une conscience impériale du pouvoir civil sur l'armée »

Sous le septennat giscardien, les deux chefs de l'état-major particulier finirent à l'état-major des armées : Guy Méry, qui commandait la 8e division mécanisée lorsqu'il fut appelé à l'Élysée en juin 1974 — sur la recommandation de son prédécesseur, le général Michel Thénoz —, n'y resta qu'un an et partit dès juillet 1975 succéder à l'état-major des armées au général François Maurin. De la même manière qu'il avait été choisi, c'est lui qui proposa au président de prendre Claude Vanbremeersh à ses côtés — ce qu'il fit. Pourquoi ? Parce qu'« il était le meilleur et le plus qualifié », explique Giscard[4] à propos de ce général qui devint à son tour, selon un processus bien rodé, chef d'état-major des armées le 20 juillet 1980.

De la même manière que son prédécesseur, François Mitterrand attache une grande importance au choix de son chef d'état-major particulier. Lui qui s'amuse, et parfois s'agace, du défilé des propositions de nominations de généraux en Conseil des ministres a recueilli dans ce cas, à chaque reprise, l'avis d'hommes de confiance avant de prendre à ses côtés Jean Saulnier, Gilbert Forray, Jean Fleury puis Jacques Lanxade. Pour chacun d'eux, l'avenir fut des plus souriants : Jean Saulnier devint chef d'état-major des armées, Gilbert Forray prit l'état-major de l'armée de terre en novembre 1987 après une période de purgatoire administratif au Secrétariat général de la défense nationale, Jean Fleury devint chef d'état-major de

4. Valéry GISCARD D'ESTAING, *Le Pouvoir et la Vie*, Compagnie 12, Paris, 1988, p. 224.

l'armée de l'air ; Jacques Lanxade ne devrait pas être davantage déçu lorsqu'il sera temps pour lui de quitter la présidence.

La discrétion de cet amiral, tout entier modelé dans une subtilité oxfordienne, pourrait laisser penser qu'il n'adopte que des positions couleur de muraille. Faux ! Commandant de la flotte française de l'océan Indien de 1986 à 1988, il a commandé toute l'opération de présence française aux alentours du golfe Arabo-Persique et y a fait preuve de capacités suffisamment appréciées pour qu'André Giraud le choisisse, avec l'accord empressé de la marine, comme chef d'état-major de son cabinet militaire en mars 1988. Lorsqu'il s'est agi de remplacer Jean Fleury à l'Élysée, c'est Jean-Pierre Chevènement qui a suggéré au président de prendre celui qui était son collaborateur quotidien. Et depuis le 24 avril 1989, date de son arrivée à la présidence, l'amiral Lanxade a été jugé — positivement — sur sa capacité à ne pas se faire systématiquement l'avocat des états-majors. Dans une période aussi difficile que celle que traverse l'armée française au début des années quatre-vingt-dix, ce n'est pas un mince atout aux yeux du pouvoir politique !

L'avantageuse poursuite de la carrière des généraux ayant personnellement servi François Mitterrand peut aussi se comprendre par la volonté de ce dernier de s'appuyer partout sur des fidèles, le connaissant suffisamment pour que le courant passe à demi-mot. Ce bon connaisseur de la pratique présidentielle note que « les relations de Mitterrand avec les militaires sont similaires à celles qu'il a avec les diplomates : progressivement se sont forgés des réseaux de gens qui se comprennent. C'est la diaspora mitterrandienne qui a essaimé : il aime que les gens avec lesquels il a travaillé soient dans des postes de responsabilité, qu'ils rebondissent. Le président a une conscience impériale du pouvoir civil sur l'armée. Il ne demande pas aux généraux d'être des génies, mais d'obéir. S'ils sont en plus intelligents, c'est encore mieux ». Le lecteur aura compris qu'entre l'actuel occupant de l'Élysée et les grands chefs militaires du pays, le courant demeure d'une intensité très faible.

Norlain et le « triangle de fer »

12 mai 1988. Michel Rocard, tout juste intronisé Premier ministre du président réélu, entre à l'hôtel Matignon avec quelques collaborateurs. Bureaux vides, tiroirs vides, armoires vides. A peine le nouveau chef du gouvernement est-il dans ses nouveaux murs qu'un officier à l'allure juvénile et en grand uniforme de général de l'armée de l'air s'approche. Présentation rapide : il s'agit de Bernard Norlain, chef du cabinet militaire du Premier ministre sortant, installé à Matignon depuis le 27 août 1986. A un Rocard sidéré, le général annonce deux choses : d'abord que l'usage veut — au nom de la neutralité politique des armées — qu'un homme politique disposant d'un cabinet militaire ne change pas celui de son prédécesseur lors de sa prise de fonction. La seconde nouvelle, c'est que Norlain est disposé à rester à son service. L'examen de ces détails techniques terminé, le général passe à la troisième étape avant que Michel Rocard ait pu reprendre sa respiration : l'ouverture du coffre-fort du Premier ministre contenant les procédures d'accès aux codes de déclenchement du feu nucléaire. En cas d'empêchement du président, c'est à l'hôte de Matignon — « autorité de dévolution » — que revient cette fonction...

Stupéfaits, les fidèles de son premier cercle que Rocard a fait entrer avec lui voient sous leurs yeux naître une relation forte, au feeling, entre le politicien chevronné et le général à taches de rousseur qui n'a pas eu besoin de longues leçons pour voir comment fonctionne un cabinet ministériel ; ils avaient pourtant prévenu le coup, et prévu que Norlain — qui accompagnait Bernard Pons lors des opérations d'Ouvéa quelques jours plus tôt — ne resterait pas en place. Peine perdue ! Rocard trouve cet officier sympathique et efficace, et le gardera avec lui jusqu'au 16 décembre 1989. L'arrivée de Norlain à Matignon ne doit rien à l'appareil militaire, mais tout aux relations personnelles établies vingt ans plus tôt, alors qu'il était lieutenant à la quatrième escadre de chasse sur la base aérienne « Tony Papin » de Luxeuil (Haute-Saône). Dans une compagnie de gendarmerie voisine, un jeune lieutenant de « la blanche [5] » faisait ses premières armes : Michel Roussin n'avait pas encore bifurqué vers les services secrets et le poste de directeur de cabinet d'Alexandre de Marenches alors à la tête du SDECE [6], ni embrassé la carrière préfectorale, ni surtout rencontré Jacques Chirac dont il allait devenir au fil des années l'un des plus proches collaborateurs : chef de cabinet à l'Hôtel de Ville de Paris puis à l'hôtel Matignon, avant de devenir, depuis 1988, directeur de cabinet du maire de la capitale.

Sa pratique de l'appareil militaire et sa connaissance intime des règles de la « guerre des boutons » permirent à Roussin d'imposer Norlain à Matignon, contre l'avis de l'armée de terre qui entendait bien que l'un des siens succède au dernier chef du cabinet militaire issu de ses rangs, le général Robert Gastaldi qui avait officié du temps de Laurent Fabius. Encore un effet de ces incessantes escarmouches que se livrent entre elles les armées pour le placement de leurs meilleurs espoirs aux postes où les décisions se font ; ces hostilités toujours recommencées, qu'aucun cessez-le-feu ne vient jamais interrompre, ont donc été baptisées « guerre des boutons », puisque chaque type d'uniforme porte des boutons différents. En vertu d'une règle non écrite, que les hommes politiques sont contraints de respecter s'ils ne veulent pas mettre l'armée à feu et à sang, les quatre postes « interarmées » de *1)* chef de l'état-major des armées, *2)* directeur du cabinet militaire de Matignon, *3)* chef de l'état-major du président, *4)* chef du cabinet militaire du ministère de la Défense, sont équitablement répartis entre la marine, l'armée de l'air et l'armée de terre. Mais certains sont plus habiles que d'autres à ce petit jeu : diaboliquement, l'armée de l'air est ainsi parvenue après

5. Nom traditionnel de la gendarmerie départementale qui porte des galons argentés, contrairement à « la jaune », la gendarmerie mobile, qui porte des galons dorés.

6. Service de documentation extérieure et de contre-espionnage, qui devint en avril 1982 la Direction générale de la sécurité extérieure (DGSE).

la nomination de Jean Fleury à l'Élysée et jusqu'à son départ à l'état-major de l'armée de l'air, à disposer du 31 juillet 1987 au 24 avril 1989 de deux de ses généraux dans ces postes clés. Avec un détail aggravant : jusqu'au départ de Jean Saulnier de l'état-major des armées en novembre 1987, l'armée de l'air disposa pendant près de quatre mois de trois des quatre postes ! Les marins et les terriens, parlant de Saulnier, Fleury et Norlain, évoquaient alors un « triangle de fer ». Tout un programme !

La perspective de l'arrivée d'un nouveau Premier ministre en 1988 réjouissait l'armée de terre qui allait enfin pouvoir disposer — de son point de vue, c'était pratiquement fait — de ce poste particulièrement convoité. Dès la nomination de Michel Rocard, elle entreprit donc de proposer quelques candidats considérés comme sérieux, en commettant la fatale erreur de vendre la peau de l'ours Norlain avant qu'il fût tué. Des plans de mutation furent préparés, et le jeu de chaises musicales mis en place dans l'allégresse : c'est ainsi qu'un général fut pressenti pour Matignon et ne quitta jamais Baden-Baden, bien que ses valises fussent prêtes. Et que l'armée de terre imagina ensuite d'y mettre son collègue Christian Quesnot, qui n'eut pas plus de chance. Mais l'armée de l'air avait elle aussi prévu un candidat, le général François Vallat. Encore raté ! Le maintien de Bernard Norlain pendant seize mois mit tout le monde d'accord. L'histoire ne serait pas complète sans les interférences élyséennes dans les plans savants de l'état-major des armées.

Celui-ci avait prévu que l'amiral Alain Coatanéa succéderait au général Fleury à l'Élysée, mais l'armée de terre, qui ne désespérait pas de placer un outsider, proposait les généraux Daniel Valéry ou Christian Clarke de Dromentin. Et l'armée de l'air, qui envisageait sereinement de s'installer à demeure à l'Élysée, poussait Claude Lartigau. Patatras ! Jean-Pierre Chevènement suggéra au président de prendre l'amiral Lanxade, libérant ainsi le poste de chef de cabinet militaire de la Défense. Qui échut finalement à un membre de l'armée de terre, le général Amédée Monchal. L'alerte avait été chaude, mais l'honneur était sauf... A dire vrai, Jean-Pierre Chevènement avait parfaitement accepté l'idée du partage des postes et désirait d'autant plus prendre un général de l'armée de terre auprès de lui qu'il entendait préparer l'heureux élu à être le successeur de Gilbert Forray à l'état-major de l'armée de terre, début 1991.

Civils et militaires : le choc des cultures

L'étonnement qui avait saisi les proches de Rocard lors de l'arrivée de Bernard Norlain dans son bureau illustre la méconnaissance, d'ailleurs réciproque, que peuvent avoir les responsables civils et militaires les uns envers les autres. Cette ignorance des mœurs respectives de deux espèces bien distinctes, particulièrement évidente lors des prises de fonctions d'équipes politiques nouvelles, s'explique aisément. Les deux mondes se côtoient sans se fréquenter et si les civils mènent — sauf exception — des carrières géographiquement et administrativement stables, il n'en va pas de même des généraux : en fin de carrière, un officier ayant bien roulé sa bosse peut avoir connu jusqu'à vingt changements de domicile avec un nombre de postes au moins équivalent ! Qu'ils trouvent leurs collaborateurs militaires sur place, ou qu'ils les fassent venir à leur côté, les hommes politiques ou les fonctionnaires civils de haut rang rencontrent des militaires forts — et jaloux — de leur compétence technique et de leur culture propre. Un élément essentiel des fréquents malentendus opposant civils et militaires dans les cabinets gouvernementaux, explique ce général lucide, « vient de ce que l'armée est par essence une force d'inertie : elle sait que la principale qualité du pouvoir politique, c'est sa précarité. Les ministres passent et trépassent, l'armée demeure ».

Tout le jeu consistera donc pour les généraux « qui sont là et font partie des indispensables », selon l'un d'eux, à conserver leur capacité d'autogestion de la majeure partie de l'institution ; non sans chercher en permanence à démontrer aux politiques que leur marge de manœuvre est sujette à des restrictions sévères. Ce directeur de cabinet civil et militaire d'un ministre de la Défense de François Mitterrand peut ainsi noter que « si beaucoup de choses remontent jusqu'à nous pour la prise de décision, les possibilités d'intervention sont très minces. On peut créer un climat harmonieux, ou pas. Mais tout le système de décision impose une telle cristallisation à tous les étages que changer une virgule s'avère très difficile. Dans un poste comme celui-ci on doit accepter d'être utile au fait que les rouages tournent, pas davantage. Nous sommes des metteurs en scène de la forme ». Un autre très haut fonctionnaire civil, qui eut des fonctions similaires avec un autre ministre, note pour sa part que « face au pouvoir civil, l'institution militaire fait bloc. Ils vivent dans un moule, dans un système fermé. C'est un autre monde ».

De leur côté, les militaires voient eux aussi les décideurs civils comme des bêtes curieuses et se gaussent souvent de leur incompétence technique. Ce général influent se flatte de « connaître le mode d'emploi » des politiciens, et le prouve : « C'est vraiment étonnant. Nous on est là, on fait les notes qu'on nous demande, on dit au patron les choses comme on les voit. On lui écrit un truc sur quelque chose qu'il ne connaît pas, et le lendemain, on l'entend raconter la note à la radio. C'est énorme ! Notre problème, c'est d'arriver à être crédible et à convaincre, car autrement il serait impensable qu'un "sous-bite" (sous-lieutenant, le premier grade d'un jeune officier) convainque un général. C'est pour ça que des petits cons d'énarques se prennent pour le nombril du monde. Au départ, ça fait un peu peur, mais un homme politique est bien obligé de faire confiance à ses conseillers ! » Vision simplissime ? Peut-être, mais qui résume assez bien celle qu'ont les généraux des hommes politiques découvrant les affaires militaires... Et qui explique en partie pourquoi la classe politique a tant de mal à infléchir tout ce qui fait le quotidien des armées : les crédits, le choix des programmes, la désignation des collaborateurs, le choix de structures. Les seuls domaines finalement où les généraux ne revendiquent pas — ouvertement ou de fait

— la prééminence sont les décisions opérationnelles (voir chapitre 1) et les évolutions de la doctrine.

Le malentendu

Des énarques et des généraux peuvent-ils s'entendre malgré la différence de leur formation, celle des premiers leur permettant d'accéder très jeunes aux postes les plus proches des lieux de décision, quand les seconds doivent pour y parvenir attendre — pour les meilleurs ! — les approches de la cinquantaine ? Manifestement, c'est difficile, et cet ancien élève de la prestigieuse école de la rue de l'Université, qui en a conclu que « cohabitent trois formes d'intelligence sur terre : l'animale, l'humaine et la militaire », se souvient de premiers contacts difficiles, au début des années quatre-vingt : « J'ai trouvé chez les officiers une forme d'esprit complètement différente de la nôtre, teintée d'histoire et non scientifique. Ils ne pensent pas comme nous et lorsqu'ils transposent leur méthode de raisonnement tactique sur l'analyse géopolitique, elle est inadéquate. Vis-à-vis du pouvoir, des politiques et de la chose écrite, ils ont une révérence très naïve. Ils lisent tout, dépouillent tout et ne comprennent rien, car le raisonnement univoque est privilégié dans leur formation. Vis-à-vis des civils ils ont une très profonde méfiance, et se gardent bien de leur en dire trop, ou de préciser qu'il y a plusieurs solutions possibles à un problème. »

Le fait de côtoyer soudainement des militaires ne laisse pas tous les collaborateurs ministériels aussi sereins. Celui-ci, par exemple, a subi un vrai choc, qui le pousse à porter un jugement particulièrement sévère : « Le style global des généraux, c'est le jésuitisme. C'est-à-dire l'art de mentir, essentiellement aux civils. Ces gens qui dominent l'appareil militaire dans un but hégémonique sont intelligents et cultivés, mais ils nous racontent en permanence des balivernes. L'art subtil de la mauvaise foi est consommé chez eux, et parfaitement présenté. C'est plausible, courtois, et parfois élégant. Ils ont une façon de présenter les choses qui protège leurs corps et leur caste. » Une telle analyse au vitriol n'est pas le fait de tous, mais ce jeune chargé de mission la partage : « Pour un militaire qui accepte le dialogue avec l'autorité politique, la plupart ne supportent pas l'interférence d'un civil dans le circuit. En fait, ils refusent toute introduction d'un regard extérieur s'il n'est pas clairement hiérarchique. »

Tous ne voient pas la réalité sous un angle aussi noir. Ainsi, ce budgétaire de la défense, chargé de préparer le budget dans les semaines suivant son arrivée à l'hôtel de Brienne, fut immédiatement confronté, dans chacun des états-majors, aux généraux et aux colonels responsables des « bureaux plans » et « bureaux programmes » chargés de cette tâche au sein des états-majors. L'énarque a eu une impression positive : « J'ai découvert des gens compétents, bosseurs, très au fait des mécanismes politico-administratifs et pratiquement tous diplômés de l'enseignement supérieur en plus de Cyr, Navale ou l'École de l'air. Il est vrai que ceux auxquels j'avais affaire étaient les meilleurs. Ils ne sont pas tous du même niveau... » Mais la prudence est de mise dans les relations : « J'ai eu des égards pour eux, ce qui était d'ailleurs la consigne du cabinet, et je suis allé les voir dans leurs bureaux : ils sont très souvent agacés qu'un jeune conseiller de 35 ans convoque dans son bureau un général qui en a vingt de plus. »

Après le premier contact avec le nouveau conseiller, les généraux — si le sujet s'y prête — passent à la phase de séduction. Celle-ci prend des formes diverses selon les circonstances, les relations personnelles avec tel ou tel, les opportunités. Mais ce sera pour le civil qu'on veut se mettre dans la poche l'occasion de sauter en parachute — en se cassant éventuellement la jambe comme cela arriva à Patrick Careil, directeur du cabinet de Charles Hernu puis de Paul Quilès —, de monter à cheval à l'École militaire — en se brisant le genou comme Louis Gallois, directeur de cabinet de Jean-Pierre Chevènement —, de se faire hélitreuiller sur des navires de guerre ou promener sur le siège arrière d'un Mirage 2000, de participer au départ de patrouille d'un sous-marin nucléaire lanceur d'engins. Les petits plaisirs ne sont pas marchandés, et au lieu de prendre Air Inter comme dans n'importe quel ministère, les conseillers des ministres de la Défense qui doivent se rendre en visite dans les régions se déplacent volontiers en hélicoptère ou en jet biplace Morane Paris. Pour le ministre, c'est plus rapide : dès sa prise de fonction, les armées font la course pour savoir laquelle aura l'honneur et l'avantage de lui faire enfiler un blouson ou une tenue de combat pour visiter bases aériennes, régiments de chars ou navires de combat...

De telles opérations doivent être poursuivies longtemps, pour un meilleur résultat, et les civils ont alors deux attitudes ; la première, réservée à ceux qui adorent ça et en redemandent, consiste à tirer sur la ficelle en utilisant tous les moyens matériels de standing que peut donner davantage que d'autres un tel ministère : gyrophare sur la voiture pour aller prendre un train, ou chauffeur appelé du contingent qui attend la moitié de la nuit à la porte d'un immeuble où se tient un dîner. Mais le conseiller court alors le risque de se mettre tout le personnel subalterne du ministère à dos, ce qui n'est parfois pas sans risque. L'autre attitude, plus classique, que décrit un jeune conseiller, consiste à subir avec amusement les aimables assauts de l'appareil : « Ce qu'ils veulent, c'est qu'on défende leur armée. Dès qu'ils ont vu dans leurs dossiers où j'avais fait mon service militaire, j'ai reçu des invitations spontanées d'amicales d'anciens des troupes de marine. Quand des généraux manœuvrent, c'est visible : ils sont le plus souvent incapables de jouer avec la duplicité d'autrui et de faire du billard à quatre bandes... »

7

Face aux réformes, immobilisme et contre-manœuvres

Mars 1990. Dans la cour de l'École interarmées du renseignement et des langues (EIREL), à Strasbourg, le général Michel Fennebresque célèbre son adieu aux armes. Le chef de la 1re armée est très entouré. Tout le monde est là : le chef d'état-major des armées Maurice Schmitt, le chef d'état-major de l'armée de terre Gilbert Forray, le général allemand Hans-Henning von Sandrart commandant les forces de l'OTAN en Centre-Europe, etc. Sur la piste, qui le salueront tout à l'heure, ceux qui seraient ses principaux subordonnés en temps de guerre, commandants des corps d'armée et des divisions de ce corps de bataille dont il est aisé de prévoir qu'il sera un jour mis à mal par les accords de désarmement. Derrière le superbe ordonnancement de la pompe militaire se déroule pourtant un drame caché.

Forces d'intervention et forces d'occupation

Très naturellement, les autorités de la 1re armée avaient prévu que le chef de la Force d'action rapide, le général Henri Préaud, serait lui aussi installé à côté des autres généraux ; pour qu'il salue le partant, talons joints... Patatras ! L'intéressé ne veut rien savoir : il ne se mettra pas sur le même rang que ses collègues. Il ne peut être, affirme-t-il, subordonné au patron de la 1re armée comme le sont les autres généraux. Même s'il n'a que quatre étoiles sur les manches quand Michel Fennebresque en a une de plus, la Force d'action rapide est placée sur le même plan que la 1re armée dans l'organigramme de l'armée de terre, pas au-dessous. En temps de paix, la 1re armée est une coquille vide, un état-major réduit à sa plus simple expression. Mais en temps de guerre, son chef a l'autorité sur les trois corps d'armée blindés-mécanisés : à lui la manœuvre des chars lourds, les militaires râleurs et peu formés du contingent, les mouvements lents et l'ancrage dans la glèbe des plaines germaniques. Toute l'organisation est basée sur l'emploi des chars : après la conquête du terrain, ils peuvent l'occuper et s'y maintenir.

La Force d'action rapide, c'est un autre genre : les appelés volontaires s'y précipitent, tout comme les professionnels. On y trouve les troupes parachutistes et alpines, la Légion étrangère, les véhicules légèrement blindés mais rapides, et les meilleurs de Saint-Cyr ou de l'École militaire interarmes (EMIA). Ce sont eux qui interviennent outre-mer à la première alerte, et c'est aussi sous les ordres d'Henri Préaud que la « division aéromobile », qui rassemble une grosse partie des hélicoptères de combat de l'armée française, peut être amenée à intervenir. Alors c'est clair : le général Fennebresque peut bien faire ses adieux aux armes, le chef de la Force d'action rapide n'ira pas se figer au garde-à-vous devant ses cinq étoiles comme un banal subordonné. Ça continue... Pendant des années, cette FAR a empoisonné l'armée de terre et presque neuf ans plus tard, l'incident de Strasbourg démontre que les rancunes et les malentendus sont toujours aussi vivaces : c'est de la tribune dressée pour les invités de marque qu'Henri Préaud assista à la cérémonie.

« En avant, doucement »

Flash-back, intérieur jour. Au menu du déjeuner de ce 1er octobre 1981, le cuisinier de Charles Hernu a mis comme d'habitude les petits plats dans les grands et tout le repas s'ordonne autour de soles roulées du meilleur effet. Dans la grande salle à manger du premier étage de l'hôtel de Brienne, donnant sur le parc, le ministre est entouré des hommes qui comptent à la Défense en ce début de septennat : François Bernard, conseiller d'État et directeur de cabinet ; Jean-François Dubos, un juriste dont l'influence, depuis longtemps considérable, ira grandissant auprès du ministre ; François de Grossouvre, un proche de François Mitterrand, l'œil de l'Élysée auquel à cette époque rien n'échappe de ce qui se passe dans la maison Hernu. Le dernier convive a 57 ans, le crâne luisant, quatre étoiles depuis le mois d'août précédent et connaît le nouveau ministre depuis beaucoup plus longtemps. Georges Fricaud-Chagnaud n'a pas rencontré Hernu depuis sept ans (voir chapitre 3). Il est actuellement représentant de la France auprès du général AFCENT (Allied Forces Center Europe), basé à Brunssum aux Pays-Bas. On a commencé autour d'une coupe de champagne rosé, le péché mignon de Charles Hernu. On parle de choses et d'autres, de l'actualité du jour : la levée de l'anonymat des transactions sur l'or, annoncée par le ministre du Budget Laurent Fabius, et la nomination de la journaliste Christine Ockrent pour présenter le journal de 20 heures d'Antenne 2. Politesses...

Très rapidement, sans précautions inutiles, Georges Fricaud-Chagnaud amène la discussion sur une idée neuve qui lui tient à cœur. Simple dans son principe, elle vient pourtant remettre en cause plusieurs dogmes bien établis et mettrait à mal l'organisation savante de l'armée de terre autour de ses divisions blindées. C'est d'ailleurs précisément pour cette raison que le général — en vieux routier — n'en a encore parlé à personne. En quelques mots, il explique aux convives la nécessité de regrouper en une seule grande unité, de la taille d'une division, une bonne part des hélicoptères de combat antichars et de transport dont dispose l'armée de terre. Le but : face aux chars soviétiques dont on s'attend encore à cette époque qu'ils débouchent un jour sans prévenir par la trouée de Fulda ou le saillant de Thuringe, l'armée française doit être capable de frapper vite, fort et loin ; non pas pour arrêter à elle seule le déferlement éventuel des blindés du pacte de

Varsovie, mais pour venir donner un coup de poing, retarder par une contre-attaque soudaine une offensive menaçante. Dans l'éternelle guerre de l'attaquant contre le défenseur, la masse virevoltante des hélicoptères armés pourrait jouer le rôle de la lance venant percer la cuirasse.

Autour de la table, on tend l'oreille. Charles Hernu et ses collaborateurs ont bien l'intention de profiter de leur arrivée aux affaires pour opérer la troisième réforme significative de l'armée de terre depuis la fin de la guerre d'Algérie. Et cette idée du général chauve leur plaît bien, au point que quelques-uns d'entre eux se demandent si ce n'est pas grâce à elle qu'ils vont faire passer la réforme. A la fin du repas, auquel l'officier n'a pratiquement pas touché tant il a parlé, ils sont tous convaincus de la nécessité de lancer des études très sérieuses, et Fricaud-Chagnaud leur mâche le travail ; de sa serviette, il sort quelques feuillets proprement tapés à la machine et exposant de manière plus détaillée sa réflexion.

Il sait confusément que désormais il va devenir une cible, que des dos vont se tourner sur son passage, que des amitiés de quatre décennies vont être réduites en poussière ; pour retarder l'échéance et comptant sur la discrétion de ses interlocuteurs, la note de huit pages qu'il remet à Charles Hernu n'est pas signée de son nom mais de ceux de deux de ses ancêtres charentais : Émile Laidet et Charles Collet. *Private joke :* ces mêmes noms signaient en décembre 1973 la première note remise à Hernu, dont le leader socialiste, comme on l'a vu, s'inspira — parfois mot à mot — dans le texte qu'il rédigea pour faire accepter la dissuasion par ses camarades du PS. Tous deux natifs de la terre de Cognac, ces deux aïeux avaient marqué le futur général ; le premier, instituteur, avait à tout prix voulu lui mettre dans la tête que « l'armée, c'est l'école du crime ». Le second, charretier et heureux possesseur d'un pressoir, avait choisi pour principe d'action la somptueuse devise du 107e régiment d'infanterie de Limoges : *En avant, doucement !* Saine résolution...

Tirs de barrage

Dominer la force d'inertie phénoménale que les lourdes structures des états-majors peuvent opposer à une démarche imaginative relève de l'exploit. Bien des jeunes officiers s'y sont brisé les dents, le moral, la santé et pour finir la carrière ; mais Fricaud-Chagnaud avait de la bouteille, du tonus et — surtout — quelques bons amis au pouvoir... Quand le chef d'état-major de l'armée de terre Jean Delaunay, avec lequel il entretient d'excellentes relations personnelles, lui demandera un peu plus tard pourquoi il n'avait pas choisi la voie hiérarchique pour faire avancer son idée, il s'entendra répondre à sa grande stupéfaction : « Parce qu'elle n'aurait pas franchi l'examen du premier sous-chef de bureau ! » C'est donc à un officier de son cabinet — et sous le sceau du secret le plus absolu — que Charles Hernu demande d'examiner la note qui vient de lui être remise. Elle est plutôt décapante, pour un esprit habitué aux lourdeurs de la langue de bois stratégico-administrative, et tape à bras raccourcis sur l'idée que l'armée française se fait de l'emploi de ses chars.

Officiellement censés arrêter une attaque du Pacte, les blindés français, souligne l'auteur du texte, n'impressionnent pas vraiment les alliés qui « connaissent le peu d'aptitude de notre char AMX 30 aux déplacements prolongés et sont sans nul doute informés de notre incapacité, d'ailleurs considérée parfois comme un élément de la dissuasion, à mener un combat prolongé ». Le général préconise donc de tenir les forces blindées « prêtes à contrôler les points de passage menacés sur le Rhin. [...] Le forcement de l'un de ces points justifierait alors le recours à l'arme nucléaire tactique, ultime avertissement qui ne serait alors entaché d'aucune ambiguïté ». En lieu et place d'une contre-attaque à l'aide des blindés lourds, l'auteur suggère l'emploi d'« une force antichars puissante et très mobile formée de brigades d'hélicoptères contre les dispositifs ennemis les plus susceptibles de menacer nos intérêts vitaux, mais sans prendre le risque d'engager au sol des effectifs significatifs [...]. Ces brigades aéromobiles opéreraient d'ailleurs à partir de bases principales situées à l'ouest de la ligne Rhin-Neckar. Le pouvoir politique demeurerait ainsi maître à tout instant de doser l'intensité et la profondeur de l'engagement de forces dont il garderait le plein contrôle[1] ».

L'idée a pris la route. Mais les tirs de barrage commencent aussitôt, et d'abord dans l'entourage même du ministre. En novembre 1981, la réponse du cabinet militaire au texte du général explique — avec une grande prudence car Hernu paraît acquis aux thèses de la note — que la condamnation du char « semble un peu hâtive » et, surtout, que la volonté de cantonner les blindés dans un rôle peu ou prou similaire à celui de la chèvre attendant le loup attachée à son piquet imposerait de « transformer les mentalités au sein de l'armée de terre. C'est là un problème psychologique qui ne peut être ignoré. La bataille défensive au sens le plus strict, ici envisagée, soulèvera de nombreuses réticences. La ligne Maginot sera sans doute rappelée[2] ». Au final, cette réponse recommande cependant d'étudier plus avant le projet. Le ministre veut aller vite. Après de nouvelles discussions, et compte tenu des lenteurs naturelles dans ce genre d'études, il demande le 10 mars 1982 au laboratoire de recherches du ministère de la Défense, le Groupe d'études et de planification stratégiques (GROUPES), de se lancer dans un examen fouillé de la proposition du général étudiée « sous ses aspects doctrinaux, opérationnels et financiers ».

Le plus gros obstacle : l'armée elle-même

La réponse du GROUPES arrive sur le bureau du ministre le 15 mai suivant sous la forme d'une note signée de son

1. Charles COLLET-Émile LAIDET, *L'Armée de terre face à ses missions*, 1er octobre 1981, non publié.

2. Ministère de la Défense, *Fiche à propos de l'essai sur « l'armée de terre face à ses missions »*, novembre 1981, non publié.

chef, l'ingénieur de l'armement Michel Delaye. Cette fois-ci, venant d'un homme qui n'est pas partie prenante des débats internes à l'armée de terre puisqu'il n'y appartient pas, l'enthousiasme n'est pas dissimulé : « Tant au plan doctrinal qu'au plan opérationnel, le concept paraît intéressant et présente de nombreux avantages sous réserve de confirmer que la vulnérabilité des hélicoptères au sol et en vol n'entraîne pas une attrition trop rapide des moyens. Il s'insère sans problèmes dans notre doctrine de dissuasion et permet de matérialiser au plus tôt notre contribution à la défense de l'Europe en offrant à nos alliés un soutien significatif. Il ne saurait se substituer à la manœuvre de la 1re armée mais il augmente la probabilité de rendre celle-ci efficace. Des études complémentaires sont nécessaires pour déterminer la réduction du volume du corps de bataille que la mise en œuvre de ce concept devrait permettre d'envisager[3]. » Tout, ou presque, est dit... Il est vrai que l'enthousiasme de Michel Delaye se comprend : dix ans plus tôt, son prédécesseur François Di Pace, patron de ce qui s'appelait alors le Centre de prospective et d'évaluation (CPE), avait étudié à la demande du ministre Michel Debré une initiative assez ressemblante, qui ne vit jamais le jour.

Pendant ce temps, Georges Fricaud-Chagnaud, qui n'apparaît nulle part officiellement autour de ce dossier, s'active sérieusement dans l'ombre. Au début de 1982, il fait part de son projet au commandant en chef des forces alliées en Centre-Europe auprès duquel il est en poste, le général allemand von Senger und Unterlin. Ce dernier approuve tout à fait l'idée et aura l'occasion de le préciser de vive voix au conseiller diplomatique de Charles Hernu, François Heisbourg, qui fera spécialement et discrètement un voyage aux Pays-Bas pour en discuter avec lui. Plus tard, pour tester les réactions des Américains à l'éventuelle initiative française, Fricaud-Chagnaud profitera d'un déplacement à Washington pour prendre langue avec le général Vessey, *Chairman of the Joint Chiefs of Staff*

3. Michel DELAYE, *Concept d'emploi aéromobile en Europe*, 19 mai 1982, non publié.

(chef d'état-major des armées), et le général Meyer, *Army Chief of Staff* (chef d'état-major de l'armée de terre). L'accueil de leur part sera particulièrement encourageant... Mais après ces cheminements souterrains, l'idée de la nouvelle organisation doit encore affronter son plus gros obstacle : l'armée de terre elle-même.

Dans une lettre expédiée au chef d'état-major des armées, le général Jeannou Lacaze, le 9 octobre 1982 et publiée le 6 décembre suivant par *Le Matin de Paris*, le patron de l'armée de terre Jean Delaunay s'élève avec vigueur contre les projets de réforme dont il a eu connaissance partiellement, mais surtout contre les diminutions de crédits qui lui paraissent devoir frapper son armée. Et le 24 novembre 1982, lors d'une réunion du Conseil supérieur de l'armée de terre, Charles Hernu lève un coin du voile [4] et annonce la création de « ce que l'on pourrait appeler un grand commandement des forces d'action et d'assistance rapide » dont les missions sont ainsi cadrées : « Engagement dès les premières manifestations d'une crise ou d'un conflit d'un corps expéditionnaire classique capable de s'insérer dans le dispositif allié en Europe en toute zone où le besoin se ferait sentir. Renforcement du corps de bataille blindé et mécanisé dans des missions traditionnelles. Action en couverture générale avant ou en supplément des forces mobilisées. Et bien sûr assistance rapide au sens où nous l'entendons actuellement. »

« Accroître les degrés de liberté du politique »

Comment convaincre l'armée de terre qui campe sur ses positions et refuse de fait tout changement ? Cette rude tâche sera confiée à un homme incontestable, brillant intellectuel et dernier représentant de la race des officiers hommes de plume capables de pousser des idées à leur terme et de théoriser les concepts les moins accessibles : le général Lucien Poirier qui

4. *Le Monde*, 7 décembre 1982.

a quitté le service actif en 1974 et se consacre depuis à poursuivre ses réflexions. Si sa contribution à la définition de la dissuasion nucléaire française a été essentielle (voir chapitre 8), il a également mis en forme la stratégie dite des *trois cercles*[5] sur laquelle se fonde l'organisation de la défense française. C'est donc à l'auteur de quelques-uns des textes fondamentaux de la politique de défense que Charles Hernu demande d'intervenir. Il le fera dans la revue *Défense nationale*.

Très favorable au projet, Lucien Poirier rappelle une évidence que ses collègues généraux auraient parfois tendance à oublier, à savoir que « pour le stratège militaire, il s'agit toujours de préserver et d'accroître, si possible, les degrés de liberté du politique ». Lucien Poirier insère ensuite très habilement la création de la Force d'action rapide dans le discours sur la dissuasion en soulignant que sa mise en œuvre en « piquet d'incendie » permettrait à la France d'exprimer sa solidarité avec ses alliés sur leur sol, sans engager pour autant — contrairement aux lourdes divisions blindées du corps de bataille — la mise en œuvre du feu nucléaire : « Visiblement distincte du corps de bataille, tant par sa nature, son organisation, son déploiement d'attente que par son commandement propre et par la diversité de ses hypothèses d'emploi, cette force ne saurait être confondue avec celles vouées à la manœuvre dissuasive autonome. L'affichage de nos intentions, et le message politique qu'elles porteraient, serait clair pour tout le monde, et notre vocation européenne désormais irrécusable[6]. »

Si Lucien Poirier espérait ainsi convaincre ses collègues, il a été déçu. Certes, la loi de programmation militaire 1984-1988, discutée en juin, a annoncé que la France « entend pouvoir s'engager aux côtés de ses partenaires de l'Alliance atlantique, si ceux-ci sont les victimes d'une agression ». Elle indique que les « forces terrestres d'action rapide, équipées et

5. Premier cercle : espaces susceptibles de recevoir une frappe stratégique nucléaire française ; deuxième cercle : Centre-Europe ; troisième cercle : outre-mer.

6. Lucien POIRIER, « La greffe », *Revue de défense nationale*, avril 1983, p. 5-32.

entraînées pour intervenir hors de nos frontières, aussi bien en Europe qu'outre-mer, seront regroupées et coordonnées au sein d'un grand commandement ». Mais l'adoption du texte par l'Assemblée ne va pas pour autant faire lâcher prise à l'armée de terre. Entre juin et novembre de cette même année 1983, elle va faire à nouveau donner à pleine puissance ses lobbyistes attitrés. A la commission de la Défense de l'Assemblée où tous les rapporteurs, ou presque, sont des amis du nouveau pouvoir, il est difficile pour l'état-major de trouver des partisans influents, c'est-à-dire bien en cour. Au Sénat, tenu par l'opposition, la situation est inverse. Grâce à quelques intermédiaires efficaces, on peut noter une frappante similitude entre les raisonnements et les arguments techniques développés par les parlementaires et ceux des adversaires de la Force d'action rapide au sein de l'armée. Au Sénat, Jacques Genton, le 9 juin, voit dans la création de la Force d'action rapide « une curieuse doctrine » et une « acceptation de fait de la bataille automatique [7] ».

Les cavaliers contre « Apocalypse now »

En novembre, alors qu'on connaît précisément les modalités de la création de la division aéromobile et de la force d'action rapide, les critiques sont plus acerbes. Jacques Chaumont, sénateur de la Sarthe, met en cause le manque de matériels, la logistique inadaptée, l'absence de moyens lourds de protection. Il s'indigne aussi que cette unité ne puisse pas disposer, dans ses propres forces, de l'armement nucléaire : « Dès lors que l'adversaire potentiel dispose de moyens conventionnels au moins trois fois supérieurs en puissance et en nombre aux moyens des pays membres de l'Alliance atlantique sur le théâtre européen, comment considérer que la menace d'une force de moins de 50 000 hommes, ne disposant que d'arme-

7. Rapport n° 382 sur la loi de programmation militaire 1984-1988, Sénat, 9 juin 1983.

ments conventionnels moins puissants que ceux de l'adversaire, puisse être réellement dissuasive[8] ? »

Tous ces militaires et ces hommes politiques qui s'engagent de la sorte ont un point commun : ils sont de la génération qui a connu la défaite de 1940. Ils ont connu les idées lancées à l'époque par Charles de Gaulle, et les résistances farouches que celui-ci a rencontrées dans l'armée lorsqu'il a voulu imposer ses vues sur la nécessité de disposer d'un fort corps blindé. Ces militaires et ces hommes politiques qui avaient vingt ans en 1940 estiment faire tout leur devoir en défendant l'organisation de l'armée de terre autour de ses blindés, aune de sa puissance : comme si quarante ans plus tard l'ennemi était encore Guderian, ils jugent que les hélicoptères sont sans doute très beaux au cinéma (le film *Apocalypse now* de Francis Ford Coppola est sorti en 1979), mais que les matériels qui comptent, ce sont les chars. L'armée de terre est une fois encore en train de se battre à cette époque sur le maintien de ses effectifs blindés, et ne veut pas descendre en dessous des 1 200 AMX 30 dont elle dispose. De plus, les cavaliers tiennent l'armée de terre : Jean Delaunay (chef d'état-major), Bertrand de Montaudouin (chef du 1er corps d'armée), qui prendront tous deux des positions extrêmement hostiles à la Force d'action rapide, et Jacques de Barry (chef de la 1re armée) appartiennent à l'arme blindée-cavalerie. Et l'idée que propulse Charles Hernu avec tant d'insistance leur semble remettre en cause à terme l'existence de savants équilibres stratégiques et sociologiques, paraissant jusque-là en place pour l'éternité.

Malgré moult péripéties retardatrices affichant le manque d'enthousiasme militant de l'état-major, Hernu avait pourtant fait très rapidement appliquer sa décision : une unité aéromobile expérimentale, la *force éclair*, est créée au printemps 1983. Encore faut-il la mettre sur le terrain et voir ce qu'elle donne : en juin 1983, elle est officiellement expérimentée dans les règles

---

8. *Avis sur le projet de loi de finances 1984, Commission des affaires étrangères, de la défense et des forces armées. Section Forces terrestres*, Sénat, 21 novembre 1983.

de l'art. Mais les hiérarques de l'état-major de l'armée de terre, qui ont quelques tours dans leur sac, ont envoyé en temps utile au général Étienne Doussau, adjoint au commandant du 1er corps d'armée chargé de l'organisation de la manœuvre, un « cahier des charges » surprenant. Après avoir précisé, on ne sait jamais, que l'expérimentation doit de toute façon réussir, le texte spécifie que les hélicoptères devront disposer « d'une bonne capacité d'occuper le terrain pour surveiller un secteur et combattre temporairement en attendant d'être rejoints par des formations plus puissantes ». Ces spécifications qui voudraient transformer les hélicoptères en masse capable de tenir un créneau, autrement dit en faire des chars de combat volants, sont en contradiction formelle avec la doctrine d'emploi prévue aussi bien par le général Fricaud-Chagnaud que par le cabinet ministériel.

Manœuvres retardatrices et « sabotage »

Mais cette évidente volonté de « sabotage », terme qu'utilisera à plusieurs reprises Fricaud-Chagnaud, aura les effets attendus : les tacticiens du 1er corps d'armée pourront démontrer à l'issue de la manœuvre que les hélicoptères, pour « tenir » une zone loin sur l'avant, auraient pratiquement besoin pour les ravitailler du soutien de l'ensemble de l'aviation de transport tactique française ! Le 7 juin 1983, devant les journalistes rassemblés sur l'aérodrome d'Étain (Meuse) pour assister à la manœuvre de la *force éclair*, les militaires du 1er corps d'armée ne critiquent pas ouvertement sa mise sur pied. Mais ils expliquent benoîtement, ce qui revient au même, que pour soutenir deux régiments d'hélicoptères de combat déployés à 250 kilomètres de la zone arrière, vingt avions tactiques Transall sont nécessaires pour amener les premiers stocks et trente rotations quotidiennes de ces appareils ensuite... Soit, pour deux régiments, pratiquement le tiers des avions de transport de l'armée de l'air !

La ficelle est grosse — car il n'a jamais été question que la division aéromobile tienne une portion du champ de bataille pendant des jours — mais démontre qu'à l'intérieur de l'armée de terre les adversaires de l'innovation ont, comme d'habitude, du poids. D'aucuns verront dans l'échec de la manœuvre de juin 1983 le bras du commandant du 1er corps d'armée de Metz, le général Bertrand de Montaudouin. Celui-ci n'a d'ailleurs pas caché ses sentiments le jour même de l'expérimentation, en cherchant à opposer la pratique des militaires de terrain — qui considèrent que l'initiative est peu sérieuse — aux élucubrations des hommes de cabinet : « On travaille en profondeur. On ne cherche pas à faire de l'esbroufe. On se méfie des bravades ou des discussions théoriques ou passionnées des bureaux parisiens [9]. »

De fait, les thèses de Bertrand de Montaudoin et de Georges Fricaud-Chagnaud, sans être irrémédiablement inconciliables, sont tout de même très éloignées : chaud partisan des blindés, le patron du 1er corps d'armée ne conçoit l'emploi des hélicos — toujours à moins de 300 kilomètres de leur point de départ — que comme un palliatif provisoire à la lourdeur de l'arme blindée. Si, à ses yeux, les hélicoptères doivent tenir leur position face à l'ennemi, c'est pour attendre l'arrivée de blindés légers qui formeront un « cordon ombilical » avec les chars lourds qui pourront ensuite parvenir à ce qu'il ne conçoit pas autrement que comme un « front ». L'opposition aussi clairement affichée sera pourtant vaine. Car du côté des partisans de la Force d'action rapide et de sa division aéromobile, c'est-à-dire du pouvoir et du parti socialiste, si le camp n'est pas vraiment nombreux, il est puissant.

Georges Fricaud-Chagnaud, dont les états de service sous toutes les latitudes sont suffisamment éloquents pour empêcher toute attaque *ad hominem* contre lui, compte en particulier deux défenseurs dont le rôle sera décisif pour faire surmonter tous les obstacles à la réforme de l'armée de terre : François Cailleteau, contrôleur des armées et proche du ministre — il est

9. Jacques ISNARD, « Un embryon de force héliportée antichars est expérimenté dans l'est de la France », *Le Monde*, 9 juin 1983.

LA FORCE D'ACTION RAPIDE

La Force d'action rapide, dont le quartier général est situé à Saint-Germain-en-Laye, est composée de la 4e division aéromobile (Nancy), la 6e division légère blindée (Nîmes), la 9e division d'infanterie de marine (Nantes), la 11e division parachutiste (Toulouse), la 27e division alpine (Grenoble). Elle compte au total 47 000 hommes, 240 hélicoptères de combat, 216 blindés, 200 tubes d'artillerie, 5 000 armes antichars. Elle est spécialisée dans les interventions rapides outre-mer et en Europe. Elle peut en principe effectuer 600 kilomètres par jour par ses propres moyens, pour mener des actions rapides et très mobiles par terre ou par air, éventuellement sur des terrains difficiles, et est apte « aux engagements brutaux, mais brefs et fugitifs, suivis d'esquives soudaines* », selon le général Préaud qui l'a commandée jusqu'à l'été 1990.

* Général Henri PRÉAUD, « La force d'action rapide », *Les Cahiers de Mars*, n° 120, 1989.

conseiller technique au cabinet pour les questions de personnel — avait été sous les ordres du général lorsqu'il était lui-même lieutenant méhariste dans le désert saharien. Des liens s'étaient créés, qui se révélèrent fort utiles pour faire avancer les dossiers lorsque le jeune officier sera devenu un homme influent. Il en va de même pour Jean-François Dubos : longtemps avant de devenir le plus proche conseiller de Charles Hernu après avoir été son attaché parlementaire, il avait fait son service militaire dans le régiment commandé alors par Fricaud-Chagnaud, le 2e RIMA, au Mans. Le colonel avait apprécié ce « deuxième classe pas con » et lui avait confié l'alphabétisation des jeunes recrues. Quelques années plus tard, ses deux anciens subalternes sont aux commandes et croient en la valeur de son idée.

Le général chauve n'aurait pas gagné contre ses pairs s'il n'avait bénéficié de ce soutien considérable du ministre et de son cabinet. La puissance de l'état-major avait été vaincue grâce à la conjonction d'une véritable idée d'innovation militaire et d'une volonté politique forte décidée à la faire appliquer rapidement. La création de la force d'action rapide (cf. encadré), ajoutée à la réorganisation de l'armée de terre qui apparaissait indispensable et contribuait à rendre l'ensemble plus cohérent, provoqua cependant un tel désaccord au sommet de la hiérarchie de l'armée de terre que les relations entre le général Delaunay et Charles Hernu dégénérèrent rapidement, au point qu'un témoin se souvient de cette scène étonnante du printemps 1983, au cours de laquelle « le ministre, excédé par les exigences du général, le mit à la porte de son bureau. Il claqua la porte si violemment derrière lui que des moulures dorées sont tombées. Je crois que s'il avait pu lui mettre un coup de pied au cul, il l'aurait fait ! » Logiquement, Jean Delaunay démissionna le 1er avril 1983.

Les affres d'« Armées 2000 »

Les structures de l'armée de terre, lentement rénovées, doivent être encore une fois adaptées aux évolutions stratégiques et à celles de la société en général. Lorsque Jean-Pierre Chevènement arrive au ministère de la Défense en 1988, c'est ce que lui font très vite savoir les collaborateurs qu'il a choisis. Au sein de son cabinet, moins de six mois après son entrée à l'hôtel de Brienne, le ministre compte de très chauds partisans d'une réforme de l'armée de terre. Avant que le ministre soit mis lui-même au courant, ils ont été convaincus par les responsables du contrôle général des armées, l'un des lieux de pouvoir du ministère, et singulièrement par le chef de la section du contrôle général des forces, Guy Rousseau. Les promoteurs de l'évolution expliquent dans un document de travail de décembre 1988 que leur idée-force consiste à transformer complètement les modes organisationnels de l'armée de terre par deux moyens : la valorisation des fonctions opérationnelles et la fin de la sujétion des « services » au commandement.

En clair, les réformateurs voulaient en finir avec l'organisation de l'armée de terre mise sur pied en 1976 par son chef

LE PLAN « ARMÉES 2000 »

LES ANCIENNES RÉGIONS MILITAIRES

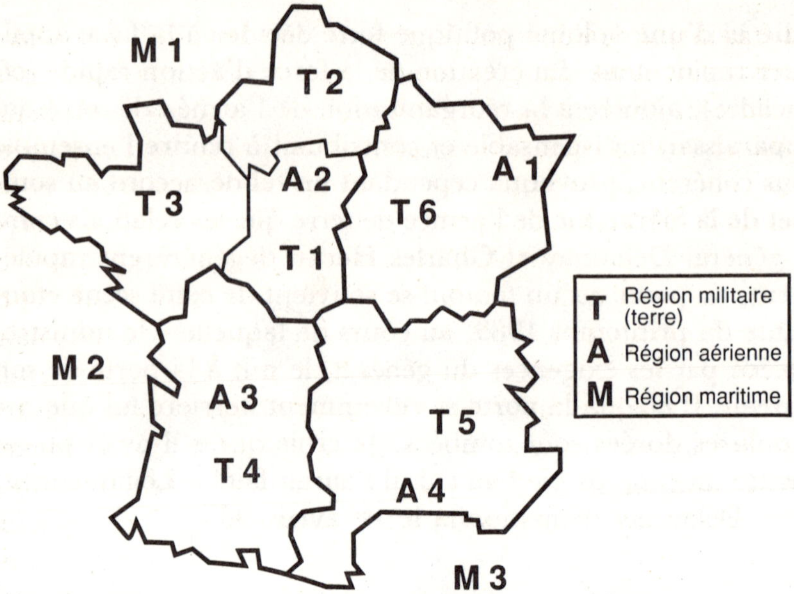

LA NOUVELLE ORGANISATION TERRITORIALE

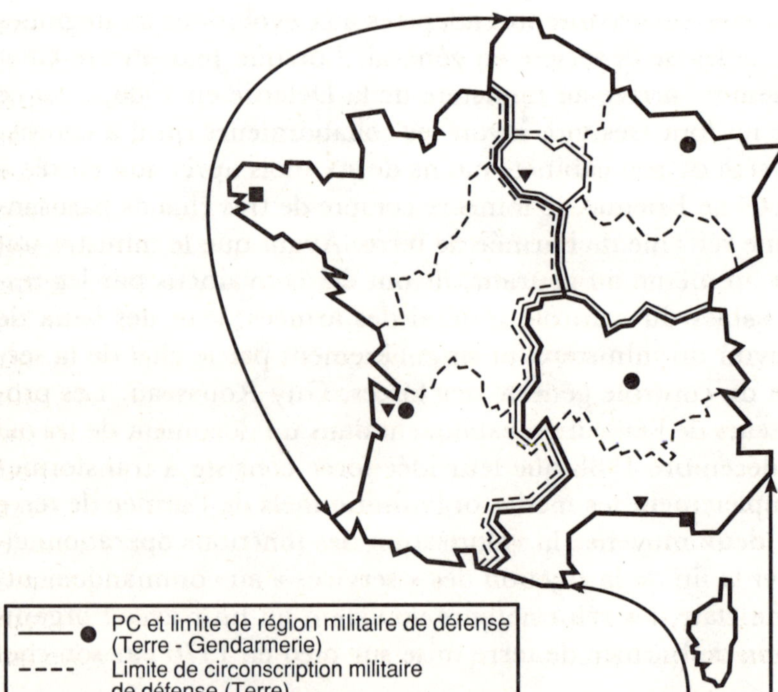

d'état-major de l'époque, le général Jean Lagarde. Jusqu'alors existaient, d'un côté, les régions territoriales chargées essentiellement de la mobilisation, des relations publiques, de la discipline et de l'entretien des infrastructures ; de l'autre côté, l'organisation opérationnelle autour des corps d'armée et des divisions — à ses chefs la planification, l'instruction des recrues et l'« emploi », c'est-à-dire la guerre. Jean Lagarde avait eu l'idée de « fusionner » ces deux modes d'organisation, et de placer sous les ordres du même chef — quand les lieux coïncidaient — les corps d'armée et les régions militaires d'une part, les divisions opérationnelles et les divisions militaires territoriales (ces dernières calquées sur les régions économiques) de l'autre. Le système « nécessitait » un nombre de chefs important, dont six généraux à quatre étoiles pour les régions militaires, trois pour les corps d'armée et plus tard un pour la Force d'action rapide ; vingt-deux généraux à deux ou trois étoiles pour les divisions militaires territoriales éventuellement jointes à des divisions opérationnelles, de nombreux adjoints, etc.

Le nouveau système consistait à ne plus disposer en France que de trois grandes régions — les mêmes pour l'armée de terre, la marine, l'armée de l'air et la gendarmerie — et de dix « circonscriptions de défense (cf. carte) ». Et à faire passer la quasi-totalité des responsabilités des « territoriaux » aux opérationnels. Autre idée-force du programme : supprimer l'autorité des états-majors sur les services (santé, matériel, essences, etc.), et ne plus les faire dépendre sur le terrain que de leurs chefs parisiens. L'armée de l'air et la marine n'ont pas été enchantées par ce programme, qui ne les touchait que fort peu, et qu'elles ont donc assez rapidement jugé plus gênant qu'utile. Dans l'armée de terre en revanche, dès que les premières ébauches du projet ont été connues, les oppositions ont commencé à se manifester. Sans ambiguïté. Le seul problème pour la hiérarchie « terrienne », c'est que les principaux moteurs de la réforme la prirent de cours en présentant très vite l'idée au ministre. Et en obtenant très rapidement qu'il prenne fait et cause pour elle, en la reprenant entièrement à son compte, et en en faisant une affaire personnelle.

Coup de tonnerre dans un ciel d'azur

Pendant six mois, entre décembre 1988 et juin 1989, des groupes de travail se réunissent au cabinet du ministre pour peaufiner le plan qui deviendra *Armées 2000*. Parmi les participants, l'amiral Jacques Lanxade, chef du cabinet militaire du ministre, le colonel Raymond Germanos, son adjoint, le contrôleur général Yvon Jouan, chef de cabinet, le général Henri Paris, délégué aux études générales, quelques collaborateurs civils de Chevènement, des représentants du contrôle général et des états-majors, etc. Les réunions ne font l'objet d'aucune publicité, l'ambiance est celle des veilles de révolution. Un participant raconte : « Ce qui a changé dans la préparation de cette affaire par rapport au bordel régnant depuis vingt-cinq ans dans l'armée française, c'est qu'on n'a pas commencé par réunir les chefs d'état-major, qui auraient eux-mêmes réuni deux cents types qui auraient mis tout le monde au courant. Une demi-douzaine de personnes au plus ont été consultées, dont les grands chefs, et le tout s'est passé dans une discrétion remarquable. On rendait compte directement au ministre, qui donnait ses directives. »

Le 20 juin 1989 à 10 heures, le ministre réunit tous les chefs militaires français dans la salle Kœnig du ministère de la Défense. Stupéfaction dans les rangs. Chevènement y dévoile les grandes lignes de son programme : suppression d'un état-major de corps d'armée à Metz, déplacement vers cette ville de l'état-major de la 1re armée de Strasbourg, qui devient dès le temps de paix l'autorité opérationnelle des deux corps d'armée restant : celui de Lille (3e corps d'armée rebaptisé corps d'armée de France en juillet 1990) et celui de Baden-Baden (2e corps d'armée). Vingt-trois états majors sont supprimés, la coopération interarmées renforcée, les services délivrés d'une tutelle pesante, etc. L'après-midi du 20 juin,

Jean-Pierre Chevènement présente son plan aux députés de la commission de la Défense. Au fil des semaines les militaires apprennent quelles sont les villes qui perdront des régiments (Metz, Strasbourg, Verdun, Évreux, Rouen, Lunéville, Barcelonnette, Perpignan, La Braconne, Angoulême, Mulhouse, Albi). Et quelques semaines plus tard, le 26 juillet, il fait entériner le projet par le Conseil des ministres. Au plan tactique, l'opération était superbe. Restait à la gérer...

Pour les petites mains d'Armées 2000, tous ces artisans qui mirent le projet sur pied, les résistances de l'armée de terre ont paru inadmissibles, il ne fallait pas traîner bien longtemps dans les couloirs pour entendre qualifier tel grand général de « militant actif de la non-réforme », ou le ministre lui-même, dans la bouche des adversaires du projet, de « réformateur d'opérette ». Les oppositions au sein de l'armée de terre ne sont pas allées jusqu'à provoquer un vrai clash entre ses chefs et le ministre. Mais c'est parce que ce dernier et ses collaborateurs ont pris quelques précautions élémentaires. C'est ainsi qu'ils ont choisi de ne pas supprimer à cette occasion de postes d'officiers généraux, ce que souhaitaient certains conseillers : « Il ne fallait pas affronter l'institution, qui aurait alors fait un blocage tel qu'on n'aurait rien pu en tirer. Si on avait supprimé seulement dix postes, le chef d'état-major aurait rendu son képi. On ne peut tout de même pas noyer le fonds de commerce ! »

Plus de considération, moins de réformes

Rancœurs nouvelles, malentendus, procès d'intention. A l'état-major de l'armée de terre, où le général Gilbert Forray ne passe pas pour un rénovateur forcené, on aurait tendance à penser que l'inquiétude face au désarmement de professionnels qui risquent d'y perdre leur emploi aurait dû faire l'objet de davantage d'égards. Aux yeux de la haute hiérarchie de l'armée de terre, il est parfaitement clair que par les temps qui courent les troupes auraient eu besoin d'une considération nationale meilleure, davantage que de douloureuses réformes. Pour cet officier général très au fait du dossier : « On a l'air de nous reprocher d'exister. A l'extérieur, certains paraissent souffrir de ce que notre mécanique tourne bien, avec des gens disponibles 24 heures sur 24. » Toujours est-il que c'est sous la contrainte que l'état-major s'est lancé dans Armées 2000 en traînant les pieds. Fureur des réformateurs : « L'armée de terre a fait de la confusion mentale, elle n'a pas fait d'effort pour comprendre la philosophie de ce projet. Ils ont refusé de monter une task-force novatrice et mobilisée sur le sujet, en nommant sur cette question deux ou trois jeunes généraux brillants. Cela aurait pourtant mieux valu que de tordre les directives. »

A l'été 1990, alors que la réforme se mettait en place autour de l'état-major de Lyon, les oppositions étaient loin d'être vaincues et les freins ne desserraient pas leurs mâchoires, malgré une accélération soudaine donnée par le ministre en juin. Mais Chevènement et ses proches collaborateurs, renforcés par quelques jeunes officiers partisans de la réforme, étaient bien décidés à ce que ce projet avance, réticences ou pas réticences, et à passer au-dessus des blocages. Car on aura remarqué qu'aucun chef militaire français n'a pris publiquement position, avec fermeté, en faveur d'Armées 2000. Et si les généraux avaient encore un véritable pouvoir en France, il est certain que leur résistance aurait vaincu un plan de modernisation pourtant élémentaire. L'avenir dira quel sort sera réservé à cette initiative qui aura pris de front, comme la Force d'action rapide lors de sa création, une institution conservatrice que l'immobilisme organisationnel rassure. Car il se pourrait fort bien que finalement l'ensemble de la réorganisation passe comme une lettre à la poste, en rejetant aux oubliettes les frayeurs antérieures.

II

Doctrines et armements

8

Un désarmement traumatisant

1990 : le monde change. L'histoire s'écrit en direct sous nos yeux. Des équilibres à demi centenaires se sont effondrés avec le Mur de Berlin tandis que la puissance unitaire du pacte de Varsovie n'est déjà plus qu'un souvenir. Pourtant, aux yeux des généraux français, rien ne bouge. Ou si peu... Leurs références demeurent bien souvent celles de mise à l'heure du brejnévisme triomphant, qui avaient entraîné Charles Hernu à faire inscrire dans la loi de programmation militaire 1984-1988, et pour la première fois, que la menace militaire principale pesant sur la France était celle de l'Union soviétique. Certes ce ne sont pas, par principe, les généraux qui décident de la politique militaire de la France, donc des ressources à lui consacrer. Mais si le budget des armées de notre pays restait en 1989 et en 1990 pratiquement le seul — avec celui du Japon — à augmenter dans l'ensemble des pays développés, c'est bien pour une bonne part en raison de leur volonté de conserver l'intégrité de leurs moyens et de leurs effectifs.

Inéluctable révision à la baisse

S'arc-boutant sur leurs positions, défendant pied à pied leurs acquis et négociant au couteau la moindre perte d'influence ou le plus mince rééquilibrage de leurs aires de pouvoir, les généraux sont dans ce domaine des interlocuteurs intransigeants du pouvoir politique. Un haut personnage de l'État nous décrivait ainsi en février 1990 la réaction de l'un des principaux militaires français, devant lequel il évoquait l'inéluctable révision à la baisse du « format » de l'armée de terre : « Je lui ai dit qu'il était impossible de l'envisager rapidement, de manière unilatérale et sans précaution majeure. Je lui ai dit qu'il n'était question ni de désespérer ni d'humilier l'armée, qu'il n'y aurait aucune raison pour le faire. Mais comme à chaque fois que j'ai parlé de ces questions avec lui, j'ai vu aussitôt ses yeux devenir vitreux. Il n'y a pas moyen de discuter... »

Même s'il n'est plus question qu'ils contestent d'une façon sérieuse le pouvoir républicain ou la légitimité de ceux qui l'incarnent, un vrai affrontement sur la politique de défense entre le pouvoir et les militaires ne serait pas sans risque, tant leurs leviers sur l'opinion sont nombreux et puissants. L'armée de terre demeure enracinée en France par les impressionnantes radicelles que constituent plus de mille emprises territoriales : chaque velléité de rationalisation fait immanquablement se lever la foule des défenseurs des intérêts locaux et de leurs relais, les élus.

Par ailleurs, les différents états-majors savent se mobiliser non seulement contre les coupes budgétaires, mais aussi pour imposer aux gouvernants de leur donner satisfaction *à tous*. C'est ainsi qu'on arrive à des situations telles que celle de la loi de programmation militaire 1986-1991, qui a décidé l'engagement de dépenses se montant à... 1 750 milliards de francs[1]. Si la loi ne porte effectivement que sur cinq ans, elle lance des programmes d'équipement dont les séries ne se termineront souvent que vingt ans plus tard. Mais, sauf à remettre en cause la décision du Parlement, reconduite dans ses grandes lignes lors du vote d'un nouveau texte en novembre 1989, la marine aura son porte-avions, ses sous-marins nucléaires et ses frégates, l'armée de l'air son Rafale et ses AWACS *(Airborne Warning and Control System)*, l'armée de terre son missile Hadès, son char Leclerc et son hélicoptère Tigre,

1. Jean GAULOIS (pseudonyme d'un officier général), *Notre défense en mal d'une politique*, Économica, Paris, 1988, p. 112.

etc. En juillet 1990, le Premier ministre a fait savoir que les crédits d'équipement des armées prévus pour l'année 1991, soit 109 milliards de francs, seraient amputés de six milliards de francs. Ces réductions ne devaient entraîner aucune suppression de programme, la nouvelle échéance étant déjà fixée à 1991, avec la rediscussion de la loi de programmation.

Ce n'est pas pour le plaisir qu'un gouvernement accepte ainsi de tirer des chèques en blanc sur l'avenir tout en sachant très bien qu'il sera impossible de payer tout ce qui a été promis. C'est en appliquant la formule : « Pourquoi décider aujourd'hui ce qui pourra l'être demain par d'autres ? » et pour éviter de s'offrir une énorme crise politique dont le budget militaire serait le centre, qu'en 1989 Matignon et l'Élysée ont choisi la voie provisoirement la plus tranquille. Il est excessif de prétendre, selon l'aphorisme du général Jacques de Barry que « l'armée est à la nation ce que le fer est au béton [2] » ; il n'en reste pas moins qu'un pouvoir hésite — donc recule — devant l'éventualité d'un conflit ouvert avec la corporation armée : derrière le nombre des milliards et des canons alloués, se trouvent aussi plusieurs centaines de milliers de fonctionnaires [3] dont l'emprise locale est généralement très forte.

Si leur productivité est difficilement quantifiable puisqu'elle n'est finalement sanctionnée que par les années de paix qu'elle a contribué à garantir, à peine écornées par quelques opérations extérieures, leur poids électoral est connu : outre les fonctionnaires civils et militaires de la Défense, 180 000 employés des industries d'armement contribuent à accroître le poids électoral direct de la corporation ; et si on y ajoute les familles, les retraités, voire les anciens combattants, le nombre des bulletins de vote devient suffisamment significatif pour que personne n'ose toucher à un tel potentiel de voix !

2. Citée par Jean MIALET et Jean SCHLUMBERGER, *Le Moral des troupes, 1962-1986*, Économica, Paris 1987, p. 250.

3. Le ministère de la Défense compte en 1990 300 993 fonctionnaires militaires et 129 601 fonctionnaires civils, auxquels s'ajoutent 248 654 appelés

Désarmement : la réflexion interdite

Réduire les effectifs militaires et les budgets d'armement dans les proportions que permet l'évolution de la situation internationale aurait sans conteste des conséquences économiques et politiques considérables, tant au plan national que local. On comprend que le pouvoir hésite à prendre de tels risques, mais est-ce une raison suffisante pour l'admettre sans débat ? Et cela justifie-t-il que les principaux intéressés, à savoir les militaires eux-mêmes, se dispensent de toute réflexion publique dans ce domaine ? Toujours est-il que la production spécialisée sur les enjeux du désarmement est d'une indigence rare, et que celle accessible au citoyen passionné par le sujet est pratiquement univoque — il ne s'agit en général que de variations sur la doctrine officielle — et sans la moindre audace conceptuelle.

A vrai dire, les réflexions des professionnels sur les conséquences militaires de la disparition du rideau de fer ne sont pas interdites au sens strict du terme. Dans les écoles de guerre ou au Centre des hautes études militaires, mais également au Secrétariat général de la défense nationale, ils produisent des textes et des documents de niveau inégal mais souvent suffisant pour être communiqué à un public relativement large, une fois expurgés de leurs rarissimes secrets. De plus, tous les gouvernements sont particulièrement chatouilleux en la matière, et n'entendent pas voir « leurs » militaires se mettre à réfléchir dans tous les sens. Il aurait ainsi été impensable, s'ils en avaient demandé la permission *urbi et orbi*, que les stagiaires de l'École supérieure de guerre de l'armée de terre obtiennent de réaliser l'étude ultra-secrète sur laquelle ils avaient commencé à plancher au début de 1990 : à la demande de l'état-major mais à l'insu du Quai d'Orsay, ils se sont enquis dans la quasi-clandestinité des moyens techniques de contournement des accords de désarmement conventionnel négociés simultanément à Vienne ! Mais force est de constater que d'autres productions plus accessibles ne sont privées de l'imprimatur de la hiérarchie qu'en raison de leur apparente audace.

La déception des intéressés, qui se refusent pourtant à braver la discipline en autorisant la publication de leur production, est alors immense. C'est ainsi qu'en 1990 l'état-major de l'armée de terre a refusé aux stagiaires la publication de plusieurs textes d'analyse sur la dissuasion nucléaire, arguant qu'ils étaient trop éloignés des positions officielles. Si de telles interdictions de publication sont destinées à fusiller toute volonté de recherche non conformiste, dans la mesure où elle est mauvaise pour l'avancement, le but est atteint. Mais la discipline et la loyauté vis-à-vis des institutions de la République pourraient s'accommoder des réflexions de penseurs militaires ; car, pour adhérer à une doctrine, il convient de la soumettre incessamment au feu roulant de la critique, sauf à prétendre que les fondements de la politique de défense française sont intangibles et éternels. Ce qui serait pour le moins hasardeux par les temps qui courent !

En interdisant une expression libre d'officiers en service, on accrédite *ipso facto* l'idée que s'ils ne communiquent pas, c'est qu'ils n'ont rien à dire, donc qu'ils ne pensent pas. Du point de vue des chefs d'état-major, pourtant, cette observation n'a pas lieu d'être : la hiérarchie étant ce qu'elle est, les chefs estiment que si quelqu'un a quelque chose à dire dans les armées, ce ne peut être qu'eux. C'est ainsi depuis des générations, et cela ne risque pas de changer de sitôt. Mais ce que fait l'état-major, le pouvoir politique pourrait le défaire... Eh bien, non ! Un ministre de l'Éducation nationale peut avoir des débats avec ses fonctionnaires sur la politique d'enseignement, un ministre de l'Intérieur peut discuter avec les policiers et leurs représentants sur la politique de sécurité. Mais tous les ministres de la Défense de la Ve République ont refusé que la moindre discussion d'envergure se déroule dans les armées.

Au printemps de 1990, Jean-Pierre Chevènement, sans doute subitement conscient de l'archaïsme de cette situation dans le contexte actuel, a demandé au contrôleur général des armées François Cailleteau de lui présenter des propositions pour que les possibilités d'expression des militaires soient améliorées. Il était temps, mais il faudra attendre le résultat de ces réflexions pour juger de leur efficacité éventuelle ! Résultat : il arrive encore que des textes, produits en principe « librement » pour la revue officielle *Armées d'aujourd'hui*, s'en aillent directement à la poubelle pour la simple et bonne raison qu'ils n'ont pas eu l'heur de plaire à tel ou tel membre du cabinet ministériel.

Antoine Sanguinetti, qui sait ce que peut coûter la liberté d'expression et ne manque pas de bon sens, a beau penser que « le meilleur moyen de connaître le point de vue des officiers, c'est de les laisser écrire », il prêche pour l'océan. On n'en est pas encore au point — on en est même très loin — où il faudra qu'un officier — à l'instar des scientifiques, et tant qu'il ne peut pas prouver au combat ses qualités de guerrier — ait fait en les publiant la preuve de l'originalité de ses conceptions et de la qualité de ses recherches pour arriver au sommet. Tant que durera la situation actuelle, l'amère formule de ce général d'active restera valable : « Pour briller, il faut commencer par s'éteindre et attendre d'être récompensé dans la personne de ses chefs. » On continuera donc longtemps encore à lire dans les journaux d'information générale des textes publiés sous la protection un peu honteuse de l'anonymat ou du pseudonyme, qu'il s'agisse de ceux émanant des gendarmes de base ou, parfois, de hautes autorités militaires...

L'état-major des armées : surtout, ne pas choisir !

Les négociations sur la maîtrise des armements auraient pu constituer un moment opportun pour la remise en forme des armées françaises, leur adaptation au monde tel qu'il devient, leur éventuelle « musculation » pour mieux les adapter à la réalité des menaces pesant sur la France et sur les pays qu'elle s'est engagée à soutenir. Rien de tout cela ne s'est produit. L'une des raisons de cet état de fait réside sans aucun doute dans l'attitude du chef des armées, François Mitterrand : il semble pris dans ce domaine d'une sorte de paralysie, dont l'adhésion tardive mais totale et apparemment non révisable au dogme stratégique gaullien ne constitue que l'un des aspects. Nourri de son expérience politique sous trois républiques, il craint comme la peste les effets néfastes d'une éventuelle fièvre dans l'armée, et considère que rien ne presse. Il sera toujours temps — estime-t-il — de mesurer à leur juste valeur les effets des négociations de Vienne sur les forces et les effectifs des supergrands, avant de décider quelles seront les conséquences de ce nouvel état de fait pour les forces armées françaises. Cette position a pour conséquence directe de retarder les adaptations nécessaires : Vienne ou pas, les évolutions en Europe en général et en Allemagne en particulier imposent que des réflexions soient enfin lancées et que l'ensemble des forces du pays y participe. Pleines d'analyses, de débats, de prises de position d'intellectuels, de diplomates, d'hommes politiques, de militaires aussi, les pages des grands journaux anglo-saxons montrent dans ce domaine à quel point la France est en retard !

Le débat serait cependant facilité dans notre pays si les hiérarques militaires eux-mêmes mettaient un peu les mains à la pâte, au lieu de se les laver systématiquement au moment des décisions et des choix. L'absence de rôle effectif de l'état-major des armées, dirigé successivement depuis 1981 par les généraux Jeannou Lacaze, Jean Saulnier et Maurice Schmitt, se fait cruellement sentir au début des années quatre-vingt-dix. Institué dans sa forme actuelle depuis le 18 juillet 1962, l'état-major des armées dirigé par le CEMA (chef d'état-major des armées) est une instance essentielle, dont le titulaire — au sommet de la hiérarchie militaire française — est « le conseiller militaire du gouvernement ». Le *Livre blanc* de 1972 est particulièrement clair à cet égard, qui précise qu'« il est apparu judicieux d'affirmer la responsabilité sans partage du CEMA dans le domaine de l'emploi et sa prééminence dans celui des choix interarmées ». Dans le but, justement, de renforcer le CEMA dans son rôle de conseiller, donc d'arbitre entre les différents chefs d'état-major, un décret de 1982 est encore venu accroître son autorité pour assurer la coordination des propositions faites au ministre par le délégué général pour l'armement et le secrétaire général pour l'administration dans le domaine de la programmation[4].

Ne pas inquiéter l'institution militaire

Cet officier général, intime connaisseur du fonctionnement de l'état-major des armées, porte sur celui-ci un jugement sévère : « Le général Guy Méry, en 1975, avait obtenu que l'état-major des armées ne traite plus seulement des questions relatives au nucléaire et à l'emploi des forces, mais qu'il prenne également la responsabilité de la programmation militaire. C'est un échec : progressivement, l'EMA a été investi par toutes les armées, qui n'ont délégué des officiers que pour se neutraliser les uns les autres. Désormais, l'état-major des armées ne prend que des décisions collégiales et il est impensable qu'il fasse des choix. Le CEMA ne peut pas tenir son rôle de responsable de la programmation. Et bien sûr son poids dans les armées baisse, puisque ses propositions ne sont pas suivies. » Ce conseiller technique d'un récent ministre de la Défense, chargé justement de préparer les décisions budgétaires, confirme : « J'ai été très frappé par l'absence de synthèse et de choix à l'intérieur des armées. Le CEMA est surtout opérationnel et n'a pas d'autorité en temps de paix sur les états-majors, ne peut pas faire jouer ses pouvoirs d'arbitrage. Certains des militaires, les meilleurs, sont pourtant capables de dépasser la propre défense de leur état-major pour s'intégrer dans un ensemble et répartir les arbitrages douloureux. Le désintéressement est toutefois relatif : un sous-marinier ne sera en général pas gêné de voir qu'on veut supprimer un porte-avions. Et un légionnaire se bat l'œil de l'avenir du char Leclerc ou des forces françaises en Allemagne. »

4. Claude CARRÉ, *Histoire du ministère de la Défense*, Service historique de l'armée de terre, 1988, non publié, p. 230.

Le résultat pervers de cet état de fait, c'est que le décideur ultime, à savoir François Mitterrand, a finalement pris la décison de ne rien changer des prévisions d'acquisition de matériel. Dans sa conférence de presse du 18 mai 1989, il a pris l'engagement de ne toucher à aucun programme majeur et, de fait, chacun a eu ce qu'il demandait. Seule concession aux impératifs budgétaires nationaux : la progression des budgets affectés à l'équipement des armées ne sera plus de 6 % annuels, comme prévu initialement, mais de 4 %. Conséquence : des programmes ont été « étalés », c'est-à-dire que leur fabrication durera quelques années de plus que ne l'exigent les contraintes techniques. La facture annuelle est ainsi réduite, même si, au final, chaque matériel coûte nettement plus cher. Cette situation est vue lucidement à l'Élysée, où l'on admet qu'à propos de cette loi de programmation « des choix étaient faisables. En termes de défense, le président était volontiers prêt à en faire moins. C'est politiquement et par rapport à l'institution qu'on a estimé qu'il n'y avait pas grand-chose d'autre de possible que la décision finalement prise ».

Chaque matériel coûtant aujourd'hui des milliards, voire des dizaines de milliards de francs, et l'expertise gouvernementale étant dans ce domaine particulièrement difficile tant la pression des différents lobbies industriels et militaires est forte, la nécessité de choix préalables à la décision politique se fait donc de plus en plus cruellement sentir. Mais les gouvernants ont très souvent le sentiment d'avoir face à eux des chefs d'état-major qui ne se mettent d'accord que pour chercher à obtenir la satisfaction collective de leurs exigences particulières. Dans une conjoncture internationale aussi évolutive, ces positions deviennent moins tenables chaque jour, et certains responsables politiques s'en préoccupent. Le 1er juin 1990 à l'École nationale des sous-officiers d'active de Saint-Maixent, le Premier ministre Michel Rocard s'en prenait explicitement à cet état de fait en lançant aux responsables militaires : « Dans le nouveau contexte européen d'un équilibre à des niveaux inférieurs d'armement, il nous faudra sans doute faire certains choix. Il vous appartiendra d'éclairer les responsables de ce pays sur ce qu'ils doivent être. Je tiens à ce que les efforts consentis le soient à partir de principes directeurs mûrement réfléchis. L'armée de terre, indispensable à notre défense aujourd'hui, le restera demain. L'avenir est incertain : votre détermination et votre réalisme contribueront à le façonner. »

Ce ne sont pas les chefs militaires qui répondirent, non que l'envie leur en ait manqué, mais le ministre Jean-Pierre Chevènement. Quelques jours plus tard, il renvoyait l'ascenseur à Michel Rocard, assez sèchement à vrai dire, en invitant ce dernier à procéder lui-même aux choix qu'il juge indispensables entre les grands programmes, ceux qui coûtent le plus cher : « Il faut avoir l'honnêteté de dire à quel programme on veut renoncer. Est-ce au porte-avions, au char, au Rafale, à l'hélicoptère de combat qui doit sortir en 1997 [5] ? » Quelques jours plus tard, il remet le couvert : « Que ceux qui veulent faire des coupes plus sévères dans le budget d'équipement acceptent de dire quels systèmes d'armes ils veulent supprimer parmi tous ceux qui ont été lancés par mes prédécesseurs [6]. »

L'histoire bégaie

Sourde inquiétude sur l'avenir. Crispation palpable. Incapacité à anticiper des évolutions déjà perceptibles et à en avertir les troupes : l'attitude actuelle de l'armée vis-à-vis des perspectives de désarmement et de bouleversement des paysages stratégiques n'est pas sans analogies avec celle qui fut la sienne lors de l'apparition de l'arme atomique française. C'est le 3 novembre 1959 que Charles de Gaulle fait la première allusion, lors d'un discours à l'École de guerre, au fait que la France va se doter de l'arme atomique : « Il faut, évidemment, que nous sachions nous pourvoir, au cours de pro-

5. *Forum RMC/Libération*, 8 juillet 1990.
6. *Le Monde*, 13 juillet 1990.

chaines années, d'une force capable d'agir pour notre compte, de ce qu'on est convenu d'appeler une ‘‘force de frappe'' susceptible de se déployer à tout moment et n'importe où. Il va de soi que la base de cette force sera un armement atomique — que nous le fabriquions ou que nous l'achetions — mais qui doit nous appartenir. Et, puisqu'on peut détruire la France, éventuellement, à partir de n'importe quel point du monde, il faut que notre force soit faite pour agir où que ce soit sur la terre[7]. » Ses auditeurs n'imaginaient pas que cette annonce, précédant de quatre mois l'explosion de la première bombe atomique française à Reggane le 13 février 1960, contenait également en germe la décision de la France de quitter le commandement intégré de l'OTAN en 1966.

Quand de Gaulle vient lui parler de l'avenir de la force nucléaire, l'École de guerre est bien davantage préoccupée du conflit qui se déroule de l'autre côté de la Méditerranée, et de disserter avidement à partir des cours que sont venus leur faire quelques stratèges fameux, qui professent également à Saint-Cyr : parmi eux les colonels Antoine Argoud et Charles Lacheroy qui rejoindront quelques mois plus tard les rangs de l'OAS. Ces derniers sont les maîtres à penser d'une théorie nouvelle, celle de la « guerre révolutionnaire » : elle est issue de leur expérience désastreuse de la guerre d'Indochine, qui a vu la défaite de l'armée française face à des maquis vietnamiens insérés dans la population et encadrés par un parti communiste aux objectifs parfaitement définis. Ils considèrent que le succès d'une armée doit être politique avant d'être militaire, et passe par « l'action psychologique » dont les forces françaises mettront en application les principes lors du conflit algérien : « Le but à atteindre a été établi : détruire l'organisation politico-militaire rebelle qui assure le contrôle révolutionnaire sur tout ou partie de la population. Pour y parvenir et pour assurer son succès, il faut substituer notre infrastructure à celle de l'ennemi. Un tel résultat ne peut évidemment être obtenu

7. In Dominique DAVID, *La Politique de défense, textes et documents*, Fondation pour les études de défense nationale, Paris, 1989.

que par la collaboration intime de tous, fonctionnaires, policiers, notabilités locales, militaires. Même dans les régions encore calmes (apparemment) du territoire, il faut empêcher l'adversaire d'y mettre son organisation en place, et il n'est possible d'y parvenir qu'en implantant des effectifs préventifs et en travaillant en commun [8]. »

Lorsque des officiers nourris de cette doctrine à laquelle adhère la quasi-totalité de l'armée française, et pour lesquels l'armement atomique est encore une réalité lointaine dont les exercices tactiques évoquent l'utilisation par des mains américaines, entendent un Charles de Gaulle leur parler d'une réalité nouvelle et leur demander d'« avoir le courage de la regarder en face » car elle sera, « dans le domaine de la défense, notre grande œuvre pendant les années qui viennent », leur univers vacille. Rares cependant sont ceux qui pressentent l'ampleur des bouleversements à venir : l'armée de l'air — première à être dotée de la bombe — a d'abord cru qu'elle servirait à mener des raids stratégiques plus efficaces que ceux des forteresses volantes de la Seconde Guerre mondiale. L'armée de terre, avant de se rendre compte que l'accès à l'armement atomique conditionne celui aux crédits et à la considération, mettra des années avant de réclamer d'avoir elle aussi son arme atomique, qui sera le Pluton.

Très vite, les militaires s'aperçoivent que la principale conséquence directe de cette révolution sera, cumulée avec la fin de la guerre d'Algérie, une diminution considérable de leurs effectifs. De 1,15 million en 1957, les forces armées passent, sous la direction intransigeante du ministre Pierre Messmer, à 657 000 hommes en 1964. L'armée de terre prend la plus grande part des réductions en voyant, conséquence logique de la fin de la guerre d'Algérie, son volume diminuer de plus de la moitié dans la même période : elle chute de 830 000 hommes à 330 000... Mais de la même manière qu'aujourd'hui l'état-major de l'armée de terre pense que le

8. Jacques HOGARD, « Le soldat dans la guerre révolutionnaire », *Revue de défense nationale*, février 1957, p. 214-215.

désarmement ne doit pas avoir de conséquence significative sur ses effectifs, ses matériels ou sa dimension, les prédécesseurs des actuels généraux tentèrent de fléchir de Gaulle et d'obtenir qu'il avalise leur « plan à long terme » prévoyant, à l'issue de la guerre d'Algérie, une armée de temps de paix de 700 000 hommes. Peine perdue...

La totale incompréhension qui s'installa à l'époque entre l'armée, dont plusieurs responsables démissionnèrent, et le chef pourtant issu de ses rangs est venue pour l'essentiel, et dans ce domaine comme dans tant d'autres, d'un déficit de dialogue provoqué par un supplément de mépris : « Pour les militaires qui avaient déjà fait tant de galipettes les années précédentes, c'était dur. Certains étaient pourtant d'accord, mais de Gaulle a violé les gens, ne leur a pas demandé leur avis, n'a pas procédé à la moindre consultation, n'a rien expliqué » regrette encore, trente ans plus tard, le général Maurice Prestat, pourtant acquis très vite à la politique de la dissuasion avant de contribuer largement à la faire populariser.

Naissance de la doctrine

C'est longtemps après le lancement de la force de frappe que seront mises en place — au ministère de la Défense — les structures de réflexion destinées à alimenter le corps de doctrine français, d'où émergeront les principes de la dissuasion dite « du faible au fort », qu'on pourrait résumer assez simplement par la formule : « Si tu me mets un doigt dans l'œil, je t'éclate la tête. » Comme toujours, et apparemment à l'inverse de toute logique, l'irruption de nouvelles armes dans la panoplie guerrière est encore une fois intervenue avant que leur doctrine d'emploi soit mise au point par les stratèges. Au socialiste Guy Mollet la décision politique de lancer effectivement la fabrication de l'arme nucléaire française, à l'issue de la crise de Suez en 1956 qui a « achevé de le convertir[9] » à

9. Samy COHEN, « Les pères de la bombe atomique française », *L'Histoire*, n° 117, décembre 1988.

cette arme. Mais c'est à Charles de Gaulle qu'est revenue, à partir de 1958, la gestion des mesures prises par ses prédécesseurs de la IVe République ; à lui encore la présentation du cadre stratégique de son emploi : « Que notre force soit faite pour agir où que ce soit sur la terre » ; à lui toujours la décision de placer tous les pouvoirs d'ouverture du feu entre les mains présidentielles, marquant ainsi la naissance de la « monarchie nucléaire », selon l'heureuse formule de Samy Cohen [10], en même temps que la mise en mort clinique du pouvoir militaire véritable.

Ce n'est pas de l'institution militaire que sont venues les réflexions initiales sur l'emploi de l'arme atomique française. Le premier à se jeter à l'eau est un gaulliste historique, Léo Hamon [11], accompagné de Raymond Aron [12], du général Pierre-Marie Gallois [13] et du général André Beaufre [14]. Étonnant personnage que ce dernier, auquel Pierre Messmer avait proposé de devenir chef d'état-major des armées et qui avait répondu : « A certaines conditions. » Messmer lui ayant rétorqué qu'il ne voulait pas entendre parler de ces « conditions », les choses en étaient restées là et Beaufre était parti dans la réserve. Mais le ministre de la Défense qui ne voulait pas perdre le bénéfice d'une telle collaboration lui avait finalement demandé de monter un groupe de réflexion, où il s'entoura d'une nombreuse équipe qui lui permit de mettre au point dans le détail la stratégie de dissuasion.

C'est le 27 février 1964 que Pierre Messmer installe le Centre de prospective et d'évaluation du ministère de la Défense, qu'il ôte de l'influence trop forte des états-majors en l'atta-

---

10. Samy COHEN, *La Monarchie nucléaire*, Hachette, Paris, 1986.

11. Léo HAMON, *La Stratégie contre la guerre*, Grasset, Paris, 1966.

12. Raymond ARON, *Le Grand Débat, introduction à la stratégie atomique*, Calmann-Lévy, Paris, 1963 ; *Paix et guerre entre les nations*, Calmann-Lévy, Paris, 1962.

13. Pierre-Marie GALLOIS, *Stratégie de l'âge nucléaire*, Calmann-Lévy, Paris, 1960.

14. André BEAUFRE, *Introduction à la stratégie*, Armand Colin, Paris, 1963 ; *Dissuasion et stratégie*, Armand Colin, 1964 ; *Stratégie de l'action*, Armand Colin, Paris, 1966.

chant à son cabinet. Le premier patron du CPE sera l'ingénieur de l'armement Hugues de l'Estoile — aujourd'hui conseiller personnel de Serge Dassault — mais la cheville ouvrière est un colonel peu banal, le colonel Lucien Poirier ; son rôle sera essentiel dans la mise sur pied de la politique nucléaire française, le CPE pouvant grâce à lui « s'installer dans le vide de la pensée militaire officielle et donner un contenu, à la fois conceptuel et pratique, au cadre politico-stratégique tracé par le gouvernement ». Lucien Poirier, qui n'a jamais cessé depuis de réfléchir et de produire, reste l'un des grands penseurs militaires français. Et si ses livres [15] sont sans doute difficiles d'accès pour des non-spécialistes, il sait aussi trouver des mots limpides pour expliquer son adhésion à la politique de dissuasion : « La grande affaire qui m'a mobilisé et marqué, c'est l'opération de Suez en 1956, et la collusion implicite de Washington et de Moscou. Je suis de la génération des "plus jamais ça" : plus jamais la défaite de 40 et l'occupation du territoire. Plus jamais l'Indochine ni l'Algérie. Plus jamais Suez. Ma génération d'officiers n'a fait que recevoir des coups de pied au cul. Mais les traumatismes sont à l'origine de toutes les grandes écoles de pensée... »

Traditionnellement confié à un ingénieur de l'armement, le CPE fut successivement dirigé, après Hugues de l'Estoile, par François Di Pace, Paul-Ivan de Saint-Germain, Michel Delaye, Jean-Pierre Rabault et Henri Conze. Transformé en 1982 par Charles Hernu en Groupe d'études et de planification stratégiques, il fut dissous en septembre 1987 par le ministre de la Défense André Giraud et intégré à une structure pluridisciplinaire à vocation plus étendue, la Délégation aux études générales dirigée par l'ingénieur général Henri Conze. Jean-Pierre Chevènement rompit en 1988 une tradition vieille d'un quart de siècle en confiant la DEG à un général de l'armée de terre, Henri Paris. Spécialiste du monde soviétique et de longue date proche des socialistes, ce dernier — ami

15. Lucien POIRIER, *Des stratégies nucléaires*, Hachette, Paris, 1977 ; *Essais de stratégie théorique*, Fondation pour les études de défense nationale, Paris, 1983.

de Charles Hernu et de Jean-Pierre Chevènement — avait été le premier militaire choisi comme collaborateur par Pierre Mauroy, Premier ministre en mai 1981.

La plus contestée des armes nucléaires : le missile Hadès

480 kilomètres de portée. 90 kilotonnes, soit six fois la puissance de la bombe d'Hiroshima. Un nombre de véhicules lanceurs inférieur à vingt-cinq et portant deux missiles chacun. 14 milliards de francs pour l'étude, le développement et la fabrication des missiles. C'est en quatre chiffres tout le problème du missile nucléaire Hadès. Sa portée est insuffisante, dans pratiquement tous les cas de figure, pour atteindre le territoire de l'Union soviétique. En revanche, il peut tomber sur l'Allemagne ou sur tout autre pays de l'Est dont le sol serait foulé par les troupes menaçant les intérêts vitaux de la France. Sa puissance permet d'affirmer que la vitrification de la région sur laquelle il tomberait serait irrémédiable. En revanche, les unités militaires ne se trouvant pas à proximité immédiate du point d'impact ne seraient sans doute pas stoppées plus d'une journée : et ce, que la tête nucléaire emportée par l'engin privilégie les effets de chaleur et de souffle, comme à Hiroshima, ou dégage des flux de neutrons à haute énergie (bombe à neutrons) dont l'une des caractéristiques — schématiquement — est de tuer les hommes sans atteindre le matériel. Le troisième élément caractéristique du Hadès, c'est son mode de déploiement : des camions semi-remorques regroupés dans deux régiments et agissant de manière autonome, aux ordres directs du président. 14 milliards de francs, enfin : le prix de ce système d'arme dont les militaires disent depuis déjà plusieurs années qu'il ne servirait à rien de l'interrompre, puisque la majorité des crédits a déjà été dépensée ou engagée.

Officiellement, le Hadès — comme le missile air-sol de moyenne portée (ASMP) des Mirage 2000-N — est une arme « d'ultime avertissement ». C'est-à-dire qu'il serait utilisé pour délivrer une frappe nucléaire contre l'adversaire qui menacerait la France : si un tel tir nucléaire, qui viserait les concentrations de forces militaires ennemies, se révélait incapable de les stopper, alors la France lancerait des armes encore plus puissantes, encore plus nombreuses — portées par les sous-marins stratégiques lanceurs d'engins, les missiles du plateau d'Albion et les avions Mirage 4 — qui frapperaient cette fois des concentrations urbaines de l'Union soviétiques (la « frappe anticités ») afin de provoquer un nombre de morts sensiblement équivalent à celui de la population française tout entière. Telle est la théorie de la dissuasion « du faible au fort ».

Les plus considérables difficultés du Hadès qui entrera en service en 1992, comme d'ailleurs de son actuel prédécesseur le Pluton, viennent du fait qu'il n'a pas été mis en œuvre uniquement pour ses éventuelles qualités militaires. En réalité, tous les experts que nous avons consultés nous l'ont confirmé, ce type d'arme a été obtenu par l'armée de terre pour des raisons que l'on pourrait qualifier d'« extra-militaires » : elle refusait d'être la seule armée à ne pas disposer de l'armement nucléaire, générateur de crédits et de considération. Très régulièrement, avant 1981 et depuis, cette arme a été critiquée sévèrement par les socialistes. Tout aussi régulièrement elle a passé successivement tous les obstacles, survécu à chaque loi de programmation, surmonté l'hostilité de l'opinion publique allemande, et pour l'instant vaincu le processus de désarmement.

Hernu contre, Mitterrand pour

Le fait que le Hadès ait été imposé au pouvoir politique, pour des raisons autres que militaires, a été implicitement admis par celui-là même qui avait lancé le programme au début des années quatre-vingt : Charles Hernu. Dans une « contribution thématique » destinée à être discutée à l'occasion du congrès du Parti socialiste de Rennes du 15 au 18 mars 1990, et publiée quelques jours avant sa disparition le 17 janvier 1990, l'ancien ministre n'y est pas allé par quatre chemins : « La notion même de l'ultime avertissement mérite examen. Ne prétend-on pas qu'elle n'a été bâtie qu'*a posteriori* pour justifier l'attribution d'armes nucléaires à l'armée de terre ? Quoi qu'il en soit, elle pose maintenant de nombreux problèmes financiers et humains, voire de rationalité, pomme de discorde aussi pour les relations franco-allemandes. Puisque le terme de ''forces préstratégiques'' désormais sans ambiguïté rejette toute utilisation tactique du feu nucléaire, peut-être est-il temps de faire un pas supplémentaire en réétudiant à fond toute cette problématique. Alors qu'il sera difficile de maintenir deux composantes à la force nucléaire stratégique (sous-marins et plateau d'Albion), est-il raisonnable de doter les forces préstratégiques de deux systèmes (Hadès et Mirage 2000-N), sans compter l'aviation embarquée [16] ? »

Alors même qu'il ne sera mis en service qu'en 1992, le Hadès a déjà fait l'objet de près de dix ans de débats sans grande passion qui n'ont pour l'instant abouti qu'à une seule évolution : le nombre initialement prévu de cent vingt missiles est passé à quatre-vingt-dix, puis à moins de cinquante. Mais pour le reste, il a fait l'objet de prises de position extrêmement fermes de François Mitterrand, qui n'a jamais prêté foi à la moindre critique sur ce type d'arme. Bien au contraire, la cohabitation l'a dopé de ce point de vue et les déclarations de son Premier ministre Jacques Chirac, qui avait proposé que les armes préstratégiques françaises soient utilisées pour adresser « un avertissement échelonné dans la profondeur », ce qui pouvait laisser penser qu'il était disposé à mettre le doigt dans la bataille nucléaire, lui avaient donné l'occasion de remettre les pendules à l'heure.

Il semble même avoir pris un certain plaisir, à plusieurs reprises au cours des dernières années, à expliquer pourquoi cette arme lui semblait utile dans la panoplie nucléaire française : « Il y a une différence ou un franchissement qui change

16. Charles HERNU, « Tout le désarmement possible dans le monde sans sécurité moindre pour la France et l'Europe », *Le Poing et la rose*, n° 127, octobre 1989, vol. 3, p. 87.

de nature quand on passe de l'arme conventionnelle à l'arme nucléaire, et Pluton, Hadès sont des armes nucléaires. Ce n'est pas seulement le franchissement d'un degré [17]. » Et encore : « Les armes atomiques françaises, quelle que soit leur nature stratégique ou préstratégique, font partie d'un tout. Ce tout, c'est la stratégie autonome de la dissuasion nucléaire dont aucune fraction ne peut être dissociée ni soumise à une autre autorité que celle du président de la République française [18]. »

Ultime avertissement et arme préstratégique

Mais le jeu dialectique va parfois fort loin. Pour François Mitterrand, il fallait supprimer du vocabulaire le terme « tactique », qui « apparaissait de plus en plus comme définissant un type d'arme, prolongement des armées ou des combats dits conventionnels, ce qui me paraît être un véritable contresens ». Il faudra donc utiliser le terme « préstratégique » : « Ces armes relèvent de l'emploi stratégique, le mot ''préstratégique'' est plus clair, plus facile à comprendre et interdit les confusions [19]. » Quelques années plus tard, nouveau son de cloche : à peine né, « préstratégique » est déjà mort : « Les armes préstratégiques font partie de la stratégie. Ce n'est pas isolé du contexte nucléaire. Ce n'est pas le dernier échelon de l'artillerie. C'est le premier échelon de la guerre nucléaire. Ce n'est pas préstratégique, c'est déjà dedans [20]. »

La lancinante difficulté avec les Allemands est bien sûr venue de la portée du missile Hadès, trop faible pour ne pas être particulièrement menaçante à leurs yeux. Une première réponse précise à ce problème a été apportée le 28 février 1986, lors du 47e sommet franco-allemand : « Dans les limites

17. Conférence de presse à Hanovre le 22 octobre 1987.
18. Entretien avec *Le Nouvel Observateur*, 18 décembre 1987.
19. Hanovre le 22 octobre 1987.
20. Conférence de presse à Londres le 6 juillet 1990.

qu'impose l'extrême rapidité de telles décisions, le président de la République se déclare disposé à consulter le chancelier allemand sur l'emploi éventuel des forces préstratégiques françaises sur le territoire allemand. Il rappelle qu'en cette matière, la décision ne peut être partagée. » Et Helmut Kohl mit son propre grain de sel en précisant le 26 avril 1990 à Paris, lors de la conférence de presse de clôture du 55e sommet franco-allemand : « Je dois vous dire que les Hadès ne nous causent aucun souci. Dans le domaine des armes dans le monde dans lequel nous vivons, s'il n'y avait que des partenaires comme la France, je ne pense pas que nous aurions à perdre beaucoup de temps sur ce sujet. Je ne vois strictement aucun problème sur ce point. »

C'est dans ce contexte, et dans celui plus global du désarmement, qu'il faut situer une importante décision prise par François Mitterrand au début de 1990 : le lancement de la fabrication des premiers missiles Hadès de série, annoncé dans une lettre personnelle et secrète à Jean-Pierre Chevènement. Alors même que la réunion de Vienne sur la maîtrise des armements conventionnels se poursuivait, alors qu'il était sans aucun doute possible de bloquer le processus industriel du Hadès comme l'a été en son temps celui de la fabrication de la tête nucléaire qui doit l'équiper, la France a donc entrepris une fabrication dont l'opportunité n'est pas évidente. A Londres le 6 juillet 1990, lors d'un sommet des dirigeants de l'OTAN, François Mitterrand s'est vivement opposé à la nouvelle stratégie nucléaire de l'Alliance qui prône désormais le tir nucléaire de « dernier recours », si la bataille conventionnelle est en passe d'être perdue. Et à cette occasion il a pu faire part de ses doutes sur le Hadès : « Il faut reconnaître que l'objectif tchécoslovaque, l'objectif allemand de l'Est, l'objectif polonais ne correspondent pas forcément à ce qu'on pouvait en penser il y a quelques mois ou il y a quelques années. »

Le président français précisait pourtant que cette arme demeure utile à ses yeux : « Il n'est pas forcément mauvais pour la France de disposer d'armes qui, s'il y a un nouveau front qui se constitue, puissent intervenir le cas échéant[21]. » Du côté de ceux qui ont pris la décision, pour la plus grande satisfaction de l'armée de terre, il paraît très clair que la France ne peut pas rester à l'écart d'un armement dont dispose une puissance militaire aussi forte que l'URSS. Et que le Hadès constituera un éventuel et excellent outil de négociation, éventuellement sacrifiable sur l'autel du désarmement. Avec sans doute une arrière-pensée inavouable : celle de faire du Hadès une arme de dissuasion éventuelle, non plus contre la seule URSS mais également à destination d'une Allemagne unifiée. C'est déjà une autre histoire...

Brossolet le maudit, prophète de la non-bataille

Dans l'armée, on a toujours le droit d'avoir raison. Mais surtout pas de s'en vanter ! Pour avoir voulu s'affranchir du premier des commandements à appliquer quand on veut devenir un jour général, le jeune et brillant lieutenant-colonel Guy Brossolet dut se résoudre à quitter l'armée un beau jour de 1976, c'est-à-dire lorsqu'il fut bien certain que son avancement était définitivement compromis. Même s'il refuse absolument ce rôle et qu'il n'aspire plus aujourd'hui qu'à ce qu'on lui fiche la paix avec ces « vieilles histoires », Brossolet est un symbole : quatorze ans après son départ, alors qu'il poursuit aujourd'hui une carrière des plus honorables dans le commerce des matériels aéronautiques, le souvenir conscient ou inconscient de ses déconvenues fait toujours partie de l'univers des officiers de sa génération, et de celles qui ont suivi... Lorsqu'il arrive à l'École de guerre en 1972, Guy Brossolet est prêt à toutes les réflexions. Tout semble alors devoir réussir à ce membre d'une famille d'officiers servant la France sous les armes depuis le début du premier Empire.

Cyrard et fantassin, il a commencé sa carrière en 1955 dans un régiment de tirailleurs algériens avant de passer les

21. *Le Nouvel Observateur*, 18 décembre 1987.

quatre années suivantes à effectuer des missions de souveraineté dans le désert africain, parcourant de la sorte dix mille kilomètres à dos de chameau. Certains s'en seraient contentés et auraient ensuite aspiré à un peu de verdure métropolitaine. Lui pas. Il part ensuite pour trois ans à la mission militaire française au Laos où il commence à apprendre le chinois ; le Secrétariat général de la défense nationale entend parler de cet oiseau rare et le recrute : suivent trois ans à apprendre sérieusement le mandarin à Hong Kong. Docilement, parce que c'est à ce prix qu'on fait carrière, Brossolet s'en va ensuite dans un régiment de chars en Allemagne. Avant de repartir pour trois ans — de 1969 à 1972 — comme attaché militaire à Hong Kong.

Quand il arrive à l'École de guerre à l'issue de ce nouveau séjour asiatique, c'est le choc de la découverte de la méthode de raisonnement tactique : elle n'a rien de commun avec les subtilités labyrinthiques des modes de pensée extrême-orientaux ! Mais qu'à cela ne tienne : passionné par les problèmes stratégiques, Brossolet s'attelle avec quelques autres stagiaires à l'analyse d'un problème qui le fascine : la politique de dissuasion nucléaire française en général, et l'emploi de l'arme nucléaire tactique en particulier ; comment des militaires appartenant à l'armée de terre, et donc appelés à devoir éventuellement mettre un jour en œuvre le missile tactique Pluton, devront-ils s'y préparer ?

Brossolet et ses amis vont loin : puisque le feu nucléaire n'est pas utilisable dans la bataille en Europe, il faut trouver un autre moyen d'empêcher celle-ci : et ils imaginent un système cohérent, basé sur un réseau maillé de combattants disposant d'armes relativement légères et d'hélicoptères. Une idée paraissant aujourd'hui presque banale, étudiée depuis par de nombreuses armées. De ce travail collectif, Brossolet tirera des conclusions concrètes formulées en un petit livre qui demeure la plus originale expression d'une pensée militaire qui se soit formulée en France depuis cette date : *Essai sur la non-bataille*[22]. Très vite, Brossolet et ses amis ont douté de

22. Guy BROSSOLET, *Essai sur la non-bataille*, Belin, Paris, 1975.

l'utilité militaire du Pluton entré en service en 1974 et prévu pour être utilisé contre des forces adverses.

Ils sont à peu de chose près persuadés que si la France a besoin de convaincre le Kremlin de sa détermination à envoyer ses Mirage IV et les fusées stratégiques de ses sous-marins ou du plateau d'Albion raser Moscou et Leningrad, un simple tir nucléaire sans efficacité militaire dans l'océan Atlantique aurait le même effet : « Si vraiment l'emploi de l'armement nucléaire tactique implique un risque incontrôlable d'escalade, la totalité du risque est mise en évidence dès la première explosion. C'est nier la spécificité de l'atome que d'affirmer qu'au niveau tactique cinquante explosions sont plus dissuasives qu'une seule, alors que l'allusion au risque encouru est la même [...] La logique voudrait que cet arsenal s'en tienne strictement à sa fonction allusive. Limité à quelques armes, son emploi deviendrait alors parfaitement crédible, et sa capacité de signification s'en trouverait accrue d'autant [23]. »

A la lecture du manuscrit, durant l'été 1975, le chef d'état-major des armées François Maurin demande au directeur de l'École de guerre de faire en sorte que le texte ne soit pas publié. Devant le refus indigné de l'auteur d'annuler la publication, geste auquel aucun règlement militaire ne pouvait le contraindre dans la mesure où il ne mentionnait pas son état d'officier dans le texte, le commandant de l'École de guerre lui demandera d'ôter l'exergue de remerciement à ses camarades, « pour ne pas nuire à leur carrière ». Brossolet avait naturellement proposé à ses condisciples de l'École de guerre d'indiquer — avec les noms des intéressés — qu'il s'agissait d'un travail collectif. Ces derniers, nous a affirmé l'un d'eux, ont alors pris la mesure des réactions que le simple fait d'exprimer une idée neuve allait provoquer : « On avait fait lire le document à plusieurs spécialistes, qui nous ont tous déclaré que c'était très bien, mais qu'il ne fallait surtout pas révéler qu'ils l'avaient dit car le chef d'état-major de l'armée de terre, le général de Boissieu, ne le supporterait pas. Alors on a laissé

23. Guy BROSSOLET, *op. cit.*, p. 39.

Brossolet signer seul, on s'est tous dégonflés. On avait le sentiment que ça ne servirait à rien, on commençait à perdre nos illusions. »

Bonne analyse, car les pires déboires de Guy Brossolet sont venus de la réaction d'Alain de Boissieu : selon la version que nous avons pu reconstituer, le général n'avait pas encore lu le livre à l'automne 1975, et s'était contenté pour se faire un avis (très hostile !) des notes de synthèse de son cabinet, et des articles particulièrement élogieux publiés dans la presse. Et c'est son homologue britannique, auquel il rendait un jour visite, qui lui demanda dans sa voiture et alors qu'il venait juste de descendre d'avion, ce qu'il pensait d'*Essai sur la non-bataille* ! Pénible situation, qui ne fut jamais pardonnée. Et voilà pourquoi Brossolet ne devint jamais général !

9

Évêques et généraux : les chevaliers de la juste dissuasion

D'autres voulaient être médecin ou pilote d'essai, ou chanteur. Son rêve à lui aurait été d'entrer dans les troupes coloniales. Non que le fait d'être devenu évêque lui déplaise : il a même tendance à trouver ce rôle utile et important. Mais Mgr Jacques Jullien, archevêque de Rennes, a gardé de cette vocation avortée — sans doute venue pour une part de son père ingénieur de la marine à Brest — un goût marqué pour l'étude des problèmes de défense. Et il est un de ceux qui ont le plus œuvré pour que les évêques français prennent parti dans un texte demeuré fameux [1] en faveur de la politique nationale de dissuasion nucléaire, au cours d'une assemblée plénière tenue à Lourdes, le 8 novembre 1983. Plusieurs éléments sont intervenus pour inciter les évêques français à s'engager de la sorte dans le débat. Tout d'abord, la gestation en cours depuis 1982 d'une lettre pastorale de leurs collègues américains [2], qui devait aboutir en mai 1983 à des prises de position en faveur du « gel » nucléaire et du « non-emploi en premier » *(no first use)* de l'armement atomique ; ce qui équivalait à condamner la dissuasion nucléaire dont les fondements reposent sur une modernisation permanente des arsenaux et sur la menace d'une riposte nucléaire, éventuellement face à une menace conventionnelle.

1. *Gagner la paix*, Le Centurion, Paris, 1983.

2. *The Challenge of Peace : God's Promise and our Response*, traduction française : *Le Défi de la paix*, Documentation catholique, 24 juillet 1983.

« Mauvaise morale incantatoire »

Second motif de la décision des évêques français : la publication d'un texte de leurs homologues allemands [3], dont ils avaient également eu connaissance avant la publication et qui fut publié huit jours après celui des Américains. Moins radical que celui de ces derniers, le document allemand — qui prend en revanche très nettement position contre le marxisme — n'apporte pas de réponse ferme sur le bien-fondé de la dissuasion, tout en admettant sans la condamner que la décision éventuelle d'emploi des armes nucléaires aurait des conséquences épouvantables : « Nous espérons et prions pour qu'il ne se produise jamais une situation dans laquelle quelqu'un se verrait contraint de prendre une décision [4]. » A ces causes que l'on pourrait qualifier d'exogènes, et dues pour une très large part au débat se déroulant simultanément sur les euromissiles et le stationnement éventuel de fusées nucléaires américaines Pershing II sur le sol allemand, se sont ajoutées, aux yeux des évêques français, des causes purement intérieures. Et en particulier la montée dans l'Église de France de forts courants pacifistes, qui ne sont pas précisément la tasse de thé de Mgr Jullien, alors évêque de Beauvais : « J'ai vu se développer le mouvement contre les euromissiles, et monter dans l'Église les mouvements pacifistes. Mais pour moi qui avais été longtemps professeur de théologie morale au grand séminaire de Quimper, il n'était pas sérieux de condamner pour des raisons de morale déductrice ou principielle la force de dissuasion. C'était une mauvaise morale incantatoire de prétendre porter un jugement éthique sur la dissuasion tout en évacuant la moitié du problème, à savoir la menace soviétique. »

---

3. *Gerechtigkeit und frieden*, traduction française : *La Justice construit la paix*, Documentation catholique, 5 juin 1983.

4. Sur ces questions le lecteur se reportera utilement à Catherine GUICHERD, *L'Église catholique et la politique de défense au début des années 1980*, Presses universitaires de France, Paris, 1988, et à Christian MELLON, *Chrétiens devant la guerre et la paix*, Le Centurion, Paris, 1984.

On est en mai 1983. Au cours d'une réunion des évêques français destinée à préparer le synode de Rome, le sécrétaire général de l'épiscopat Gérard Defois (qui sera nommé évêque coadjuteur de Sens le 26 juillet 1990) leur expose son idée d'un texte français sur la dissuasion et rappelle qu'il n'a pas été possible, comme cela avait été un moment envisagé, de rédiger un texte commun aux Français et aux Allemands. Tope-là ! Les évêques sont pour et mettent sur pied une petite commission composée de Gérard Defois et Jacques Jullien, auxquels se joignent les évêques d'Évreux (Jacques Gaillot), Sens (Eugène Ernoult) et Jacques Fihey, alors évêque aux armées et patron des aumôniers militaires[5]. En réalité, les deux chevilles ouvrières du texte seront Gérard Defois et Jacques Jullien, qui bénéficieront du soutien très discret de nombreux militaires. Parmi ceux-ci, Dominique Chavanat, qui était alors colonel et officier en poste à l'état-major de la 1re armée à Strasbourg. Militant catholique de très longue date, il fut l'un des premiers à adresser aux évêques de France, en septembre 1982, une analyse circonstanciée des premières moutures de la lettre pastorale américaine[6].

Depuis des mois, Gérard Defois multipliait les contacts avec l'institution militaire, ses responsables politiques au niveau le plus élevé, ses représentants les plus éminents : le ministre Charles Hernu, ou le secrétaire général de la défense nationale Jacques de Barry qui avait fait envoyer à l'épiscopat des études de son organisme et des réflexions produites par des groupes de travail de l'Institut des hautes études de défense nationale (IHEDN). Mais aussi l'amiral Olivier Sevaistre, rédacteur en chef de la revue de réflexion officielle *Défense nationale*, les généraux Jean Delaunay et Dominique de La Motte,

5. L'évêque aux armées est titulaire d'un diocèse personnel et non territorial, et dirige 280 aumôniers catholiques militaires en poste dans les armées françaises, au statut assimilé à celui des officiers supérieurs et rémunérés par l'état-major des armées. De la même manière les protestants disposent de 65 pasteurs des armées, et les juifs de 40 rabbins. Depuis 1989, une réflexion est en cours pour étudier l'éventualité de l'appel à des ministres du culte musulmans.

6. *L'Église catholique et la politique de défense, op. cit.*, p. 115.

le colonel François Bresson. Autant de militaires et de chrétiens convaincus de la validité du concept français... Au cours de l'été 1983, Jacques Jullien — qui se souvient que vingt ans plus tôt il s'était penché attentivement sur ces questions pour pouvoir en débattre avec ses séminaristes [7] — constate que son stylo court tout seul sur les feuilles lorsqu'il s'agit d'ébaucher ce qui sera le texte final des évêques. Rien n'est moins étonnant que cette facilité, la religion de Mgr Jullien étant faite depuis longtemps : nommé curé de la paroisse Saint-Louis de Brest en février 1969, il avait eu l'occasion de rencontrer — comme paroissiens ou comme relations personnelles — plusieurs des jeunes officiers de marine alors chargés de mettre en place les premiers éléments de la Force océanique stratégique, à l'île Longue, et qui se trouvaient souvent être des chrétiens fervents. Et parmi ceux-ci Bernard Louzeau, François Gauthier, Jacques Lavolé, Jacques Bisson, les premiers commandants des sous-marins *Le Redoutable* et *Le Terrible*, tous devenus amiraux par la suite, et avec lesquels le curé de Saint-Louis eut des conversations parfois très animées, qui se prolongeaient tard dans la nuit. Jacques Jullien, qui en a gardé une très profonde estime pour les militaires capables de mener une réflexion de fond sur le sens de la mission que leur confie l'État, demeure persuadé qu'il convient d'« admirer la marine, capable de sortir de ses rangs des gens si peu ordinaires ».

La dissuasion est-elle chrétienne ?

Il fallait qu'ils le soient, pour assumer le fait d'envoyer éventuellement des mégatonnes contre des populations civiles de Moscou, Kiev ou Leningrad, tout en gardant la foi chevillée au corps. Car le vrai problème des militaires catholiques face à la frappe anti-cités, base de la doctrine française de dissuasion, c'est qu'elle est interdite par le dogme de l'Église. Sans

7. Ces réflexions ont débouché sur la rédaction d'articles, dont Jacques JULLIEN : « Morale, conscience et force de frappe », *Masses ouvrières*, avril 1965.

discussion possible. Le texte *Gaudium et spes*, publié lors du concile Vatican II en 1963, ne laisse en effet pas beaucoup de place à la glose quand il déclare : « Tout acte de guerre qui tend à la destruction de villes entières ou de vastes régions avec leurs habitants est un crime contre Dieu et contre l'homme lui-même, qui doit être condamné fermement et sans hésitation. » Le problème est si réel qu'il a été au cœur des discussions des évêques américains. Ceux-ci en avaient conclu, conformément à l'esprit de *Gaudium et spes*, que le déclenchement de représailles contre les populations n'est pas acceptable : « En aucun cas les armes nucléaires ou d'autres instruments de destruction ne peuvent être employés dans le but de détruire des villes ou d'autres objectifs en majorité civils. Il faut également condamner les actions de représailles qui, indistinctement et de manière disproportionnée, détruiraient des vies totalement innocentes, des vies d'hommes en aucun cas responsables des actions imprudentes de leur gouvernement. »

Tout aurait sans doute été très simple si Jean-Paul II n'était passé par là. Le 11 juin 1982, son émissaire le cardinal Agostino Casaroli vient lire un message devant les participants de la deuxième session extraordinaire de l'ONU sur le désarmement. Et le souverain pontife y apparaît comme un partisan déclaré de la dissuasion : « Dans les circonstances actuelles, une dissuasion basée sur l'équilibre, non certes comme une fin en soi mais comme une étape sur la voie d'un désarmement progressif, peut encore être jugée comme moralement acceptable. Toutefois, pour assurer la paix, il est indispensable de ne pas se contenter d'un minimum toujours grevé d'un réel danger d'explosion. » *Ne pas se contenter d'un minimum*, dit le pape, acceptant ainsi l'idée que l'arsenal soit augmenté et modernisé progressivement.

Ainsi donc, à partir de *Gaudium et spes* et du message papal à l'ONU, il est possible pour un catholique de s'en tenir à une double vérité : *1)* c'est mal de détruire les villes des autres ; *2)* il est possible de dissuader un adversaire, en se dotant d'armes adaptées. Pour les catholiques, ces appréciations diverses et contradictoires sur la dissuasion nucléaire sont l'objet de discussions sans fin : « Le moraliste se trouve ici en présence d'un moyen, certes détestable et dangereux, dont l'usage a permis d'assurer la non-guerre entre les puissances atomiques depuis bientôt un demi-siècle et dont l'abandon inconsidéré par l'un des deux supergrands créerait un déséquilibre qui rendrait la guerre plus probable [8]. »

« Logique de détresse »

Les évêques français, à partir du texte de Jacques Jullien approuvé par l'épiscopat et par quelques hiérarques militaires discrètement consultés par l'intermédiaire de Mgr Jacques Fihey, résolurent donc d'approuver la dissuasion française, tout en la qualifiant de « logique de détresse » ; mais en exégètes avertis et experts ès sophismes, ils dissocièrent dans leur texte *Gagner la paix* la menace d'utiliser les armes d'une part, et d'autre part leur utilisation effective : « La menace n'est pas l'emploi. C'est la base de la dissuasion et on l'oublie souvent en attribuant à la menace la même qualification morale qu'à l'emploi. Toutefois, l'on voit tout de suite le danger éventuel des illusions sur la crédibilité de notre défense, il faut qu'on se montre résolu à passer à l'action si la dissuasion échoue. Or la légitimité morale de ce passage à l'acte est plus que problématique. D'autant plus qu'en France notre dissuasion ''du faible au fort'', la dissuasion du pauvre, ne fait pas de détail : faute de moyens très diversifiés, elle repose sur une stratégie anti-cités... condamnée, elle, clairement et sans appel par le concile. [...] Dans la situation de violence et de péché qui est celle du monde, les politiciens et les militaires ont un devoir de justice de désamorcer les chantages auxquels la nation pourrait être soumise. »

A la demande de l'évêque aux armées, le texte sera augmenté du passage suivant, qui définit le cadre général de la

8. Joseph JOBLIN, *L'Église et la Guerre. Conscience, violence, pouvoir*, Desclée de Brouwer, Paris, 1988, p. 302.

dissuasion et que ne pourrait pour l'essentiel renier aucun chef d'état-major : « Il est clair que le recours à la dissuasion nucléaire suppose, pour être moralement acceptable : qu'il s'agisse seulement de défense. Que l'on évite le surarmement : la dissuasion est atteinte à partir du moment où la menace formulée rend déraisonnable l'agression d'un tiers. Que toutes les précautions soient prises pour éviter une "erreur" ou l'intervention d'un dément, d'un terroriste. Que la nation qui prend le risque de la dissuasion nucléaire poursuive par ailleurs une politique constructive en faveur de la paix. Cette ligne de crête est fort dangereuse. C'est dire qu'on doit, si l'on veut éviter le gouffre, au plus tôt sortir de cette logique de l'absurde… qui est grevée, en plus, d'autres contradictions. » Mais ces prudentes réserves ne retirent rien à l'approbation claire de l'Église de France aux principes de la dissuasion nucléaire.

La véritable bombe que représenta la sortie du texte, en pleine mobilisation nationale des partisans de l'école privée catholique contre le gouvernement de Pierre Mauroy, fit parfois penser — à tort — aux adversaires du texte qu'un accord tacite avait été passé entre le gouvernement socialiste et les évêques, et que ces derniers auraient en quelque sorte troqué leur soutien à la politique de dissuasion contre une renonciation à la loi Savary qui définissait les relations entre l'État et le système scolaire catholique. Le jésuite Christian Mellon, théoricien de la non-violence et rédacteur en chef de la revue *Projets*, pouvait ainsi considérer en 1986 dans un document personnel que la personnalité des principaux rédacteurs du texte des évêques (Gérard Defois et Jacques Jullien) « est parfois interprétée comme le signe que, même au sein de l'épiscopat, le débat n'a pas été très ouvert ni pluraliste ; certains soupçonnent que des influences se sont exercées de manière unilatérale : de la part des militaires et des partisans de la politique officielle. D'autres vont jusqu'à imaginer des marchandages politiques pour expliquer la soudaine hâte à sortir le texte ».

Les non-violents au créneau

Lors de la discussion du texte durant l'assemblée pléniaire de Lourdes, les problèmes les plus épineux vinrent naturellement de la frange « pacifiste » des évêques français, dont le représentant le plus médiatique demeure Mgr Jacques Gaillot, évêque d'Évreux. A l'heure où les débats sur la présence des Pershing en Europe battaient leur plein, cette partie de l'épiscopat entendait que l'Église de France prenne une position tenant plus ouvertement compte de la situation en RFA où l'opposition au nucléaire grandissait chaque jour ; ils désiraient également que les évêques retiennent que l'Église française était traversée de courants du même type, et que le texte final le fasse donc apparaître. Ce qui fut fait. *Gagner la paix* précise donc qu'« au cœur de la cité, ceux qui sont le plus sensibles au risque de la violence déchaînée doivent être écoutés. Ils servent le bien commun en empêchant la logique du court terme de refermer son cercle infernal. A juste titre, ils refusent d'être considérés comme des idéalistes ».

En réalité, au-delà de ces quelques mots, la prégnance du discours des non-violents et pacifistes de l'Église de France a été beaucoup plus forte qu'il n'y paraît, et se trouve dans une certaine mesure à la source même de *Gagner la paix*. Certains évêques craignaient que le silence de l'Église fût interprété comme un alignement tacite sur les thèses pacifistes, et d'autres allaient jusqu'à penser — comme Gérard Defois — qu'une condamnation implicite ou explicite de la dissuasion pourrait provoquer une « déstabilisation de l'armée ». L'urgence s'est faite d'autant plus vive aux yeux des évêques que la commission Justice et Paix[9] préparait début 1983 un

9. Justice et Paix est une commission composée d'une vingtaine de laïcs et de religieux, considérée comme une « voix autorisée de l'Église catholique de France » sur les problèmes de développement et de stratégie. Secrétaire de cet organisme depuis sa création dans les années soixante, Pierre Toulat a été remplacé par Antoine Sontag en septembre 1990.

texte publié en mai [10], qui appuie sur les militaires très exactement là où ça fait mal : « Pour un chrétien français qui désire être fidèle à l'enseignement des Églises, la question qui se pose n'est pas de savoir s'il lui est permis de mettre en œuvre une frappe anti-cités : cela lui est interdit sans aucune ambiguïté. Elle est de savoir s'il est légitime, pour une fin bonne (la défense, le maintien de la paix), de menacer de mettre en œuvre quelque chose qu'il sait n'avoir jamais le droit d'exécuter [11]. »

La publication de *Gagner la paix* ne mit en rien fin aux discussions, au contraire. En février 1986 sortait un texte de chrétiens « engagés » prenant le contre-pied du document officiel de l'Église, et jugeant, entre autres considérations toutes très critiques, que la dissuasion française n'est pas crédible pour un éventuel adversaire : « Il est clair que le déclenchement du feu nucléaire par la France — même sous la forme d'une "salve d'avertissement au moyen d'armes préstratégiques" à courte portée — ouvrirait l'éventualité redoutable d'une riposte nucléaire qui mettrait en cause l'existence même de la nation. Cette éventualité — qui n'est pas, il est vrai, une certitude — suffit à faire peser un doute considérable sur la crédibilité de notre menace de représailles : en fait, ne serions-nous pas dissuadés de dissuader [12] ? » Et les auteurs du texte, parmi lesquels plusieurs évêques [13], d'afficher leur refus de la doctrine officielle française : « Pour la plupart d'entre nous ce refus est catégorique et inconditionnel. La transition vers de nouvelles formes de dissuasion et de défense est rendue ainsi d'autant plus urgente. »

---

10. *Quelle défense pour la paix ? Éléments de réflexion sur la stratégie nucléaire française*, Justice et Paix, Paris, 1983. Ce document est « l'étape catholique » du texte œcuménique réalisé avec la commission sociale, économique et internationale de la fédération protestante : *Pour construire la paix*, Le Centurion, Paris, 1985.

11. *Quelle défense pour la paix ?..., op. cit.*, p. 14-15.

12. *La paix autrement. Se défendre sans se renier*, Collectif LPA, Paris, février 1986, p. 12.

13. Yves Bescond (Meaux), Jacques Gaillot (Évreux), Guy Herbulot (Corbeil-Essonne), Jean Rémond (Mission de France).

« L'utopie d'une société sans violence »

11 juillet 1990. Le Conseil des ministres « élève au rang et appellation de général de corps d'armée » le général de division Dominique Chavanat. Belle promotion pour celui qui représente alors la France au quartier général du SHAPE (*Supreme Headquarters Allied Powers in Europe* — Quartier général des forces alliées en Europe) à Mons (Belgique). Et belle revanche pour celui qui, un jour de juillet 1974 et pour avoir publié un article dans *Le Monde* sur les problèmes de défense contemporains, alors qu'il était officier supérieur au 1er régiment de hussards parachutistes, faillit bien voir sa carrière brisée dans l'œuf. Rattrapé par les cheveux par le chef d'état-major des armées François Maurin, il fut prié de venir montrer à Paris ce qu'il savait faire. Installé au bureau études générales de l'EMA dans le même bureau qu'un marin qui allait lui aussi faire son chemin, Jacques Lanxade, le voilà chargé de phosphorer sur la réforme du règlement de discipline générale. Il s'y emploiera consciencieusement. Mais sans renoncer pour autant à une autre passion militante : les relations entre les chrétiens et l'armée.

Dominique Chavanat a la passion de convaincre. Intimement persuadé de la validité du concept français de dissuasion, il n'a pas approuvé toutes les idées de *Gagner la paix* ; il serait même franchement hostile au sophisme des évêques qui prétendent distinguer au sein de la doctrine la menace d'emploi de l'emploi lui-même. Tous les responsables militaires savent à quel point les avis de l'Église sont essentiels pour le « consensus » national sur la défense. Aucun n'ignore qu'à l'intérieur de l'institution militaire, davantage encore qu'à l'extérieur, les avis de la hiérarchie catholique sont écoutés et suivis : même si la pratique y est moins ostentatoire que par le passé, l'armée reste un vrai bastion catholique. Une cérémonie militaire digne de ce nom associe volontiers un service religieux, c'est-à-dire une messe. Et nombreux sont les hiérarques qui s'en voudraient de manquer la messe « pour la paix » dite chaque année à Saint-Louis des Invalides, la cathédrale des armées. Mais au-delà de ces rites traditionnels, rares sont les militaires qui, comme Dominique Chavanat, sont réellement engagés dans les grands débats de l'Église. Et encore moins nombreux sont ceux qui, toujours en activité, acceptent d'écrire et de publier. Y compris pour dire ouvertement qu'on partage les idées pacifistes du général de Bollardière, ce qui n'est pas vraiment ce qui se porte le mieux dans l'institution militaire : « J'ai connu Jacques de Bollardière qui était jeune général quand j'étais lieutenant en Algérie. Il a choisi, à ce moment-là, de quitter l'armée pour se battre pour ses idées de l'extérieur. Nous sommes quelques-uns à être restés dans le système pour nous battre pour les mêmes idées ou des idées voisines et dans le même sens. Je pense, en effet, qu'on peut être à l'intérieur d'une institution et la faire évoluer, au moins autant et parfois plus que lorsqu'on est dehors [14]. »

Car *Gagner la paix* a laissé Dominique Chavanat insatisfait. Si les « intérêts vitaux » de la France sont atteints, explique-t-il, ce sera au décideur « d'estimer s'il est alors opportun de mettre en œuvre notre riposte nucléaire, malgré l'interdiction morale formelle de l'Église, et au risque de nous voir nous-mêmes anéantis en retour... Il faut toutefois noter avec force qu'on ne saurait annoncer à l'avance qu'en une telle occurrence nous ne tirerions pas, car en faisant une telle annonce nous réduirions d'entrée de jeu à zéro la valeur de notre menace dissuasive ; laquelle repose sur le doute et l'incertitude, même réduits, de l'adversaire quant à notre attitude postérieure à son attaque [15] ».

L'adhésion personnelle de Dominique Chavanat au discours sur la dissuasion ne doit pas laisser croire qu'il fait siens tous les us et coutumes militaires. En 1978, dans un texte destiné

14. Dominique CHAVANAT, « Défense aujourd'hui et dynamique de paix », in *Actualité d'un prophète, Actes du colloque Guy-Marie Riobé*, Éditions du Témoignage chrétien, Paris, 1989.

15. ID., « Réflexions pour notre temps », in *Conflits du monde et paix de Dieu*, Le Supplément n° 167, Cerf, Paris, p. 120.

aux jeunes officiers, d'abord ronéoté puis imprimé sur l'offset de l'École polytechnique dont il fut le directeur de 1985 à 1988, il prenait ouvertement la défense des objecteurs de conscience et invitait les cadres militaires à ne pas les traiter comme des parias : « Leur témoignage doit être compris comme un appel à l'insatisfaction, devant le réalisme au nom duquel trop de responsables conduisent le monde en acceptant que la raison du plus fort soit toujours la meilleure. Leur voix est incontestablement prophétique, mais dans la longue marche vers l'utopie d'une société sans violence, il faudra encore durant longtemps que la masse des citoyens se prépare à faire éventuellement usage de la force pour faire échec à la violence qui, avec nos libertés, pourrait bien emporter la leur : derrière le rideau de fer, les non-violents n'ont pas la parole[16]. »

En avril 1984, Dominique Chavanat, alors colonel au SGDN, fut également l'un de ceux qui permirent qu'un contrat d'études fût signé par la Fondation pour les études de défense nationale (FEDN) avec trois chercheurs convaincus de la validité du concept de dissuasion non violente. Formalisé au cours d'un déjeuner entre le ministre Charles Hernu, le secrétaire général de la défense nationale Jacques de Barry, Dominique Chavanat et l'écrivain Jean-Marie Muller, cette étude fut suivie par la suite à la FEDN par les généraux Maurice Prestat et Lucien Poirier. Ces derniers obtinrent en particulier des rédacteurs qu'ils détaillent dans l'ouvrage[17] leur opposition à la dissuasion nucléaire, avant même de proposer leur propre théorie de la dissuasion non violente basée sur le combat exclusivement défensif par recours à la résistance passive de la population.

16. ID, « Pour réflagir », École polytechnique, 1985.

17. Christian MELLON, Jean-Marie MULLER, Jacques SÉMELIN, *La Dissuasion civile*, Fondation pour les études de défense nationale, Paris, 1985.

Débats de fond

A vrai dire, les débats entre chrétiens non violents et chrétiens militaires ne sont pas toujours facilités par les attitudes de ces derniers, qui avancent volontiers leur « expertise » sur la question pour tenter de moucher leurs contradicteurs. Les militaires catholiques ne font pas tous dans la dentelle, et certains auraient même tendance à laisser le goupillon dans le bénitier pour ne plus manier que le sabre dialectique. Réunis à Paris pour un colloque annuel, les militaires proches du diocèse aux armées pouvaient ainsi, en 1989, balayer d'un revers de main plutôt leste toutes les objections morales de *Gaudium et spes* sur la stratégie anti-cités : « Il est clair qu'à l'image de son Seigneur l'Église ''maîtresse de vérité'' indique la voie difficile et exigeante, mais réaliste et possible, qui conduit à la vraie paix : il conviendra d'expliquer aux militaires la différence entre une arme défensive et une arme offensive. Car pour eux un armement, comme tout instrument, prend la valeur du contexte dans lequel il est employé. [...] L'innocence des populations civiles non combattantes est un point qui mérite une réflexion approfondie. Quand tout un pays est tendu pour soutenir l'effort de guerre de son armée, la population civile est-elle totalement innocente de ce que fait cette armée [18] ? »

Censée être au cœur d'un consensus national, la politique de défense française ne fait plus l'objet de larges discussions dans le pays ; y compris au début des années quatre-vingt-dix marquées par les progrès du désarmement, la politique de dissuasion nucléaire française n'est remise en cause par aucun homme politique, par aucun parti. Le décès du débat de fond peut être assez facilement daté à 1978, c'est-à-dire au ralliement de la gauche à la dissuasion nucléaire. Depuis cette époque, et singulièrement depuis l'élection présidentielle de

18. Philippe GALLINEAU, « Problèmes des militaires face à l'enseignement catholique », in *Paix, sécurité des nations, désarmement*, Actes de la rencontre nationale catholique d'officiers et ingénieurs militaires, Paris, mars 1989, p. 6.

mai 1981, force est de constater que la confrontation intellectuelle est morte et enterrée, et que les experts se contentent de disserter à l'infini sur un dogme dissuasif dont ils ne contestent pas la validité. Le seul lieu où la discussion existe, entre les tenants de vraies thèses contradictoires, ce sont les Églises où, pour être relativement discret, le débat n'en est pas moins vif. C'est ainsi qu'en septembre 1989 un nouveau texte œcuménique [19] a été publié, avec plus de 2 500 signatures, dont celles de treize évêques [20] et de plusieurs pasteurs protestants. *Lutter autrement* affirme dans son préambule que « les impasses de la défense nucléaire obligent à rechercher d'autres moyens de défense. La capacité de se défendre, pour les nations mais aussi pour les groupes et les individus, demeure un objectif légitime, un impératif moral. Les tenants d'une défense non violente doivent démontrer sa pertinence et son efficacité, décrire les conditions de sa mise en œuvre, et montrer comment elle peut progressivement se substituer aux formes actuelles de défense. Cela est d'autant plus opportun qu'une période de désescalade semble s'ouvrir aujourd'hui, avec les négociations sur le désarmement [21] ».

Les militaires catholiques ne disposent pas de structures très nombreuses. Si plusieurs dizaines d'ingénieurs de l'armement participent au « mouvement des cadres chrétiens », animé par les jésuites (qui trustent toutes les aumôneries des grandes écoles d'ingénieurs), c'est souvent davantage pour y réfléchir à la pratique quotidienne de leur foi que pour s'y référer à leur profession militaire. Pour répondre à des textes tels que *Lutter autrement*, les militaires utilisent habituellement le canal de

---

19. *Lutter autrement, pour une action non violente responsable et efficace*, Nouvelle Cité, Paris, 1989.

20. Louis Boffet (Montpellier), Jean Chabert (Perpignan), André Fauchet (Troyes), Jacques Gaillot (Évreux), Guy Herbulot (Corbeil-Essonne), Jules Harlé (Arras), Louis Kuehn (ancien évêque de Meaux), André Lacrampe (Mission de France), Eugène Lecrosnier (Belfort), Bernard Panafieu (Aix-en-Provence), Georges Pontier (Digne), Jean Rémond (ancien évêque de la Mission de France), Joseph Rozier (Poitiers).

21. *Lutter autrement, op. cit.*, p. 5-6.

« l'équipe des officiers catholiques du diocèse national aux armées françaises », rassemblés en 1990 autour de l'évêque aux armées ordonné le 8 septembre 1989, Mgr Michel Dubost. Celui-ci a commencé son règne par une quasi-provocation en ne se faisant pas introniser à Saint-Louis des Invalides, mais à Notre-Dame de Paris. Raison officielle avancée : la taille de Saint-Louis, trop petite. Raison sans doute plus réelle, évoquée par l'évêque lui-même qui semble avoir résolu de rompre avec des habitudes désuètes : « Avec ce qui se passe à l'Est, un des problèmes qui va se poser aux armées est celui du renouveau de la condition militaire et de la signification de son identité dans le monde de demain. Aussi, je trouve très important que les civils soient le plus souvent possible en contact avec les militaires. Il n'y a aucune raison qu'il n'en soit pas de même au sein de la communauté catholique [22]. »

Cette volonté d'ouverture ne se retrouve pas nécessairement dans les textes produits par l'équipe de l'évêque aux armées qui, concernant en particulier sa réponse à *Lutter autrement*, a choisi de prendre de très haut l'audace des non-violents. Dans son texte [23], « l'équipe d'officiers catholiques » s'en prend à la notion même de dissuasion civile qui « ne permet pas de gérer les crises au-delà de nos frontières (donc souvent avant les premiers échanges ou lors du premier affrontement encore limité), ni de respecter les accords de défense signés par notre pays, ni d'assurer la sécurité de nos approvisionnements, des routes maritimes, de l'exploitation des océans et de l'espace ; elle suppose enfin, pour être vérifiée, que le territoire national puisse être envahi [24] ». Aux yeux des officiers catholiques, les non-violents ont tort d'invoquer les « impasses de la défense nucléaire ». Et ces officiers de défendre le seul point de vue valable à leurs yeux : « On le sait depuis longtemps, le

22. Michel DUBOST, « Pourquoi vivons-nous ensemble », interview, *Armées d'aujourd'hui*, n° 149, avril 1990.

23. « Heureux les artisans de paix », *Contribution d'une équipe d'officiers catholiques au débat sur la défense ouvert par « Lutter autrement »*, Diocèse aux armées, Paris, 1990.

24. *Ibid.*, p. 23.

nucléaire ne dissuade au sens propre du terme que les puissances nucléaires entre elles : soit parce que ces puissances ne peuvent ouvrir le feu nucléaire sans s'entre-détruire, sans déclencher l'apocalypse, soit parce que l'arme nucléaire interdit aux puissances qui la possèdent de s'engager dans une guerre classique [25]. » Une réponse très officielle, mais aussi très insuffisante pour faire taire le débat au sein des Églises.

25. « Heureux les artisans de paix », *op. cit.*, p. 27.

10

150 milliards pour Dassault

150 milliards de francs 1990, pour les études et la fabrication de 336 appareils : le Rafale, bijou de famille de la France, est cher. C'est même sans doute l'extrême limite de ce que peut techniquement et financièrement s'offrir le pays, dans le genre. Pour la première fois, les aviateurs vont enfin disposer de ce qu'ils espèrent depuis tant d'années : un biréacteur polyvalent capable — à la fois — de mener des assauts contre des objectifs terrestres et d'intercepter un appareil hostile. C'est-à-dire un avion transformable au gré des événements en camion à bombes ou en une flèche apte aux cabrioles les plus folles. Préparé de longue date, son lancement a été décidé en 1981 par Charles Hernu, lors de la discussion sur la loi de finances 1982 : le projet encore nommé ACX (avion de combat expérimental) était alors officiellement considéré comme la concrétisation des propositions nationales en vue de la mise sur pied d'un avion de combat européen, commun à la France, la Grande-Bretagne, l'Allemagne, l'Espagne et l'Italie.

Pas d'accord pour une coopération

Il ne faudra guère de temps, moins de quatre ans, pour que les industriels concernés par ce projet — et avant tout Dassault et British Aerospace qui tiennent en la matière le haut du pavé en Europe — parviennent à faire capoter la participation de la France à l'avion européen. Sous le regard attendri des généraux de l'armée de l'air. A qui la faute ? A qui la responsabilité de l'échec de la coopération européenne ? De chaque côté de la Manche, on se renvoie la balle avec une opiniâtreté toujours aussi vive plusieurs années plus tard. Du côté des militaires, qui soutiennent chacun leur industrie nationale, on n'a pas les mêmes besoins. Les Français veulent un avion léger, ne dépassant pas 8,5 tonnes, capable de se poser sur les porte-avions. Les Anglais veulent un avion lourd, de 10,5 tonnes, capable d'emporter suffisamment de pétrole pour patrouiller de longues heures aux abords du cap Nord. Ces divergences d'états-majors s'atténueront au cours des négociations, sans toutefois jamais disparaître vraiment. Les contradictions entre industriels sont plus fortes : Dassault veut à tout prix obtenir la maîtrise d'œuvre de la cellule du futur appareil, en raison des solutions techniques retenues.

La firme française, soutenue par la Délégation générale pour l'armement et son chef l'ingénieur général Émile Blanc, estime en effet avoir un droit moral sur les ailes delta et les empennages canard — ces « moustaches » situées de part et d'autre du cockpit du Rafale — qu'elle a été la première à mettre au point ; c'est une condition suffisante à ses yeux pour prétendre récupérer 46 % des financements consacrés aux études du futur appareil européen. C'est plutôt culotté quand on sait que la France ne prévoit pas d'acheter plus du tiers des 1 000 exemplaires envisagés... Vue des autres capitales, la liste des exigences françaises paraît démesurée : Paris entend également que le patron du projet soit un ingénieur général de l'armement français, et que le bureau d'études soit installé à Villacoublay, dans la région parisienne. On a même prévu que cette base aérienne sera placée en extraterritorialité, comme une ambassade ! Face aux résistances des partenaires européens, le jeu de Dassault, des aviateurs, de la SNECMA fabricant de réacteurs, de Thomson engagé dans le radar consistera donc à faire en sorte que la France quitte le programme européen et s'engage seule dans un avion national. Ce sera gagné en août 1985.

La gloire de Marcel

Il est là tout tassé, emmitouflé dans un gros manteau et paraissant avoir encore plus que ses 93 ans. Dans le tonnerre de la sono crachant, pour annoncer l'apparition du nouvel avion, un *So sprach Zarathoustra* emphatique, il semble se recroqueviller encore davantage sur sa chaise. Mais le verbe ressemble à l'œil : vif bien que pâle... Et devant les micros hérissés, le vieux Marcel Dassault que ses genoux supportent avec peine lâche dans un souffle sa dernière prophétie : « Ce sera l'avion mondial. » Ce 14 décembre 1985, c'est son 92e prototype que baptise le légendaire ingénieur depuis la sortie de son SEA 4, en... 1916. Autant dire que la machine Dassault est rodée et que la superbe plastique du petit dernier constitue une nouvelle occasion d'appliquer les règles intangibles qui fonctionnent avec une exemplaire réussite depuis sept décennies ; pour le plus grand bien de la firme qui feint de confondre de la sorte ses intérêts avec ceux de la France, et de son actionnaire-fondateur qui a su bâtir, essentiellement grâce aux commandes de l'État français, l'une des très belles fortunes mondiales.

Les grands principes de la maison Dassault seront donc appliqués au Rafale comme ils l'avaient été aux autres machines sorties de ses bureaux d'études : avant toute chose, marquer l'événement. Démontrer à chaque coup de crayon, dès le premier, que le point de non-retour est franchi, et que le nouvel avion correspond exactement à ce dont l'armée de l'air, c'est-à-dire la France, a besoin. A ce propos, Bruno Revellin-Falcoz — vice-président chargé des affaires techniques — fera un lapsus significatif le 24 mai 1989 lors d'un dîner de presse dans les somptueux locaux de la firme, au rond-point des Champs-Élysées. Évoquant la capacité du nouvel avion à évoluer à partir de terrains courts (moins de 400 mètres), il affirme : « Le Rafale va apporter à l'armée de l'air un besoin *(sic)* qui n'est pas encore couvert ! » Car le problème crucial de Dassault n'est pas en premier lieu de répondre aux spécifications des aviateurs, ses ingénieurs savent parfaitement le faire au besoin en les précédant, mais bien d'assurer le plan de charge des usines.

Problème : un avion de combat vit de plus en plus longtemps. Et en cette fin de siècle, les ressources rétrécies des armées, conjuguées avec les performances des avions modernes en matière de solidité et de capacités d'évolution technique des cellules, font que la durée de vie d'un appareil excède désormais trente ans. Était-il vraiment utile, dans ces conditions, que l'armée de l'air prévoie de se doter du Rafale à partir de 1995 quand le Mirage 2000 ne vole dans les escadres que depuis 1982 et que des évolutions de ce modèle sont parfaitement envisageables ? Non. Mais ce général aviateur nous expliquera : « L'aspect industriel de ce dossier est très important. Même si notre besoin opérationnel n'était pas urgent, comment serait-il possible autrement de conserver à la France cette capacité technologique ? Si on ne fait pas le Rafale maintenant, comment pourrions-nous avoir un autre avion dans dix ou quinze ans ? »

Un nouvel avion tous les dix ans

Les aviateurs, qui prétendent à pouvoir disposer de ce qui se fait de mieux, ne manquent jamais d'expliquer que le système d'armes (radar, missiles) et les deux réacteurs de cet avion lui donneront des performances incomparables avec celles des appareils de la génération précédente. Certes. Et l'on comprend dans ces conditions pourquoi Serge Dassault pouvait se féliciter avec tant d'enthousiasme au cours du même dîner : « Avec le Rafale, on est dans le mille. C'est ça qu'ils veulent. Nos avions correspondent à un besoin qui va se développer. » Le seul regret de l'industriel résidait alors dans les trop tardives décisions gouvernementales sur le nouvel avion : « Il est maintenant sur les rails et les programmes concurrents n'ont pas la même certitude d'échéance de sortie. Mais nous sommes en retard par rapport à nos rythmes antérieurs. Le

Mirage III avait été lancé en 1962, le Mirage F1 en 1972 et le Mirage 2000 en 1982. Au départ, nous pensions lancer le Rafale en 1992. » Alors que le premier avion de série ne volera qu'en 1996.

Dernier principe, essentiel pour le soutien populaire du projet : prendre à témoin l'opinion publique, dans la presse mais surtout au salon biennal du Bourget, que le dernier avion sorti des planches à dessin de la firme est réellement ce qui se fait de mieux au monde. C'est un point trop souvent négligé par ceux qui ne voudraient voir dans Dassault qu'une firme imposant ses avions contre leur gré aux politiques, avec le soutien inconditionnel des militaires ; en fait, la place conquise par cette firme et son fondateur dans la société française ne l'aurait pas été sans le formidable engouement que soulève l'aviation dans notre pays. Les salons aéronautiques français n'ont cessé depuis les années vingt de rassembler davantage de monde à chacune de leurs éditions. Naturellement le président de Dassault, Marcel d'abord puis son fils Serge, dispose au bord des pistes du Bourget du plus beau chalet où se précipitent pendant deux semaines, dans une ambiance de fête, tous les pontes de l'aéronautique mondiale. Mais la foule, massée dehors, ne perd jamais une miette des spectacles aériens dont les nouveaux modèles de chasseurs de Dassault constituent souvent l'événement.

Une bonne opération de relations publiques impose une image forte. La première apparition du démonstrateur à Saint-Cloud, le 14 décembre 1985, a donc été marquée dans les règles de l'art par une première photo-symbole. En grand uniforme devant le cockpit, le général Bernard Capillon ne s'est pas fait prier pour se prêter, avec Marcel à sa droite et Serge à sa gauche, à l'immortalisation de la scène. Sourire *cheese*, naturellement : le chef d'état-major de l'armée de l'air connaît en ce jour une belle satisfaction, lui qui depuis des années se bat bec et ongles pour que cet avion se fasse. Sa présence et l'aimable complaisance qu'il prête à la mise en scène le prouvent, comme ses déclarations : « Cet appareil correspond tout à fait, dans la définition des missions et des performances, à ce que nous souhaitions. » Tout le monde, loin s'en faut, n'est pas dans cet état d'esprit.

Dans la foule des invités, montrant à l'égard des photographes une répulsion aussi forte que l'attirance du général pour les flashes, Patrick Careil cherche à tempérer l'euphorie ambiante. Directeur de cabinet du ministre de la Défense Paul Quilès ostensiblement absent, il ne veut pas — lui — que cette cérémonie apparaisse comme une quelconque preuve de l'avancement du dossier : et d'expliquer aux journalistes qui consentent à lui prêter l'oreille en ce jour de liesse que trop de choses restent encore à négocier entre l'État et Dassault, y compris l'essentiel, et que ce Rafale trônant au milieu du grand hall de l'usine de Saint-Cloud n'est qu'un « démonstrateur » technologique. Rien d'autre, et surtout pas un prototype ou le premier appareil d'une nouvelle série !

« L'arrogance de Dassault »

Dès le lancement de l'idée d'un programme d'avion européen, les Britanniques avaient concentré tous leurs efforts sur le moteur du futur avion européen. Ils entendaient que celui-ci soit une extrapolation modernisée du RB 199 de Rolls-Royce qui équipe le Tornado [1] et que toutes les solutions techniques retenues relèvent de leur propre choix. La SNECMA française, que dirige alors l'ingénieur général Jacques Bénichou (auquel succédera... le général Bernard Capillon [!] à l'heure de son départ en retraite), considère quant à elle que la réalisation de son propre projet, le réacteur M 88, constitue la clé de son avenir pour de très nombreuses années. Elle a mis au point, grâce aux ingénieurs maison, des solutions techniques révolutionnaires que la volonté de Rolls-Royce d'obtenir la maîtrise d'œuvre du réacteur enverrait au musée.

Les arguments que fera valoir la SNECMA joueront sans

1. Cet appareil construit par les Britanniques, les Allemands et les Italiens est en service à près de 700 exemplaires dans les armées de ces trois pays.

doute encore davantage que ceux de Dassault pour que la France quitte en 1985 le projet européen... Cinq ans plus tard — le 7 mai 1990 —, le nouveau président de la SNECMA Louis Gallois, présentant pour la première fois au ministre Jean-Pierre Chevènement le Rafale équipé du M 88 sur la base aérienne d'Istres, devant le gratin de l'industrie aéronautique convoyé dans une bonne demi-douzaine d'avions spéciaux, lui expliquera : « Ce moteur est à 100 % SNECMA. Il y a là sans doute un inconvénient financier et une contrainte commerciale — personne ne l'ignore — mais c'est aussi une exceptionnelle démonstration de savoir-faire et de maîtrise technologique. Cette présentation n'aurait pas eu lieu si les gouvernements successifs n'avaient pas voulu le programme et s'ils ne l'avaient pas voulu avec détermination, avec continuité. »

Et puis, il y a le non-dit. Quand ils veulent bien s'étendre sur les raisons de leur peu d'empressement à collaborer avec les Français dans le domaine aéronautique, les arguments qu'évoquent les industriels britanniques, comme les aviateurs de la Royal Air Force, portent pour une bonne part sur l'attitude de Dassault, et sur son « arrogance » dont ils n'attendent que de nouveaux malheurs. C'est ainsi qu'on en vient très vite, au cours de la moindre discussion avec des industriels d'outre-Manche, à l'échec de la première tentative franco-britannique de créer un chasseur en commun. Cette rancune remâchée, mais pas encore digérée, remonte à... 1967 ! Quinze ou vingt ans d'aigreur aiguisent les hargnes. Explication : états-majors, pouvoirs publics et industriels des deux côtés de la Manche étaient à cette époque convenus de la nécessité de mettre au point un projet commun d'avion à géométrie variable. En mai 1967, c'est chose faite ; on signe officiellement un accord de coopération, qui doit aboutir à la définition d'un futur avion de combat. Tout va pour le mieux dans le meilleur des mondes pendant... trois semaines ! Car le 28 mai, à l'occasion du 27e Salon du Bourget, les responsables de Dassault présentent à Melun le Mirage G, un avion conçu dans le plus grand secret par les ingénieurs maison et qui incorpore tout leur savoir-faire et toutes leurs astuces, c'est-à-dire la plupart des technologies — en version française — prévues pour le futur avion commun. La presse française ne ménage pas ses compliments et note qu'objectivement « c'est l'avion le plus fin, le plus racé, le plus élégant, le plus pur que l'on puisse voir [2] ». Les Anglais, qui ne pardonneront jamais à Dassault cette humiliation publique, font immédiatement savoir qu'ils résilieront l'accord — ce sera chose faite le 5 juillet — et partent mettre sur pied avec les Allemands et les Italiens le *Multirole Combat Aircraft* (MRCA), qui deviendra le Tornado.

En fait, l'évidente mauvaise volonté française à participer à l'avion de combat européen a rassemblé dès le départ une bonne part des industriels, des militaires et des services officiels. Leur but commun a consisté, avec une application et une constance remarquables, à faire en sorte que les décideurs penchent progressivement vers une solution nationale en abandonnant *de facto* l'hypothèse européenne. Au début des années quatre-vingt, les arguments des acteurs français tiennent en peu de mots : ils considèrent que, s'ils peuvent arracher à leur gouvernement des financements acceptables — à savoir, dans un premier temps, la somme colossale de 40 milliards de francs 1986 nécessaires aux études et à l'industrialisation de l'appareil —, toute solution nationale est préférable à une coopération.

La collusion de l'industrie et de la Défense, au nom de l'intérêt supérieur national, est ici absolument manifeste entre d'une part un avionneur chef de file et des industriels associés qui entendent sauvegarder l'exclusivité de leur savoir-faire, et d'autre part des aviateurs qui préfèrent n'avoir à rabattre aucune de leurs spécifications techniques tant que la possibilité leur en est offerte ; troisième acteur : les services officiels et la Délégation générale pour l'armement qui n'envisagent pas sans quelque difficulté de se soumettre à des volontés extérieures. Les politiques, même s'ils ne l'entendent pas de cette oreille, ne font pas preuve d'une capacité de résistance exces-

2. *Le Figaro*, 29 mai 1967.

sive ; et Charles Hernu, par exemple, cherchera réellement à faire progresser un avion européen qui intégrerait une part significative des spécifications françaises.

Le président et les hommes du Rafale

Mais la France se trouve dans ce début des années quatre-vingt dans une situation nouvelle : François Mitterrand qui vient d'être élu détient sans aucun doute la réalité du pouvoir, mais certainement pas les réseaux d'information qui lui permettraient de disposer sur ce dossier aussi complexe d'une capacité d'analyse indépendante et autonome. Dès son élection, et jusqu'à la victoire finale de Dassault et de ses alliés en août 1985, trois hommes à la proximité incontestable vont jouer à propos du Rafale un rôle déterminant auprès du président de la République. Le premier d'entre eux est Pierre Guillain de Bénouville. Un de ces hommes qui comptent le plus pour le président, un ami de toujours, qui a si souvent croisé son chemin. Général depuis son passage dans la Résistance, compagnon de la Libération et tenant depuis à ce titre plus qu'à tout autre, Bénouville est depuis les premières années de l'après-guerre un féal des Dassault.

Un homme lige, un chevau-léger dont le carnet d'adresses époustouflant a puissamment aidé Marcel sous deux républiques, et qui, la voix étonnamment haut perchée, s'est fait le chantre de l'avionneur au Parlement — inscrit au RPF, il a été élu pour la première fois en 1951 député d'Ille-et-Vilaine — et dans toute la classe politique. Est-il, comme certains l'affirment sans jamais l'avoir prouvé, celui par lequel passerait une bonne partie des finances que les Dassault fourniraient généreusement et sans la moindre exclusive aux partis politiques français ? Toujours est-il que Bénouville — qui organisa un déjeuner de réconciliation Giscard-Chirac en novembre 1982 — a également ses entrées à l'Élysée. Il fera valoir auprès de celui — le seul finalement — qui décide, à savoir François Mitterrand, que l'intérêt de l'industrie aéronautique française dans son ensemble rend nécessaire le lancement du Rafale sur une base purement nationale.

Le deuxième acteur qui jouera sur ce dossier un rôle essentiel, c'est le général Jacques Mitterrand, le propre frère du président. Dans l'armée de l'air il a fait, comme disent les chasseurs, « une carrière pas mal pour un bombardier » : il l'a commencée pendant la guerre aux commandes d'un B 26 Maraudeur, et l'a terminée avec cinq étoiles en mai 1975 comme inspecteur général de l'armée de l'air après avoir été, de 1970 à 1972, commandant des forces aériennes stratégiques. Dans une vie politique où les liens de son frère avec les militaires n'ont brillé ni par leur fréquence ni, surtout, par leur qualité, Jacques Mitterrand a joué auprès de lui un rôle proche de celui, noble et ingrat, du chien d'aveugle. Archétype du militaire partant pantoufler dans l'industrie, il a été PDG de l'Aérospatiale entre 1975 et 1983 ; atteint à cette date par la limite d'âge des patrons d'entreprises publiques — 65 ans —, il n'a pas raccroché pour autant et a encore gardé pendant deux ans ses fonctions de président du Groupement des industries françaises aéronautiques et spatiales — c'est-à-dire de chef du lobby aéronautique — avant d'être nommé à la tête de l'Office général de l'air (OGA), juteuse officine de commercialisation des matériels aéronautiques français de tous types. C'est donc avec sa double casquette d'aviateur et d'industriel que Jacques Mitterrand put faire part à son illustre aîné des bienfaits du Rafale pour l'armée de l'air et l'industrie nationale, donc pour la France. Des projets industriels de plus grande envergure encore se seraient sans doute contentés de ce double appui. Le Rafale en aura un troisième.

A partir de juin 1981, cet homme-ci suivra le dossier minute par minute, avec un accès permanent au bureau du nouveau maître de l'Élysée. Le général Jean Saulnier, aviateur et chasseur, a été nommé, comme on l'a vu, chef de l'état-major particulier du président dans les jours qui ont suivi son élection. Le plus naturellement du monde, c'est à son frère que François Mitterrand avait demandé de trouver l'homme idoine. Avec un tel parrainage il ne pouvait s'agir, naturellement, que d'un aviateur ; le chef d'état-major Guy Fleury choisira Jean Saulnier, patron des Forces aériennes stratégiques depuis deux ans. Politiquement, le choix se révélera judicieux car le général comprendra, sans avoir besoin de dessins, qu'être le premier collaborateur militaire du président apporte un pouvoir considérable même s'il doit demeurer discret. Chacun de ces trois hommes, tous généraux, discutera donc à plusieurs reprises avec le président du dossier Rafale. Leur interlocuteur se montrera très intéressé, mais aussi très favorable à une solution européenne. Il trouvera pourtant face à lui des militaires et un milieu industriel résolument hostiles à une telle décision. Tous ensemble pourront, en utilisant très habilement les contradictions d'intérêt avec les industriels étrangers, parvenir à satisfaire leur désir premier : la mise en route d'un programme français, avec de l'argent français, par des industriels français. Et pour des clients qui risquent fort de n'être que français. Mais du point de vue de l'industriel, tout est parfait et il pourra avoir quelques années plus tard cette formule admirable : « Si nos partenaires avaient accepté le projet français, nous serions dans l'avion de combat européen[3]. »

Résister : l'exemple du Mirage 4000

Est-ce parce qu'il s'est très vite mordu les doigts d'avoir laissé les Français sortir de l'avion européen ? Toujours est-il que dans les semaines suivant la réunion décisive du 1er août 1985 à Turin qui a marqué la fin du projet européen — les cinq partenaires sont restés ensemble de 15 heures à 3 heures le lendemain matin —, François Mitterrand a pris l'initiative tardive de confier à l'ambassadeur Claude Arnault le soin de chercher un compromis de la dernière heure. Peine perdue. L'ultime tentative sera faite le 9 novembre 1985, lors du 46e sommet franco-allemand à Bonn, au lendemain d'une importante réunion sur le programme *Eureka* à Hanovre. Le

3. *Libération*, 8 juin 1989.

président français y demandera assez maladroitement au chancelier Helmut Kohl que son pays puisse participer à hauteur de 10 % au projet concurrent du Rafale, tout en poursuivant ce dernier pour son propre compte. Et de confier, pas chipoteur, que la participation réclamée par Paris est négociable : « Si ce n'est pas pour 10 %, ce sera pour 5 %. » On n'est pas plus arrangeant...

Comme tous les politiques, sans pratiquement la moindre exception, qui ont approché ce dossier, François Mitterrand explique alors que dans ce programme européen avorté, puisque la France fait cavalier seul, « ce qui est important, c'est le symbole ». Malheureusement le pouvoir politique n'a pas su alors, ni surtout voulu, imposer aux industriels comme aux militaires un choix politique qui aurait permis à ce symbole de vivre. Et c'est contre l'évidence qu'on fanfaronne en novembre à l'Élysée : « Ce n'est pas Dassault qui fait la politique de la France[4]. » Quelques années plus tard, François Mitterrand reviendra sur cette affaire pour faire porter la responsabilité de la décision aux industriels, tout en admettant que le pouvoir — en l'occurrence lui-même — n'avait pas joué le rôle qui aurait dû être le sien : « L'échec des conversations pour un avion européen accepté par tous a largement dépendu des industriels fort peu enclins à trouver un accord, y compris en France. Une vraie politique de défense européenne devra passer par-dessus ce primat. Toute décision est politique. Faute de quoi, rien ne se fera. Et rien ne s'est fait, jusqu'ici. J'entends qu'en France la décision redevienne, sans doute possible, l'apanage du pouvoir exécutif[5]. » Au printemps de 1990, en ces mêmes lieux élyséens, on regrettait encore la décision prise cinq ans plus tôt et qualifiée d'« erreur tragique » : « Nous avons vu trop tard à quoi jouait Dassault, qui misait sur l'échec de la coopération européenne si elle ne se fédérait pas autour d'eux. »

4. *Libération*, 9 novembre 1985.

5. François MITTERRAND, *Allocution sur la défense de la France*, Institut des hautes études de défense nationale, 11 octobre 1988.

Paradoxe : la décision de lancement du Rafale, quelles que soient les conditions dans lesquelles elle a été prise par les socialistes, dénote de la part de ces derniers une attention aux arguments de Dassault et de l'armée de l'air nettement plus forte qu'avait pu l'être celle prêtée à ces mêmes interlocuteurs par le prédécesseur de François Mitterrand. Au début du septennat de Valéry Giscard d'Estaing, l'armée de l'air avait tenté de placer l'un des plus ambitieux programmes de l'avionneur national, le Mirage 4000, un gros modèle rassemblant tout le savoir-faire maison. Le 31 janvier 1974, le chef d'état-major de l'armée de l'air, le général Claude Grigaud, donne quelques informations sur cet engin qu'il appelle encore avion de combat futur (ACF) : il s'agira d'un appareil bimoteur, fabriqué en trois versions — interception, pénétration, reconnaissance. Tout en admettant que ce futur avion nécessitera « une lutte extrêmement importante pour que ses prix restent dans une enveloppe décente », Claude Grigaud estime alors que l'affaire est dans la poche et note que « la phase de prototype qui est en cours vise essentiellement à prouver que la formule correspond bien à ce que nous souhaitons ». Comme c'est la règle quand l'armée de l'air se bat pour un nouvel avion, le chef d'état-major ne manque pas de souligner sa parfaite identité de vue avec le ministre de la Défense, Robert Galley, lequel estime pour sa part que « finalement cet avion est le cheval de bataille de l'industrie aéronautique [6] ».

Si Georges Pompidou n'avait pas été gravement malade, il est probable que l'armée de l'air aurait pu avoir son puissant bijou. Le décès du successeur de Charles de Gaulle, le 2 avril 1974, changera le cours des choses. Après l'élection de Valéry Giscard d'Estaing et une période de transition assurée par Jacques Soufflet, le nouveau ministre de la Défense Yvon Bourges, qui prend ses fonctions le 1er février 1975 et les gardera plus de cinq ans, trouve naturellement sur son bureau le dossier ACF. Il n'y a pas été mis par hasard, car, au sein des états-majors, tous ses adversaires coalisés se sont persuadés

6. *Air Actualités*, mars 1974.

que le changement d'équipe gouvernementale constituerait l'occasion rêvée de descendre en flammes le projet.

De fait, ce que découvre Yvon Bourges lui glace le sang : Marcel Dassault et les aviateurs ont négligé toute prudence et le prix de cette merveille dépasse l'entendement ! Le ministre ne mettra guère de temps à torde le cou au Mirage 4000. Avec le soutien des autres chefs d'état-majors — l'amiral Albert Joyre-Noulens pour la marine, le général Jean Lagarde pour l'armée de terre — coalisés autour du général Guy Méry, chef d'état-major des armées, le ministre de la Défense obtiendra gain de cause en décembre 1975. Le Conseil de défense, instance suprême de décision en matière militaire, enterrera à cette date l'ACF pour lancer le Mirage 2000. Deux fois moins gros, beaucoup moins cher, et tout aussi efficace s'y l'on en croit l'usage planétaire qu'en fait aujourd'hui l'armée de l'air. Et à voir les insuccès relatifs de cet avion à l'exportation (169 avaient été vendus à des clients étrangers au 30 juillet 1990), on imagine aisément que le Mirage 4000 n'aurait guère eu plus de succès.

Bataille aéronavale

L'aéronautique démontre — mieux que toute autre industrie — qu'un programme d'envergure que des militaires bien organisés cherchent à imposer au pouvoir politique ne peut être réellement contré que si, au sommet de l'État, on veut se donner la peine de tenir tête. L'un des acteurs essentiels du dossier Rafale, le ministre de la Défense André Giraud qui fut aux affaires pendant la cohabitation, de mars 1986 à juin 1988, apprit à ses dépens que la logique industrielle n'a pas toujours grand-chose à voir avec les intérêts des grandes firmes d'armement. Dès son arrivée, le ministre voulut peser sur le dossier Rafale : il avait la certitude qu'il pouvait constituer une chance inespérée de modifier les relations entre le pouvoir et l'industrie, tout en ouvrant des perspectives à une coopération entre l'aéronautique française et son homologue américaine. Les atouts du ministre n'étaient pas minces : ce « parrain » du corps des Mines, ancien administrateur du Commissariat à l'énergie atomique, ministre de l'Industrie de Valéry Giscard d'Estaing, connaissait toutes les ficelles du métier et pensait réellement pouvoir intervenir efficacement dans le dossier et imposer ses vues. A ses yeux, aucun des deux concurrents européens ne mettait toutes les chances de son côté : l'avion de combat européen EFA allait à l'échec en raison des inévitables tirages entre les partenaires, mais le Rafale courait pour sa part le risque majeur d'être le dernier chasseur de conception purement française.

L'idée ministérielle consistait donc à ce que les marins se passent partiellement du Rafale dont ils devaient acheter 85 exemplaires, pour profiter des offres de l'industrie américaine visant à fournir aux Français des chasseurs embarqués F-18 Hornet conçus par Mc Donnell Douglas. Ceux-ci, modernisés dans la version Hornet 2000, auraient été construits en collaboration avec l'industrie française, bénéficiant de sous-traitances sur l'ensemble du programme et donc sur les ventes éventuelles à des pays tiers. L'intérêt majeur d'une telle initiative était, pensait André Giraud, d'ordre politique dans la mesure où il permettait à la France de sortir de l'isolement industriel dans lequel elle s'était placée de son plein gré. A peine formulée avec une prudence de chat, cette proposition qui coïncidait avec le refus de la marine d'acheter l'avion Dassault, trop cher à ses yeux, suscita une saisissante coalition du refus. Tout le conflit Dassault-marine se cristallisa sur le sort d'une vingtaine de chasseurs supersoniques Crusader, achetés aux États-Unis au début des années soixante, et qui ne seront techniquement plus en état de voler après 1993. Pour les remplacer, les marins voulaient absolument disposer dès 1993 d'autant de F-18, quitte à acheter des Rafale après l'an 2000, pour remplacer les avions d'attaque Super-Étendard.

La polémique s'enfla très rapidement et Dassault, appuyé par l'armée de l'air, affirma que l'achat de vingt chasseurs américains torpillerait définitivement les chances de l'avion à l'exportation, donc le programme lui-même. Argument reçu, fort et clair ! Au Salon du Bourget de juin 1987, l'attitude d'André Giraud et des marins suscite des réactions très vives. Lors de l'inauguration, le 11 juin, François Mitterrand prend fait et cause pour l'avion et se gausse des sceptiques : « Le Rafale existe, il existera sur le plan militaire. C'est un avion dont nous avons le plus grand besoin. Ce n'est pas la peine de parier sur le Rafale, mais s'il le fallait, je le ferais. » Le lendemain, un Serge Dassault jubilatoire allume la postcombustion : son Rafale « décollera et atterrira le plus court, montera le plus vite, virera le plus serré, accélérera le mieux, ira le plus loin, volera plus longtemps, emportera plus de charges, aura un système d'armes très évolué et sera furtif ». Quelques jours encore et Jacques Chirac, le Premier ministre, passe la dernière couche à ce tableau idyllique en affirmant que les engagements pris à propos du Rafale « imposent que tous les efforts soient concentrés sur sa réalisation dans les plus brefs délais ».

Les amiraux à l'abordage

Avec une pugnacité rare qui durera plusieurs années, les marins se sont enflammés, ont argumenté et résisté hargneusement. Au début, seules quelques confidences vachardes anti-Dassault alimentaient les échos des journaux. Puis les amiraux sont montés en ligne en déclenchant l'artillerie lourde, maniée parfois par des francs-tireurs ne craignant pas de risquer leur carrière, avec un panache digne des temps de la marine à voile : le patron des porte-avions, l'amiral Hervé Le Pichon, sortira le premier de sa casemate pour pourfendre le Rafale qui, entre autres amabilités, « ne correspond à aucun besoin militaire français [7] ». André Giraud ne lui en voudra pas d'avoir ainsi mis les pieds dans le plat et prendra la sanction minimale — un rappel à l'ordre confidentiel — avant d'en faire le délégué à l'innovation du ministère de la Défense. Un second amiral, plus discret mais non moins actif contre la

7. *Libération*, 30 avril 1987.

version marine du Rafale, fut l'amiral Guirec Doniol, un Breton coriace patron de l'aéronautique navale et de l'aviation embarquée entre avril 1986 et novembre 1989 qui organisa dans l'ombre quelques subtiles opérations de guérilla.

Les adversaires des marins, pourtant, sont pugnaces. C'est ainsi que le président de la commission de la Défense à l'Assemblée nationale, le socialiste Jean-Michel Boucheron, remet le couvert fin 1989, et fait sienne — au nom de l'intérêt national — la position des aviateurs et de l'industrie. Il tonne dans un rapport : « La solution présentée avec obstination pour régler le problème des Crusader réside dans l'acquisition de 15 appareils américains de type F-18. [...] Il est anormal que l'on réclame avec autant d'insistance cet avion alors que les données du problème, aujourd'hui mieux connues, montrent avec la plus grande clarté que cette solution n'est pas souhaitable [8]. » Bernard Louzeau, chef d'état-major, ne peut plus rester en retrait.

Le 10 octobre 1989, devant la commission de la Défense dont les débats lors de cette séance ne furent jamais rendus publics, le chef d'état-major de la marine est venu contester pied à pied tous les arguments techniques de ses adversaires et s'insurger contre le projet en passe d'être retenu, à savoir la remise à neuf à prix d'or (1,2 milliard de francs) des avions Crusader trentenaires. Ouvertement, il pronostique que les promesses de Dassault ne seront pas tenues, et surtout que la marine pourrait avoir le plus grand mal à remplir les missions aéronavales que lui confierait le gouvernement : « Les ACM (pour « avions de combat marine », intitulé officiel des Rafale destinés aux porte-avions) risquent de coûter plus cher que prévu et d'arriver plus tard que prévu. Avec cette mauvaise solution de rénovation des Crusader, les besoins opérationnels ne seront pas remplis. Il ne m'appartient pas de prendre ce risque. Attention au moral des pilotes, l'aspect psychologique est désastreux et des signes inquiétants se font

8. Jean-Michel BOUCHERON, *Rapport sur le projet de loi de programmation militaire 1990-1993*, Assemblée nationale, 2 octobre 1989, p. 360.

sentir. Certains pilotes demandent à aller dans l'armée de l'air ! La rénovation des Crusader entraînera une diminution de la marge de sécurité à l'appontage ! On ne sait pas où on va… »

Fin du match

Était-ce fini ? Pas du tout… Un quatrième amiral, Yves Goupil, major général et à ce titre numéro deux des marins français, s'en prendra au Rafale dans *Cols bleus*, l'hebdomadaire officiel de l'état-major de la marine. Dans une démarche tout à fait inhabituelle, il expliquera dans cette première prise de position publique que son état-major « préconise » l'achat d'avions américains[9]. Bien entendu, pour ne pas encourir les foudres de Dassault et de l'armée de l'air, défenseurs toujours effervescents du maintien des capacités technologiques nationales, Yves Goupil rappellera solennellement que c'est seulement pour remplacer les Crusader que les marins veulent des F18, et qu'ils seront très contents de disposer du Rafale pour remplacer les Super-Étendard… Mais à l'état-major de l'armée de l'air, on n'en crut pas un mot. Face à une telle intervention restant dans les normes admissibles et émanant de surcroît d'un amiral s'exprimant au cœur de son domaine de compétence, puisqu'il fut en 1962 le premier pilote français de Crusader, Jean-Pierre Chevènement ne pouvait guère taper trop fort du poing sur la table.

Il se contenta donc de publier un communiqué portant la patte de son conseiller spécial Philippe Barret et citant l'article 12 de la déclaration des Droits de l'homme du 26 août 1789 qui affirme : « La garantie des droits de l'homme et du citoyen nécessite une force publique. Cette force est donc instituée pour l'avantage de tous, et non pour l'utilité particulière de ceux à laquelle elle est confiée. » Le ministre fit enfin savoir le 23 décembre 1989 qu'il avait pris une décision irrévocable,

9. *Cols bleus*, n° 2052 du 21 octobre 1989.

à savoir que les Crusader de la marine subiraient quelques années supplémentaires d'acharnement thérapeutique, avant d'être remplacés par des Rafale. Fin de l'incident : après avoir guerroyé pendant des années, en utilisant sans en négliger aucun tous les moyens à sa disposition, et quelques autres, le chef des marins Bernard Louzeau siffla la fin du match et l'arrêt immédiat de toutes les escarmouches et de toutes les critiques contre le Rafale. Toute la marine se prêta au jeu, hormis le très ardent Hervé Le Pichon qui ne put s'abstenir de fulminer publiquement contre cette décision lors d'un colloque aux Invalides le 1er mars 1990, en affirmant que le « lobby militaro-industriel » prône « une exportation à tout va qui devient une fin en soi — au point que pour ne pas handicaper un programme nouveau d'avion de combat on n'hésite pas à priver les porte-avions français de défense aérienne pendant plusieurs années [10] ».

Stériles attaques

Qu'il s'agisse des marins, ou des hommes politiques, toute critique est à vrai dire proscrite lorsqu'il s'agit du Rafale, promu au rang de veau d'or national. Député entre 1986 et 1988 et inscrit à la commission de la Défense de l'Assemblée nationale, Michel Bernard (RPR) en fit l'amère expérience en septembre 1988. Neuf mois plus tôt il avait rendu un rapport détaillé sur le chasseur, commandé par le président de la commission François Fillon, lui aussi membre du parti de Jacques Chirac. Soucieux de disposer sur ce dossier épineux d'un rapport aussi bien informé et objectif que possible, le président de la commission n'avait formé qu'un vœu en cherchant un rapporteur parmi ses collègues : qu'il n'ait pas dans sa circonscription une usine de sous-traitants de Dassault. Michel

10. Hervé LE PICHON, « Désarmement conventionnel et sécurité européenne, implications sur le flanc sud et hors d'Europe », colloque de la Fondation pour les études de défense nationale, 2 mars 1990.

Bernard paraissait répondre à ce critère inédit, bien qu'il n'ait pas fallu longtemps aux stratèges de Saint-Cloud pour dénicher dans son département de la Haute-Vienne un de ces fameux sous-traitants, et faire commencer immédiatement un lobbying syndical efficace. Trop explosif pour être publié avant l'élection présidentielle, le rapport avait été expurgé à la demande de Matignon, et finalement enterré. C'est *L'Express* qui le ressortit des oubliettes le 15 septembre 1988 sous le titre « Rafale : le gouffre à milliards » en révélant en particulier que le texte s'interrogeait sur la capacité des industriels et de l'État à poursuivre sans participation étrangère un programme dans lequel la part des coopérateurs internationaux avait été arbitrairement fixée à 17 %.

Emboîtant le pas à l'hebdomadaire avec une célérité remarquable, Michel Rocard déclare aussitôt à la radio qu'il a trouvé en arrivant à Matignon le futur avion de combat français « dans un état de sinistre avancé » et que le dossier « a été mal lancé » par Charles Hernu en 1985. Ahurissement chez Dassault, effondrement chez Jean-Pierre Chevènement, consternation dans l'armée de l'air. Chez les aviateurs, tous les regards se tournent aussitôt vers l'un des plus brillants des leurs, le général d'aviation Bernard Norlain, chef du cabinet militaire du Premier ministre : pilote de chasse, il est arrivé à Matignon avec Jacques Chirac, en 1986, et a très attentivement suivi pendant deux ans le dossier du Rafale. S'il n'a pas eu besoin de beaucoup pousser Chirac, très partisan de ce programme, et personnellement très lié à la maison Dassault, le général Norlain a tout de même aidé à ce qu'il franchisse les arcanes administratifs pour que le financement des premiers prototypes — effectif en avril 1988 — soit assuré avant l'élection présidentielle de mai. A noter que dans le même temps, un autre inconditionnel du Rafale — le général Jean Fleury, pilote de chasse et patron de l'armée de l'air à compter d'avril 1989 — officie à l'Élysée au poste de chef de l'état-major particulier du président, où il a succédé à son collègue aviateur Jean Saulnier. Ainsi que nous le confiera un de leurs amis communs, lui aussi général d'aviation, « il est sûr qu'avec Saulnier, Norlain et Fleury nous avons eu les bons généraux aux bonnes places et aux bons moments. L'armée de l'air a habilement géré la conjoncture ».

La violente tempête soulevée par la publication du rapport et par les propos iconoclastes du Premier ministre se terminera pourtant — et contre toute attente — par une très nette victoire de Dassault qui a reçu le soutien de toute la classe politique. Le 2 décembre suivant, Michel Rocard enfile une combinaison de vol sur la base aérienne de Mont-de-Marsan et monte à bord d'un Mirage 2000 piloté par le colonel Serge Cocault. Quelques dizaines de minutes de vol plus tard, conférence de presse au mess de la base. Et le Premier ministre, badin, d'annoncer qu'il a été mal compris, qu'il ne veut naturellement aucun mal au Rafale dont « l'évolution sur devis du coût de développement est conforme aux prévisions » et que le fameux état de sinistre avancé évoquait surtout l'absence de coopération entre les Français et des partenaires étrangers. Et il révèle à cette occasion que les financements nécessaires au premier prototype naval du Rafale venaient d'être accordés. Ce que le Premier ministre se gardera bien de divulguer, c'est que le « sinistre avancé » faisait en réalité allusion à une conversation très précise entre lui-même et son collègue espagnol Felipe Gonzales : quelques jours avant l'intervention radiodiffusée de Rocard, son homologue venait de se plaindre auprès de lui des méthodes employées par Dassault pour arracher dans l'appareil d'État espagnol une coopération de l'industrie nationale avec les Français. Certains responsables de la firme française, avait assuré Gonzales à Rocard, étaient allés jusqu'à proposer de forts pots-de-vin à certains Madrilènes influents. D'où la colère rocardienne...

Depuis le coup de gueule du Premier ministre en septembre 1988, les événements ont suivi tranquillement leur cours en ne prouvant qu'une seule chose : le dossier du Rafale est si bien verrouillé que toute attaque contre lui — d'où qu'elle vienne — le renforce. A noter d'ailleurs que la tribu Dassault sait se montrer reconnaissante : quelle que soit la couleur politique du gouvernement en place, on ne mord pas la main qui vous nourrit ! La preuve ? Lors de la discussion sur la loi de finances 1990, Pierre Guillain de Bénouville et Olivier Dassault, tous deux inscrits au RPR, ont refusé le 9 octobre 1989 — avec seulement deux autres députés RPR — de voter la motion de censure pourtant proposée par leur propre groupe parlementaire... Le 9 mai 1990, rebelote : Bénouville se paie même le luxe d'être le seul membre de toute l'opposition à refuser une nouvelle motion de censure votée par tous ses autres collègues, cette fois-ci sur l'amnistie des infractions liées au financement des partis politiques. Autant de paradoxes constituant sans doute le joyau de l'héritage légué aux siens par Marcel Dassault !

Au nom du fils

Si l'avenir du Rafale paraissait assuré à l'automne 1990, il n'en allait pas de même des structures de la maison Dassault dont on évoquait l'éventuel partage entre les autres industriels aéronautiques français. La cession par son fondateur de 26 % des actions de l'entreprise à l'État en 1981 a eu pour conséquence une curieuse répartition du capital et des droits de vote. Lorsque Marcel meurt le 18 avril 1986, l'État possède 45,84 % du capital de son entreprise mais 55 % des droits de vote. Les conséquences de cet état de fait sont claires : sans disposer de la majorité des parts, propriété de la famille Dassault et de ses alliés, l'État est maître dans la firme. Lorsqu'il arrive au ministère de la Défense en mars 1986, et après le nécessaire temps d'étude des dossiers, André Giraud veut changer les choses chez Dassault. Il est en particulier décidé à ce que Serge Dassault — tous deux anciens élèves de Polytechnique, ils se tutoient — ne devienne pas le président de l'entreprise. Il n'a pas fait la preuve, pense-t-il, de ses capacités de manager et Marcel n'a pas choisi de son vivant d'en faire son successeur.

Le plan d'André Giraud est simple : il consiste à transformer en douceur l'entreprise en société anonyme avec conseil de surveillance et directoire. En juillet 1986, après plusieurs discussions qui se tiennent dans le bureau du ministre donnant sur le parc de l'hôtel de Brienne, rue Saint-Dominique, un accord est scellé, dont André Giraud a toujours affirmé qu'il avait été entériné dans une lettre que Serge Dassault lui adressa. Ce qui est sûr, c'est que ce dernier avisera à l'époque Jacques Chirac de cet accord, par l'intermédiaire de son conseiller Jean Picq : l'héritier en titre accepte d'être nommé président du conseil de surveillance, et il est prévu qu'un ingénieur général de l'armement ami de Giraud, Jacques Bénichou — ancien président de la SNECMA —, deviendra président du directoire.

Dès le mois d'août pourtant, le général de Bénouville, qui n'avait été mis que tardivement au courant de la combine, se réveille, décide de prendre lui-même les affaires en main et d'aider Serge à se ressaisir, en l'honneur de l'illustre maison dont il porte le nom. Le général demande un rendez-vous, puis d'autres, au ministre. Il y emmène même à quelques reprises Madeleine Dassault, épouse du défunt Marcel et mère de Serge. Devant un Giraud intransigeant et sourd à toute proposition de compromis, Serge Dassault est alors prié, par Bénouville et au nom de l'intérêt supérieur de l'entreprise, de revenir sur sa promesse. Ce qu'il fait. Giraud, pour une fois ébranlé, accepte alors de recevoir un par un tous les barons de Dassault : Benno Claude-Vallières, Jacques Estèbe, Bruno Revellin-Falcoz, Charles Edelstenne, Hugues de l'Estoile se succèdent dans le bureau de l'hôtel de Brienne. Le message qu'ils adressent au ministre est toujours le même, et consiste à lui demander de ne prendre comme président qu'une personnalité de l'intérieur, c'est-à-dire l'un d'entre eux...

C'est finalement comme dans les bons romans, grâce à un retournement de vote, que Serge Dassault parviendra à se faire élire sans coup férir lors de la réunion du conseil d'administration du 29 octobre 1986. L'un des administrateurs représentant l'État, François Diaz, qui avait été nommé à ce poste par Charles Hernu quelques années plus tôt, votera en contradiction avec les consignes qu'il avait reçues du ministère de la Défense en donnant sa voix à Serge Dassault, tandis que ses collègues administrateurs représentant le gouvernement s'abstenaient. Et Serge pourra affirmer, serein, que « pour le personnel, c'est important de voir qu'un Dassault, et pas un Tartempion, soit le patron [11] ». En mai 1990, en accord avec Matignon, Serge Dassault tenta sans succès de faire entrer François Diaz au conseil d'administration mais en qualité, cette fois-ci, de représentant des actionnaires privés... Finalement, Diaz dut se contenter d'un modeste poste de « conseiller ». Mais l'histoire est loin d'être terminée !

11. *Libération,* 8 juin 1989.

11

La vérité sur le complexe militaro-industriel

24 milliards de francs à la trappe ! C'est l'équivalent de deux fois le prix du porte-avions nucléaire *Charles de Gaulle*, études comprises. Ou de 830 chars Leclerc. Ou de 120 Mirage 2000. C'était en tout cas dix ans de travail assuré pour l'arsenal de Lorient et les usines de Thomson. Et c'est très précisément ce que François Mitterrand a rayé d'un trait de plume le 4 janvier 1990, en refusant d'avaliser le contrat de vente à Taïwan de six frégates de surveillance. Depuis des mois, des équipes de vendeurs et d'ingénieurs appartenant à la Direction des constructions navales du ministère de la Défense faisaient secrètement la navette entre Paris et Taïpeh. En septembre 1989, les choses se précisent : les militaires taïwanais font savoir qu'ils sont disposés à acheter dans un premier temps six frégates du type La Fayette, et à prendre des options pour six autres. En tout, 24 milliards de francs. Une véritable aubaine, en période de restriction des marchés internationaux de l'armement. Pourtant François Mitterrand refusera l'opération.

Pas de frégates pour Taïwan !

L'existence en France d'un groupe de pression associant les militaires et les industriels de l'armement ne fait pas l'ombre d'un doute. Encore faudrait-il, lorsque l'on en parle, rappeler une donnée essentielle : sa puissance ne repose que sur la bonne volonté du pouvoir politique. Autour des frégates de

Taïwan s'est jouée une partie à plusieurs équipes défendant chacune des intérêts contradictoires. Les militaires du cabinet de Jean-Pierre Chevènement et de la Délégation générale pour l'armement, de même que les industriels, étaient de très chauds partisans de la vente et faisaient valoir quelques arguments forts. La Chine populaire subissait un embargo depuis la sauvage répression du Printemps de Pékin sur la place Tien An Men et n'avait donc plus à être ménagée. Les Taïwanais pleins aux as prévoyaient de payer rubis sur l'ongle leurs bateaux. La livraison permettait — tout en mettant un pied en Chine nationaliste — de valoriser la présence française dans cette partie du monde et de contrebalancer celle des Américains, fournisseurs pratiquement exclusifs des armées du Sud-Est asiatique. En face, au Quai d'Orsay, les avis des diplomates étaient diamétralement opposés.

Les amis de Pékin regroupés autour de l'ambassadeur de France en Chine Charles Malo et de Claude Martin, directeur d'Asie au ministère des Affaires étrangères, firent le siège du ministre Roland Dumas qui était initialement d'accord pour la vente, puis de Matignon et de l'Élysée, afin d'obtenir que la vente n'ait pas lieu. D'abord signée le 20 décembre par le directeur de cabinet de Michel Rocard, Jean-Paul Huchon, l'autorisation de vente accordée par la Commission interministérielle d'étude des exportations de matériels de guerre (CIEMMG) fut finalement rapportée sur les injonctions des diplomates et d'industriels influents craignant la perte de très gros marchés civils avec Pékin, dont Jean-Pierre Desgeorges, ingénieur de l'armement, PDG d'Alsthom et grand vendeur de locomotives aux Chinois. Mais il fallut pour arracher cette décision que les diplomates convainquent successivement et en quelques heures, entre le 2 et le 3 janvier 1990, Roland Dumas ministre des Affaires étrangères, le Premier ministre et François Mitterrand... Un joli tour de force !

Cela arrive donc : le pouvoir politique peut refuser ce que le « complexe militaro-industriel » cherche en permanence à lui imposer, à savoir l'achat pour les armées françaises ou la vente aux armées étrangères des matériels les plus innovants, les plus puissants, les plus beaux et les plus chers. Dès lors les constructions les plus élaborées s'effondrent. Les frégates de Taïwan sont l'un des très rares exemples de ce type au cours de la présidence de François Mitterrand. Mais il démontre deux choses, et d'abord que les très lourdes conséquences économiques et politiques de telles décisions n'entrent pas systématiquement en ligne de compte : il est probable que faute de ce contrat — à moins que d'autres soient conclus entre-temps — l'arsenal de Lorient devra fermer ses portes, ou réduire son activité à sa plus simple expression dix ans plus tôt que prévu, et que la position du député-maire socialiste Jean-Yves Le Drian sera moins confortable lors des prochaines échéances électorales. La seconde leçon de ce refus de vente, c'est que les politiques ne rencontrent guère d'oppositions dans de telles circonstances. Pas une manifestation à Lorient, pas une protestation publique d'Alain Gomez PDG de Thomson, pas un coup de gueule de la marine que cette vente aurait pourtant autorisée à payer moins cher ses propres navires, pas d'accès public de mauvaise humeur de Henri Cazaban, directeur des constructions navales à la Délégation générale pour l'armement, pas un seul froncement de sourcil du ministre de la Défense Jean-Pierre Chevènement qui ne conteste jamais les décisions présidentielles. Rien...

Ne rien lâcher des « programmes majeurs »

De tels exemples sont rares depuis 1981, et les socialistes n'ont guère ôté des cartons des militaires et des industriels, dans le cadre des lois de programmation votées depuis 1984, que deux programmes : le *Santal* — un système de défense antiaérienne de la Force d'action rapide monté sur des engins blindés Sagaie de Panhard et armés de missiles Mistral de Matra — dont le coût d'acquisition était évalué à un milliard de francs et qui avait fait l'objet d'un rapport accablant du contrôle général des armées. Il fut un jour, sans prévenir, rayé d'un trait de plume par Jean-Pierre-Chevènement. Second programme envoyé aux oubliettes : le missile stratégique mobile S4, dit « missile à roulettes » ou « missile à déploiement aléatoire », destiné à remplacer les actuels engins en silo du plateau d'Albion et dont François Mitterrand a craint qu'il suscite des réactions de rejet de la population en se déplaçant sur les routes. Mais dans ce cas la suppression est théorique, dans la mesure où des financements d'étude sont prévus pour un milliard de francs par an, ce qui est très loin d'être seulement symbolique. Pour le reste, les états-majors et les industriels réunis sont parvenus à convaincre le pouvoir politique de la nécessité de réaliser tous les armements qu'ils avaient envisagés.

C'est pour ne pas perdre la gamme de matériels prévus, mais surtout pour conserver leurs gigantesques crédits de recherche et de développement qui garantissent la pérennité du savoir-faire technique des bureaux d'études, que les industriels et les militaires ont déployé tant d'énergie pour parvenir à leurs fins. Et les seules décisions prises n'ont jamais porté que sur des révisions à la baisse des séries de matériels prévus, ou sur des allongements délirants des délais de fabrication ; les exemples abondaient déjà depuis 1989, avant même que soient décidées les réductions budgétaires annoncées dans la lettre-plafond envoyée par Michel Rocard au ministre de la Défense le 17 juillet 1990 : au fil des discussions gouvernementales les achats envisagés de véhicules blindés légers de Panhard ont été réduits de plusieurs dizaines. La livraison des quarante avions de patrouille maritime Atlantic 2 se fera en quinze ans au lieu de huit. L'armée de terre n'achètera plus qu'une centaine de canons de 155 tractés à GIAT-Industries au lieu de 175 prévus, et ses commandes de missiles antiaériens Mistral ne dépassent pas trois cents exemplaires par an alors que les chaînes de l'usine Matra de Selles-Saint-Denis (Loir-et-Cher) sont dimensionnées pour en livrer quatre mille par an ! Les livraisons de Mirage 2000 passent de trente-trois à vingt-huit par an… C'est à ce prix que les programmes dits « majeurs » ont tous été maintenus : porte-avions, Rafale, char Leclerc, missile Hadès, hélicoptère de combat Tigre, etc. Pour obtenir de telles décisions, les industriels doivent payer de leur personne au cours des périodes critiques constituées par les discussions budgétaires et celles des lois de programmation.

L'absence d'expertise du pouvoir politique

Cet homme bien connu sur la place de Paris, dont l'entreprise ne voulait pas perdre un contrat de développement de deux milliards et demi de francs à l'occasion des arbitrages sur la loi de programmation discutés au printemps 1989, explique ainsi qu'à cette époque il convenait essentiellement de convaincre le directeur de cabinet du ministre de la Défense pour obtenir satisfaction : « Nous sommes allés partout, voir tous les gens que nous connaissions à l'état-major, au ministère de la Défense, à l'Élysée et à Matignon et le PDG est allé rencontrer le Premier ministre Michel Rocard en personne. Mais le plus important de tous, c'était Louis Gallois, le directeur de cabinet de Chevènement. Il fallait que nous lui vendions nos concepts, ce qui s'est bien passé car nous avions de bons arguments. D'abord la logique industrielle qui voulait qu'on n'arrête pas un programme en cours. Ensuite le besoin des armées en armement moderne et intelligent. »

Comment le pouvoir politique se fait-il un avis ? En consultant ses experts. Et qui sont-ils en matière de défense en général et d'armement en particulier, dans les cabinets du ministère de la Défense, de l'Élysée et de Matignon ? Des militaires, qui raisonnent en fonction d'intérêts légitimes à leurs yeux mais souvent corporatistes et qu'ils confondent régulièrement — parfois à tort — avec ceux de la France. Lorsqu'il s'agit de déterminer si un choix d'armement est industriellement et stratégiquement bon ou mauvais, les politiques n'ont que très peu de capacité d'expertise autonome. Ce conseiller influent explique : « Au sommet de l'État comme dans les ministères, les experts civils des cabinets ne sont pas des experts, mais des généralistes brillants capables de synthétiser des rapports d'experts. S'il n'y a pas en ces lieux des structures de contre-expertise, et il n'y en a effectivement pas, les décisions ne sont instruites que par des techniciens militaires. Si toute la hiérarchie du haut en bas dit la même chose, comment l'homme politique peut-il se faire une opinion ? » Cet autre homme de cabinet renchérit : « La seule solution, c'est que l'expertise civile soit collective. Qu'au moins les Finances et Matignon aient davantage leur mot à dire. Les militaires de l'Élysée et de Matignon qui conseillent les plus hauts personnages de l'État ne sont pas en situation. Ils sont beaucoup trop prisonniers des schémas militaires et de leur armée d'origine. Si les affaires sont autogérées de fait par le ministère de la Défense et la Délégation générale pour l'armement, le pouvoir d'objection ne peut pas s'exercer. »

Le problème en la matière, c'est que la solution idéale n'existe pas : les trois lieux où les décisions en matière d'armement s'instruisent et se décident — Élysée, Matignon, Défense — ont vu progressivement se compliquer leurs circuits technocratiques, les couches bureaucratiques se sont accumulées. L'absence manifeste de volonté d'intervention parlementaire dans ce domaine, les blocages techniques que les militaires peuvent parallèlement introduire dans les circuits font que le seul vrai pouvoir décisionnel, celui des politiques, a le plus grand mal à s'exercer de manière autonome. Cette capacité existe pourtant.

« Pas trop de sous-marins, c'est un métier de con »

Mais si Valéry Giscard d'Estaing avait pu faire preuve d'autorité et imposer en 1975 l'arrêt de l'avion de combat futur ACF — que Dassault développa par la suite sur fonds propres pour en faire le Mirage 4000 —, c'est aussi parce que le ministre de la Défense et tous les chefs d'état-major menés par le chef d'état-major des armées Guy Méry s'étaient ligués contre cet avion qui n'avait finalement que le soutien de l'armée de l'air. La volonté politique giscardienne de restriction des programmes d'armement, traduite également par la suppression d'une des tranches de missiles du plateau d'Albion, trouva cependant ses limites lorsque Giscard voulut supprimer dans la foulée le sous-marin stratégique lanceur d'engins (SNLE) *L'Inflexible*.

Il est vrai que l'ancien président ne croyait guère aux vertus de la dissuasion nucléaire et pensait donc qu'un sixième outil stratégique sous-marin ne s'imposait pas. C'est le RPR, arc-bouté sur le dogme gaulliste en la matière, qui se chargea de lui faire changer d'avis. L'amiral Marc de Joybert, qui avait fait toute sa carrière dans les fusiliers marins et en avait gardé une langue bien pendue, pensait, dit sa légende, que « des sous-marins il en faut mais pas trop, c'est un métier de con ». Ce qui ne l'avait pas empêché de se débrouiller assez subtilement pour que *L'Inflexible* ne fasse pas l'objet de débats excessifs : c'est à sa demande que la « dépêche de mise en chantier », véritable acte de naissance d'un navire, avait été signée en avril 1974 par le président du Sénat Alain Poher, lors de son intérim constitutionnel à l'Élysée, après la mort de Georges Pompidou. Le programme avait ensuite été confirmé dans les règles par le président élu Valéry Giscard d'Estaing en octobre de la même année, puis inscrit dans la loi de programmation militaire 1977-1982, votée le 19 juin 1976. Un an plus tard pourtant, la décision d'annuler la construction de ce submersible est prise, pour une part à la demande de l'amiral Jean Lannuzel : avec les crédits dont il disposait, il estimait ne pas pouvoir assurer la nécessaire amélioration de sa flotte de surface. C'est en tout cas ce qu'il écrivit dans une note au ministre de la Défense, en pensant sans doute que cette protestation suffirait pour que des fonds supplémentaires lui soient alloués. Mais le chef d'état-major des armées Guy Méry sauta sur l'occasion ainsi offerte de récupérer des crédits pour l'armement conventionnel, et fit annuler le programme par le Conseil de défense.

De fait, les travaux prévus pour la construction de *L'Inflexible* furent interrompus à l'arsenal de Cherbourg, les équipes démantelées, les dédits réglementaires payés aux entreprises contractantes. En juin 1978 le ministre de la Défense Yvon

Bourges confirme à la tribune de l'Assemblée qu'il n'est pas question de revenir sur cette décision, et oppose la modernisation déjà prévue des cinq sous-marins alors en service *(Le Redoutable, Le Terrible, Le Foudroyant, L'Indomptable, le Tonnant)* ou en voie de l'être à la mise en service d'un sixième : « On ne peut à la fois refondre les SNLE actuels et construire un SNLE supplémentaire sans consentir des investissements d'infrastructure sans justification réelle. »

Messmer la colère

Quelques heures plus tard, l'ancien ministre des Armées et ancien Premier ministre Pierre Messmer monte à son tour à la tribune, et fait parler la poudre : il réclame non seulement la construction de *L'Inflexible* mais aussi que celui-ci soit le premier d'une nouvelle génération de sous-marins armés de missiles à têtes multiples : le M4. Et pour être certain d'être bien compris, Messmer annonce que si le gouvernement que dirige alors Raymond Barre ne revient pas sur sa décision, le RPR ne votera pas le prochain budget militaire ! Panique à bord...

Le 25 septembre 1978, Valéry Giscard d'Estaing, qui a compris la portée de la menace du RPR, annonce un revirement et la construction de *L'Inflexible.* Et lors de l'examen du budget en novembre à l'Assemblée, Yvon Bourges toute honte bue vient tenir des propos à l'exacte inverse de ses déclarations de juin précédent : « C'est en toute connaissance de cause que le chef de l'État s'est arrêté à cette solution. La permanente disponibilité des cinq sous-marins disponibles étant assurée par la révision du calendrier des refontes des bâtiments en service. » Seconde victoire du RPR : il obtient que le sous-marin soit armé de missiles M4 portant chacun six têtes nucléaires orientables indépendamment et dites « mirvées » (du terme américain MIRV, *Multiple Independantly-Targetable Reentry Vehicle*). D'aucuns verront même dans ce second succès de Pierre Messmer l'ombre puissante et discrète de la Délégation générale pour l'armement et du Commissariat à l'énergie atomique (CEA) réunis, qui étaient parvenus à définir les principes techniques de la rentrée séparée de têtes militaires dans l'atmosphère et ne voyaient pas pourquoi il faudrait attendre davantage pour en démarrer la réalisation effective.

Deux décideurs du CEA avaient arraché plusieurs années plus tôt les financements nécessaires à la mise au point du M4 ; André Giraud, l'administrateur général du CEA, avait convaincu Georges Pompidou, en septembre 1972, de recevoir l'ingénieur de l'armement qu'il venait de nommer à ses côtés pour prendre la tête de la Direction des applications militaires, Jacques Chevallier. Celui-ci, un scientifique volubile et particulièrement doué, avait été le père des systèmes de propulsion nucléaire des sous-marins français et jouissait de ce fait d'une renommée flatteuse. Depuis quelques mois, les services de renseignement américains avaient prévenu les Français que les Soviétiques avaient installé autour de Moscou une centaine de missiles antibalistiques capables de détruire en vol une tête nucléaire. Avec les missiles M20 ne disposant que d'une tête chacun, la salve d'un sous-marin disposant de seize missiles n'avait aucune chance d'atteindre le cœur du sanctuaire soviétique, et le fait que deux sous-marins français soient à l'époque en permanence — en principe — à la mer ne changeait pas grand-chose au problème. L'idée de Giraud et de Chevallier consistait donc à obtenir de Georges Pompidou, très réticent, les crédits indispensables au lancement des études du missile M4.

L'entregent de l'ingénieur vainquit les préventions du président. Au bout d'une demi-heure d'entretien, Pompidou avait donné son accord à Jacques Chevallier, qu'il fit entériner en Conseil de défense en décembre suivant. Sans demander le prix d'un tel programme, que son interlocuteur aurait d'ailleurs été bien incapable de lui donner, mais en l'interrogeant seulement sur la capacité technologique de la France à se lancer dans une telle aventure. Il ne resta plus aux ingénieurs qu'à trouver les moyens de réduire la taille des têtes nucléaires, puis de les diriger chacune vers sa cible. Une gageure dont ils étaient en 1972 loin — très loin — de surmonter tous les aspects, y compris théoriques, et qui nécessita de très nombreuses expériences nucléaires à Mururoa, sans parler de la difficulté à lâcher les têtes sur des cibles différentes ! En 1977, cinq ans après le démarrage des travaux, ils étaient encore bien loin du compte... Mais un ingénieur inventif finit par découvrir un procédé original, sur lequel repose toujours aujourd'hui la crédibilité du missile M4 désormais installé sur tous les sous-marins stratégiques français, sauf *Le Redoutable* qui reste équipé de son prédécesseur le M20 avant d'être retiré du service à la fin de 1990.

Parlementaires et groupes de pression

Les militaires et les industriels parviennent très souvent à convaincre les gouvernements et les plus hautes autorités de l'État de prendre des décisions conformes à leurs vœux. Mais l'absence au sein du pouvoir civil de capacités d'expertise indépendantes pourrait être éventuellement compensée par des interventions extérieures. Et singulièrement des parlementaires. Force est pourtant de constater que ce n'est pas le cas, et que les députés ou sénateurs ne jouent dans ce domaine — sauf rares exceptions — qu'un rôle mineur et très en deçà de ce qui serait à leur portée. Bien souvent, les membres de l'Assemblée nationale comme du Sénat se contentent de s'intéresser, parfois de très près, à des aspects extrêmement restreints de la politique de défense : ceux qui concernent leurs électeurs. Leurs rapports d'information ne se démarquent que très rarement des textes qui leur sont remis par les bureaux spécialisés des états-majors, et qui ne reflètent bien entendu que le point de vue de ces derniers.

Lors des débats budgétaires Joseph Gourmelon, député socialiste du Finistère, traite essentiellement des questions relatives à la marine et on ne sera pas surpris qu'il soit un chaud partisan des porte-avions construits dans sa bonne ville de Brest. De la même manière, Arthur Paecht ou Daniel Colin, tous deux députés UDF du Var où se trouve le port de

Toulon, s'intéressent vivement à tout ce qui touche la marine. Et François Hollande s'est révélé un chaud défenseur des budgets militaires depuis qu'il a été élu député de Tulle (Corrèze), où survit difficilement un arsenal de GIAT-Industrie qui y fabrique des munitions. De la même manière, le chirurgien Alain Calmat est convaincu de l'utilité des chars de bataille et tient beaucoup à ce que le programme du char Leclerc se poursuive. Le fait qu'il soit député de Bourges (Cher) où se construit le canon dudit Leclerc n'est sans doute pas étranger à cet intérêt exclusif. Le socialiste Pierre Estève est particulièrement passionné par les tensions du Bassin méditerranéen : et il manifeste un légitime souci de ne pas voir se dégarnir d'un homme ni d'un canon le front militaire entre... la frontière espagnole et Montpellier, afin que la France puisse faire face aux « nouvelles menaces » pesant sur elle. Est-il utile de préciser qu'il est député-maire de Saint-Paul-de-Fenouillet (Pyrénées-Orientales) ? Et ainsi de suite, la liste est interminable...

Naguère député chiraquien de la Corrèze, Jean-Pierre Bechter était également — et simultanément — un très proche collaborateur du général Guillain de Bénouville, l'homme clé du clan Dassault, lui aussi député comme l'était Marcel et comme l'est son petit-fils Olivier. Est-ce pour cette raison que Bechter s'intéressait tant aux problèmes d'armement ? Toujours est-il qu'il fut l'auteur de plusieurs rapports parlementaires sur la question, dont l'un sur le budget 1988. Plus de 10 % du volume de ce texte sont spécifiquement consacrés à démolir le projet d'achat d'avions américains F18 par la marine [1], et il reprend pratiquement mot pour mot certains des argumentaires de Dassault sur les problèmes commerciaux des fabricants d'armement français, que nous évoquions au chapitre précédent. Il y prône en particulier « une politique de produits qui exige que ces derniers soient conçus, dès l'origine, en fonction

1. Jean-Pierre BECHTER, *Avis sur le projet de loi de finances pour 1988. Commission de la Défense nationale*, t. 10 : *Recherche et industrie d'armement*, Assemblée nationale, 8 octobre 1987, p. 14 à 19.

des exportations et des références internationalement reconnues ; ou du moins en tenant compte de ces exigences comme certaines sociétés, notamment Dassault, ont su le faire depuis de longues années[2] ».

Électoralisme et défense

Autre grave préoccupation de Dassault : le souci du gouvernement de garantir grâce à la COFACE (Compagnie française d'assurance pour le commerce extérieur) l'ensemble des dossiers de vente d'avions Mirage, singulièrement à l'Irak qui a oublié de payer quelques factures à temps, mais aussi à d'autres pays. Le député explique à ce propos qu'il souhaite « une meilleure adaptation des procédures de financement et de couverture des risques : à cet égard, les marchés d'armement ne bénéficient pas toujours des régimes ou procédures les plus favorables. On peut par exemple s'interroger sur le bien-fondé de la distinction faite, en matière de garantie COFACE, entre les matériels civils et les matériels militaires[3] ». Mais bien entendu chez Dassault on ironise sur les bonnes âmes qui s'offusquent : « Il n'est pas interdit de faire valoir son point de vue auprès d'un décideur. On ne va pas se plaindre d'être convaincants quand on présente nos atouts à ceux qui peuvent nous aider ! » C'est à cet argument que le président de la commission de la Défense Jean-Michel Boucheron répond en affirmant : « Les états-majors viennent nous trouver pour avoir les meilleurs matériels et les industriels viennent nous trouver parce qu'ils veulent vendre le plus de matériels possible. Tout ça, c'est leur rôle, et notre rôle, nous politiques, c'est de réguler tout cela et de répondre simplement aux besoins de la France. Ce qu'on appelle lobby, c'est tout simplement des conjonctions de demandes fortes. Nous sommes là pour les limiter[4]. »

2. *Ibid.*, p. 28.
3. *Ibid.*, p. 29.
4. France-Inter, 17 mai 1990.

D'autres — ce sont parfois les mêmes, d'ailleurs — défendent les producteurs de vin ou de tabac, les notaires ou les médecins, les sauveteurs en mer ou les réparateurs automobiles. Eux défendent les fabricants d'armes et les militaires. Et le fait est qu'avec de tels soutiens, ces derniers n'ont guère de soucis à se faire : les crédits militaires seront toujours défendus avec âpreté par des parlementaires tenant à protéger les emplois de leurs électeurs. Et puisque rarissimes sont les circonscriptions n'ayant aucun lien, proche ou lointain, avec la Défense et son budget, ce groupe de pression a de beaux jours devant lui ; sans même parler de l'impact des forces armées, celui de l'industrie de défense est saisissant : 20 % des emplois industriels en dépendent dans les régions Bretagne et Provence-Côte-d'Azur, 18 % en Aquitaine et 15 % en Midi-Pyrénées, plus de 13 % en Région parisienne [5], etc. De la même manière, les élus locaux sont prêts à ramper sur les moquettes des cabinets parisiens pour obtenir que ce ne soit pas leur circonscription, mais une circonscription voisine qui perde leur caserne ou leur entrepôt du matériel ! En 1989, la population de Barcelonnette a ainsi obtenu gain de cause en protestant contre le départ du 11e bataillon de chasseurs alpins, qui joue un rôle crucial dans la vie économique de la ville : des implantations de remplacement sont prévues, et le Premier ministre Michel Rocard a même offert aux habitants les « excuses de la République » pour le mal qui leur avait été fait. Ce n'est pas demain, avec de tels discours, qu'il sera possible de diminuer le nombre d'implantations territoriales de l'armée de terre sur le territoire métropolitain, qui se monte actuellement à environ un millier...

« Commanditaires »

La seule condition pour que ce jeu fonctionne correctement, c'est bien sûr que personne ne vienne casser la baraque ! Lors

5. *L'Industrie française de défense*, DGA/COMM, juin 1990, p. 11.

du débat sur la loi de programmation militaire 1989-1993 à l'Assemblée nationale, en séance de nuit le 3 octobre 1989, une discussion particulièrement vive a opposé le député UDF Daniel Colin à plusieurs de ses collègues. Colin a beau être le fils du général Jean Colin qui commanda la division de la Moselle à Metz, il a pris désormais fait et cause pour la marine. Elle n'a pas à ses yeux seulement l'avantage d'être basée à Toulon, mais aussi d'être « un irremplaçable outil de gestion des crises internationales ». Toujours est-il que Daniel Colin aime la marine, ses bateaux et ses avions ; il veut que ceux-ci soient les meilleurs. Et puisque, à cette époque, on l'a vu, l'état-major de la marine entend acheter des F18 américains, il la défend. Dans son rapport de présentation de la loi en discussion, le président de la commission de la Défense Jean-Michel Boucheron — qui a tendance à penser pour sa part que les analyses industrielles et stratégiques de l'armée de l'air sont souvent bonnes — a écrit que la marine s'opposait « avec obstination » au Rafale afin de « mettre le décideur devant un choix obligé : acheter des F18 réformés de l'armée américaine aux dépens de l'appareil moderne produit par la France ».

Colin s'enflamme : « Ces propos jettent une suspicion et un discrédit insupportables sur cette arme d'extrême qualité. [...] Son honnêteté et son honneur sont mis en cause, on en a trop dit ou pas assez ! » L'ancien ministre Jean Gatel s'indigne : « C'est le lobby ! » Boucheron se lève : « Nous devons sortir de l'émotif et de l'irrationnel », avant d'allumer sa mèche : « Quant au reste de mes explications, monsieur Colin, je le réserve dans huit jours à vos commanditaires ! » Colin explose, demande à l'accusateur de retirer ses propos. Celui-ci refuse. Drame à l'Assemblée. L'opposition tout entière rougit sous l'affront. Dès le lendemain, Charles Millon, président du groupe UDF, fera un très solennel rappel au règlement : « Il n'y a ici que des représentants du peuple ; nous représentons la nation tout entière et en aucun cas on ne peut accuser un des députés de représenter soit un lobby, soit une région géographique donnée, soit une catégorie sociale déterminée. »

Qu'on se le tienne pour dit, il n'y a donc pas de lobby à l'Assemblée !

Pour les industriels, vendre à l'État est une aubaine. Et vendre des armements une meilleure affaire encore ; la tutelle des industries de défense appartient au ministère de la Défense, nombre de ses fonctionnaires s'y reconvertissent par la suite, la politique d'indépendance nationale a longtemps exigé que la France soit capable de produire seule tous ses matériels : autant d'excellentes raisons pour que l'État et ses représentants garantissent aux industriels des financements de recherche et de développement conséquents et réguliers, puis des achats d'armements sans trop de surprise. Pas question non plus pour lui de payer au-dessous de leur prix les études commandées ou les matériels livrés : bien au contraire des taux de profit — généralement compris entre 4 et 8 % — sont considérés comme indispensables.

Amour sacré du matériel

Lorsque interviennent les révisions à la baisse — désormais quasi systématiques — des commandes militaires initialement prévues par les lois de programmation, les industriels ont beau jeu de faire valoir que leurs coûts unitaires ne diminuent pas, au contraire : les personnels restent en général les mêmes, les frais fixes demeurent, et les amortissements se divisent sur des matériels moins nombreux. Ces éléments font l'objet d'enquêtes régulières du Comité des prix de revient des fabrications d'armement, méticuleusement analysées par l'économiste Jean-Paul Hébert [6] qui rappelle par exemple que la très longue série des navires avisos A69 type d'Estienne d'Orves, construits à 23 exemplaires, a permis à l'inverse de diminuer de 7 % par rapport aux prix initialement prévus le coût des approvisionnements. On peut noter à ce propos que l'absence d'enquêtes autonomes et vraiment sérieuses de la part des

6. Jean-Paul HÉBERT, *Les Ventes d'armes*, Syros, Paris, 1988.

parlementaires n'empêche pas ces derniers de savoir lire : le livre d'Hébert a été allégrement pillé, sans être cité, dans un rapport de la commission des Finances du Palais du Luxembourg, dû au sénateur René Monory[7].

Pour que le matériel français se vende, et pour qu'il soit acquis aux yeux du monde — y compris contre l'évidence — qu'il est irréprochable, chaque militaire français doit se considérer comme le VRP de l'industrie de défense nationale. Et s'il agit de telle sorte que ses critiques, voire les simples réserves qu'il pourrait formuler, sont reproduites dans la presse, le couperet tombe : la carrière est brisée, les étoiles d'officier général moins nombreuses ou supprimées, l'opprobre jeté sur son nom. En 1974, le général Paul Stehlin, ancien chef d'état-major de l'armée de l'air et vice-président de l'Assemblée nationale, avait cru pouvoir critiquer le Mirage F1 dans une note transmise à plusieurs décideurs français et étrangers, à l'occasion de la négociation du contrat d'achat de plusieurs centaines d'avions par la Belgique, la Norvège, le Danemark et les Pays-Bas. Stehlin, dont tant de plus jeunes collègues continuent aujourd'hui à être salariés par Dassault, avait pour sa part choisi de devenir agent commercial des firmes américaines et s'était fait embaucher pendant un temps comme vice-président de Hugues Aircraft pour l'Europe, avant de devenir représentant de Northrop. A ce titre, il défendait les nouveaux prototypes américains Y16 et Y17 dans la compétition internationale et ne se privait pas de régler quelques comptes avec le « dogme sacro-saint et infaillible de la dissuasion française », « auquel personne ne croit », et surtout avec Dassault : « L'exemple de la maison Dassault est typique des raisons pour lesquelles l'industrie aéronautique française est aujourd'hui la plus coûteuse au monde pour l'argent public français[8]. » Le tumulte politique provoqué par la révélation

7. René MONORY, *Avis présenté au nom de la commission des Finances, du contrôle budgétaire et des comptes économiques de la nation sur le projet de loi de programmation relatif à l'équipement militaire pour les années 1990-1993*, Sénat, 2 novembre 1989.

8. *Le Figaro*, 6 novembre 1974.

de ce texte, et l'analyse qui en fut aussitôt faite [9], entraîna la démission de Paul Stehlin de la vice-présidence de l'Assemblée et du groupe réformateur auquel il appartenait, puis sa mise à la retraite par le Conseil des ministres le 13 novembre suivant.

Dénigrer, mais au bon moment...

Si toute expression de ce type est interdite à un général du cadre de réserve, il va sans dire que c'est encore plus évident pour un de ses collègues en activité. C'est ainsi que le général Philippe Arnold perdit son commandement de la 1re division blindée de Trêves pour avoir déclaré devant des journalistes, en novembre 1985, que les matériels blindés dont disposaient ses régiments n'étaient pas suffisamment modernes pour tenir la comparaison face à ceux des Américains et des Britanniques, et surtout des Soviétiques : « Certains de nos blindés datent des années soixante, et l'AMX 30-B2 est prévu pour dans deux ans seulement. Nous n'osons plus participer à des concours qui opposeraient nos chars à des engins équipés de lasers capables de tirer, tout en roulant, des obus-flèches de nuit ou dans un écran de fumée. » Pour avoir regretté de surcroît la diminution du budget de fonctionnement de sa division, le général fut convoqué par son chef d'état-major Maurice Schmitt, relevé de ses fonctions et muté à Strasbourg. A vrai dire, les temps n'étaient alors pas aux délicatesses avec les militaires : Paul Quilès, le ministre de la Défense nommé pour remettre de l'ordre dans l'institution après l'affaire Greenpeace, avait même vu, complètement à tort d'ailleurs, une relation entre les déclarations de Philippe Arnold et le fait qu'il avait été pendant trois ans aide de camp (« porte-bidon » dit-on dans l'armée) du président Giscard d'Estaing.

Le général trop bavard fut remis dans le circuit un an et

9. Jean-Pierre MITHOIS, « Le Marché d'armes du siècle : les chances de la France sont-elles compromises ? », *Le Figaro*, 6 novembre 1974.

demi plus tard, en recevant sa troisième étoile et un bon commandement. Mais dans l'armée le temps perdu ne se rattrape jamais, et même si Arnold était considéré comme l'un des grands espoirs de l'armée de terre, son « potentiel » fut gravement émoussé par l'incident. Le plus surprenant dans cette histoire, c'est que les critiques émises par le chef de la 1re DB représentent moins de cinq ans plus tard la position officielle de ses chefs. Lors de la présentation du nouveau char Leclerc à Michel Rocard, le 1er juin 1990 à Poitiers, l'armée de terre avait organisé à son intention une très étonnante compétition de vitesse entre cet engin très moderne et le bon vieil AMX 30, qui sera tout de même encore en service pendant une bonne quinzaine d'années avant d'être complètement remplacé par le Leclerc. Et le dossier remis aux invités expliquait : « Char mis en service en 1966, ne correspond plus à la menace. L'équipage n'est pas protégé contre les armes modernes. Puissance de feu limitée. Combat et tir en marche impossibles. Combat tous temps limité. Mobilité tactique et stratégique restreinte. » Les temps étant sans doute plus sereins, personne ne fut puni ! Bien que le dénigrement du matériel national, officiel et délibéré, eût été décidé par les hautes autorités de l'état-major...

Le vrai prix des armements

La place de l'industrie d'armement dans l'économie française est considérable. Elle est censée être à la pointe de la recherche, particulièrement performante au plan industriel, et extrêmement bénéfique pour la balance des paiements. C'est ainsi que les services officiels peuvent rapporter un sentiment bien établi dans l'opinion publique selon lequel les exportations ont des effets positifs multiples : « Réduction significative du déficit industriel de la France : sur la période 1986-1988, le solde positif des échanges militaires a compensé 90 % du déficit industriel civil. Augmentation du produit intérieur brut national de près de 0,8 %, avec ses conséquences favorables sur l'économie et sur l'emploi. Réduction des coûts unitaires des matériels destinés aux armées françaises : l'économie annuelle sur l'ensemble des dépenses d'équipement du ministère de la Défense peut être évaluée à plusieurs milliards de francs. Allégement des frais de recherche et de développement pour les grands programmes futurs par participation directe des industriels qui peuvent autofinancer partiellement ces développements [10]. » Ces idées ont beau être très répandues, il est de moins en moins certain qu'elles soient complètement justes. Plusieurs économistes spécialisés dans ces matières travaillent en France sur le sujet et découvrent quelques belles anguilles sous les roches !

Dans le cadre d'une recherche menée avec le concours du Centre de prospective et d'études du ministère de l'Industrie, l'économiste François Chesnais et son équipe ont ainsi pu souligner — à partir des travaux de Jacques Aben — que lorsque la France exporte des armes, la contribution à la balance commerciale est très inférieure au montant du contrat : « Chaque milliard de franc d'exportation de matériel militaire par la France représenterait une contribution nette de 684 millions de francs environ à la balance commerciale, dans la mesure où les importations liées de produits intermédiaires et de composants s'élèveraient à 316 millions de francs [11]. » Jean-Paul Hébert énumère de son côté d'autres facteurs à prendre en compte, qui finissent par réduire considérablement l'impact économique des exportations d'armes : « différents soutiens de l'État à l'industrie d'armement (avances diverses, exonérations de taxes, aides à la prospection et à la présentation de matériels, garanties de reprises, etc.), frais de commercialisation des armements, conditions favorables consenties aux acheteurs, compensations industrielles exigées et généralement obtenues par ces clients qui font jouer à plein la concurrence [12] ».

10. *L'Industrie française de défense, op. cit.*, p. 28-29.

11. François CHESNAIS et Claude SERFATI, « L'industrie militaire, une locomotive du développement économique français ? », in *Compétitivité internationale et dépenses militaires*, Économica, Paris, 1990, p. 175.

12. Jean-Paul HÉBERT, *Stratégie française et industrie d'armement*, Fondation pour les études de défense nationale, Paris, à paraître fin 1990.

Selon Chesnais et ses amis, la relance des dépenses militaires décidée par la loi de programmation votée en 1987 avait pour fonction essentielle « de relancer, grâce à de très importants programmes de dépenses en capital militaires, une industrie gravement menacée. C'est pour de larges pans de l'industrie militaire française qu'il faut poser la question soulevée récemment à propos de Rafale : va-t-on le construire à partir de considérations rationnelles de coûts, de perspectives de ventes extérieures sérieuses et de besoins militaires incontournables, ou va-t-on le construire principalement pour satisfaire les exigences d'un groupe circonscrit de militaires et surtout pour ''sauver Dassault'' à un moment où le marché d'exportations d'armes faiblit et la concurrence s'intensifie [13] ? ». Autre remarque : la recherche et le développement de technologies militaires (39 % des fonds publics attribués à la recherche française ont été financés par le ministère de la Défense en 1989) n'ont pas sur le secteur économique civil des retombées aussi massives que les militaires le prétendent : « Les industries militaires sont caractérisées par une double rupture. La première résulte des conditions distinctes qui gouvernent la demande militaire et la demande civile aboutissant à un ordre de priorité distinct : haute technologie répondant à une demande étatique sans contrainte de prix ou exigence de compétitivité autre que de qualité dans le domaine militaire. La seconde rupture a trait au caractère spécifiquement militaire des technologies produites avec les barrières de secret et de contrôle à l'accès qui leur sont propres [14]. »

Opacité

S'il est difficile de parler en France de véritable « pouvoir » militaire, dans la mesure où les professionnels des armées ne détiennent en aucune manière les rênes de la décision ultime,

13. François CHESNAIS et Claude SERFATI, *op. cit.*, p. 178.
14. ID., *ibid.*, p. 200.

le fait est que leur influence est considérable. Elle est en partie bâtie sur une capacité certaine à dissimuler les tenants et les aboutissants de leurs propositions au pouvoir politique, mais aussi — en matière industrielle et de fabrication d'armement — à rendre complètement opaques les dossiers les plus anodins. En 1989, Michel Rocard, excédé par ces attitudes de la hiérarchie militaire qu'il jugeait scandaleusement cachottières et peu conformes à la plus élémentaire transparence vis-à-vis du personnel politique, prit la décision de confier un audit de la Délégation générale pour l'armement au contrôleur général des armées Watremez et à l'inspecteur général des finances Lacarrière. Au cours de leur enquête, ces derniers et leurs collaborateurs rencontrèrent des obstacles qu'ils jugèrent assez sévèrement pour s'en plaindre, en particulier sur certains programmes d'armement nucléaire comme le missile terrestre Hadès. Et les affaires ne rentrèrent dans l'ordre qu'après un sévère coup de semonce politique !

En matière d'armement, les vrais secrets sont d'ordre technique. Mais ce sont les données économiques, les prix de fabrication, les circuits de décision et les réseaux d'influence que les tenants du système cachent le plus soigneusement au pouvoir politique. Il est par exemple impossible de connaître les évolutions d'un prix de matériel en cours de développement. Il ne peut s'agir bien sûr que d'estimations, mais elles sont tout à fait intéressantes ; c'est non ! Il n'est par exemple pas possible de disposer de chiffres officiels du coût réel du programme Rafale. En 1988, il avait été estimé à 117,4 milliards de francs, exprimés en francs 1986. Les documents remis à l'automne 1989 à la commission de la Défense par les services officiels, mais qu'elle a refusé de publier, font état d'un coût total du programme de 150 milliards de francs. Mais en fait, aucune estimation n'a été rendue publique au motif, officiellement, que de telles divulgations gêneraient les futures négociations avec d'éventuels partenaires ou clients ! En réalité, la direction des constructions aéronautiques de la Délégation générale pour l'armement, Dassault et l'armée de l'air craignent comme la peste les effets d'une publicité qui mettrait cet élément sous les yeux du contribuable ! Près de 2 700 francs par

Français — nourrissons et vieillards compris — pour faire voler 330 avions, c'est effectivement beaucoup !

Cette caractéristique française, qui fait de l'opacité un procédé d'influence particulièrement efficace dans un pays où le niveau de pouvoir se mesure à la quantité de secrets que l'on détient, ne laisse pas de surprendre les Américains ; ces derniers ont forgé le concept de « complexe militaro-industriel », qui corrompt les parlementaires, triche parfois délibérément en falsifiant ses factures et ment sans vergogne au pouvoir politique en aggravant sans justification stratégique les menaces pesant sur les États-Unis ; mais les Américains ont parallèlement des traditions de publicité sur les dossiers industriels et en particulier sur les coûts. Le secret et l'opacité quasi absolus qui entourent en France le commerce et la fabrication des armes font que des affaires, comme celle dans laquelle la firme Luchaire a été impliquée en 1986, n'ont jamais entraîné aucune condamnation.

L'universitaire américain Edward Kolodziej, qui a passé plusieurs années à étudier l'appareil militaro-industriel français, estime que le pouvoir politique trouve lui aussi son avantage dans une telle situation : « La pratique gouvernementale française décourage l'information. Les restrictions, justifiées par la raison d'État, militaire et économique, dissimulent l'intérêt que trouvent les leaders politiques, les fonctionnaires de la bureaucratie des armes et l'industrie à maintenir un glacis protecteur pour préserver leur autorité discrétionnaire des regards du public ou du contrôle par les autorités gouvernementales de niveau élevé. Dans la mesure où le gouvernement et ses agents contrôlent les flux d'information, ils ont la possibilité d'expliquer comment leur comportement doit être compris et évalué. Pénétrer ce royaume est difficile, même pour des officiels gouvernementaux ou pour les bureaucrates n'appartenant pas à cette communauté. On y apprend vite à devenir discret sur les pratiques industrielles, le financement des programmes ou les arrangements commerciaux [15]. »

---

15. Edward A. KOLODZIEJ, *Making and Marketing Arms, the French Experience and its Implications for the International System*, Princeton University Press, Princeton, 1987, p. 280.

Une bonne illustration de la justesse de cette analyse pourrait être fournie par l'exemple — anecdotique — de la décision de rendre publics les essais nucléaires français réalisés en Polynésie. Depuis le début des tirs souterrains dans les massifs coralliens des atolls de Fangataufa et de Mururoa, en 1974, il était clair que ceux-ci étaient complètement secrets. Seuls les Néo-Zélandais les rendaient publics après les avoir enregistrés sur leurs sismographes, mais jamais le gouvernement français ou le Commissariat à l'énergie atomique ne confirmaient ou ne démentaient l'existence du tir, ses horaires ou les puissances décelées par les spécialistes. En 1974, l'éphémère ministre des Réformes administratives Jean-Jacques Servan-Schreiber, opposant notoire à l'arme atomique, avait été renvoyé comme un malpropre du gouvernement de Jacques Chirac pour avoir protesté contre le dernier tir thermonucléaire atmosphérique français [16]. Il faudra attendre le 18 mai 1990 pour que quinze ans de secret, régulièrement présenté comme indispensable au développement des armes nucléaires françaises par le ministère de la Défense, soient finalement effacés d'un seul mot par François Mitterrand lors d'une visite officielle en Polynésie. Désormais, comme prévu, les tirs sont annoncés officiellement : l'inutile sacralisation de la politique nucléaire française y perd ce qu'y gagne l'information légitime des citoyens du monde.

16. Entré au gouvernement le 28 mai 1974, Jean-Jacques Servan-Schreiber avait été écarté le 9 juin suivant.

12

Les ingénieurs de l'armement : le noyau dur de l'appareil

Frédéric D'Allest, directeur général de Matra et président d'Arianespace jusqu'en juillet 1990 ; Claude Fréjacques, président du CNRS ; Pierre-Henri Gougeon, directeur général de l'aviation civile : Henri Martre, PDG de l'Aérospatiale ; Alain Grill, président de la Chambre syndicale des constructeurs de navires : autant d'anciens ingénieurs généraux de l'armement reconvertis. D'autres, sans être nécessairement arrivés au grade d'ingénieur général — souvent pour cause de démission préalable —, sont tout de même ingénieurs de l'armement et présidents de firmes aux tailles souvent respectables : Serge Dassault, qu'on ne présente plus ; Guy Brana (vice-président du CNFP), Jean-Pierre Desgeorges (Alsthom), Serge Tchuruk (Orkem), Philippe Boisseau (CGEE-Alsthom), Arnaud Leenhardt (Vallourec), Jacques Maillet (Intertechnique), Pierre David (Souriau), Jean-Claude Pelissolo (CSEE), Alain Vidart (CISI), Daniel Dewavrin (Luchaire), François Di Pace (Creusot-Loire Industrie), Jean Ségui (Sextant Avionique), Pierre Chiquet (GIAT-Industries).

Des militaires très civils

Dans tout l'appareil militaro-industriel, ils occupent des postes de responsabilité : en 1990, ils sont 55 à l'Aérospatiale, 16 chez Dassault-Aviation, une bonne quarantaine dans le groupe SNECMA, 18 chez Matra, près de 60 chez Thomson, plus de 30 à la société nationale des Poudres et explosifs, etc. Ces six entreprises françaises sont aussi les premières par le chiffre d'affaires réalisé avec le ministère de la Défense, et leur recrutement d'ingénieurs de l'armement n'est naturellement pas indifférent. Parmi les militaires français, les « IA » (comme ils s'appellent entre eux) sont des gens à part, qui cultivent leurs différences. Ils sont indiscutablement ceux qui portent le moins souvent leur uniforme, ils appartiennent à un corps minuscule qui ne compte que 2 230 actifs et dont moins de la moitié travaillent effectivement pour le ministère de la Défense ; ils sont aussi ceux qui, parmi les militaires, ont le plus haut niveau de formation, puisque 80 % d'entre eux sont issus de l'École polytechnique (l'X) et qu'ils sont ensuite passés par des écoles d'application très cotées (École nationale supérieure des techniques avancées, École nationale supérieure de l'aéronautique, etc.). Ils se tutoient tous ou presque, comme tous les X, et considèrent comme pratiquement inconvenant qu'un interlocuteur fasse devant eux état de leur grade, lui préférant le très civil « monsieur ». Ils dirigent l'ensemble de la filière armement du ministère de la Défense, par l'intermédiaire de la Délégation générale pour l'armement (DGA) dont ils occupent toutes les directions [1], et gèrent plus de cent milliards de francs par an et 53 000 employés. Qu'un poste de responsabilité leur échappe, comme ce fut le cas en juin 1990 avec la nomination de l'ingénieur aéronautique civil Gérard Chauvallon à la Délégation aux relations internationales, et ils ont aussitôt le sentiment d'une intolérable injustice.

Leur niveau technique est incontestable : c'est en très grande partie grâce à eux que la France a pu se doter en un temps relativement bref d'une réelle capacité de dissuasion nucléaire. Et se maintenir à un niveau technique comparable dans une très large mesure à celui des deux superpuissances, en affichant un retard n'excédant que rarement cinq ou sept ans, mais avec

1. Direction des constructions navales, direction des constructions aéronautiques, direction des armements terrestres, direction des recherches, études et techniques, direction de l'électronique et de l'informatique, direction des engins, Délégation aux programmes d'armement, Délégation aux relations internationales...

des ressources budgétaires considérablement inférieures. Leur emprise sur l'appareil industriel français ne concerne pas seulement les industries d'armement : le Service central des affaires industrielles (SCAI) de la DGA a la tutelle de l'ensemble de l'industrie aéronautique française — militaire et civile — et gère également toute la politique étatique en matière d'électronique professionnelle. C'est également sous la responsabilité de ce service et de l'ingénieur général Jean-Benoît Ramé qu'ont été organisées en France plusieurs dizaines de restructurations industrielles au cours des années 1988 et 1989, et que se préparent — dans la douleur — les constitutions de nouveaux pôles européens.

Le statut des ingénieurs de l'armement a ceci de particulier qu'il leur permet de quitter le ministère de la Défense sans trop de difficultés. Soit en s'en faisant détacher dans des entreprises ou des administrations tout en continuant à monter dans la hiérarchie, soit en quittant purement et simplement le corps pour aller chercher fortune ailleurs. Ils peuvent même bénéficier d'un congé sans solde de dix ans, avant de revenir à la DGA. Quelles que soient les perspectives de carrière envisagées, une « mission rayonnement » officielle, dirigée en 1990 par l'ingénieur général François Chappuis, aide les ingénieurs à se reconvertir ; par ailleurs, la très active Confédération amicale des ingénieurs de l'armement (CAIA) — qui a presque tout d'un syndicat professionnel militaire sans en porter le nom — a mis sur pied en 1988 un réseau de « confidents » constitué par des membres du corps « prêts à accueillir et à aider leurs camarades souhaitant faire évoluer leur carrière ». C'est ainsi que les ingénieurs de l'armement ont créé au fil des années un réseau de solidarité et d'amitiés, qui associe d'une part les 1 030 membres du corps fonctionnaires du ministère de la Défense chargés des postes de responsabilité technique ou gestionnaire et d'autre part les 130 ingénieurs de l'armement détachés dans les autres ministères, et les 990 occupant des fonctions similaires dans l'ensemble de l'industrie, pas seulement militaire. Auxquels s'ajoutent chaque année 80 élèves en écoles d'application.

Le noyau dur de l'appareil militaro-industriel

Lorsque la Délégation générale pour l'armement fut créée en 1961, six corps d'ingénieurs militaires subsistaient en son sein [2]. Et il fallut attendre le 1er janvier 1968 pour que soit créé un corps unique, celui des ingénieurs de l'armement. L'esprit de chapelle étant ce qu'il est, les traditions sont restées : entre eux, les ingénieurs se définissent toujours en se rattachant à l'un des anciens corps, et quelques particularismes demeurent. C'est ainsi que les ingénieurs « aéro » touchent une prime de 2 500 francs par mois pendant cinq ans, prolongée de cinq ans s'ils passent à temps leur qualification vol aux instruments. C'est également à partir de sa spécialité d'origine qu'un ingénieur sera recruté par l'industrie : un « aéro » ira en général chez Dassault Aviation ou à l'Aérospatiale, un électronicien chez Thomson ou Dassault Électronique, un atomiste ou un spécialiste de détonique au Commissariat à l'énergie atomique, etc.

Une seule entreprise française fournisseur du ministère de la Défense, Crouzet (aujourd'hui intégrée dans Sextant Avionique), n'a jamais voulu employer d'ingénieurs de l'armement. Sinon, toutes les autres y passent. Comme l'explique cet ingénieur en activité au ministère de la Défense : « Une industrie qui n'emploierait aucun ingénieur de l'armement subirait une perte de confiance et d'efficacité vis-à-vis de la DGA. » Mais comment l'industriel fournisseur de l'État, et le service étatique chargé à la fois de passer les commandes au nom des armées et de veiller à protéger l'intérêt des contribuables peuvent-ils sérieusement confronter des points de vue lorsque les interlocuteurs appartiennent au même corps et se trouvent liés par des solidarités profondes ? Pas de problème, explique cet ingénieur : « Ceux du privé et ceux restés à la DGA se retrouvent vite sur un mode de pensée commun. Mais ce n'est pas parce que des gens se tutoient qu'ils se font des

2. Ingénieurs de l'aéronautique, ingénieurs militaires des fabrications d'armement, ingénieurs du génie maritime, ingénieurs hydrographes de la marine, ingénieurs des poudres, ingénieurs militaires des télécommunications.

cadeaux. Les relations clients-fournisseurs sont même plutôt dures. »

On a pourtant peine à croire qu'un fonctionnaire cherchant un point de chute dans l'industrie, et ayant pour interlocuteur un camarade capable de le lui procurer, n'ait pas quelque indulgence à l'égard des arguments techniques ou commerciaux présentés par ce dernier. Même les « emmerdeurs » sont les bienvenus, comme l'avoue ce dirigeant de l'une des plus importantes sociétés françaises d'armement, ancien ingénieur de l'armement lui-même, et chargé au nom de sa firme de recruter ses anciens collègues. Par exemple ceux pour lesquels la défense des intérêts de l'État-client prend une importance trop considérable : « Dans ce cas, il est tellement nuisible où il est qu'il vaut mieux l'embaucher. Il peut aussi être quelqu'un aux compétences très utiles pour nous. On le prend. Mais si c'est un médiocre, le fait qu'il nous ait fait un cadeau ne suffira pas pour qu'on l'embauche. »

Des « modes de pensée communs » peuvent déboucher insensiblement sur la défense d'intérêts communs. Cet ingénieur en poste dans une grande firme aéronautique admet que la préparation des décisions techniques présentées aux politiques ne laisse que peu de place au hasard : « Les décisions ne se prennent pas tout de suite, dans un lieu unique. Le pilote de base de l'armée de l'air, l'ingénieur de base de la DGA et celui de l'industriel ont chacun leur rôle. Tous défendent le dossier. Et plus il monte dans la hiérarchie, plus les gens ont du mal à prétendre que c'est du baratin. Quand on fait une carrière dans un ensemble hiérarchique lourd, on a du mal à s'isoler des copains. Mais je n'ai jamais rencontré de gens malhonnêtes. Ce qu'ils disent, ils le croient vraiment. Si on demande des tuyaux aux copains et qu'ils sont tous du même avis, on a du mal à se faire une opinion contraire. Si cela arrive on s'explique avec de vrais arguments. Et en cas de désaccord persistant, la puissance publique tranche. »

Compétence hégémonique

L'un des principaux défauts de tels processus, c'est que les techniciens éliminent progressivement les solutions qui leur paraissent les moins satisfaisantes pour ne présenter *in fine* au décideur que des choix prédigérés entre des solutions très proches les unes des autres. Quand il y en a plusieurs ! Il peut arriver que des cercles vicieux se créent, dont l'avion Rafale est un bon exemple : conçu pour être à la fois un avion d'attaque au sol et un intercepteur, il aura des performances sans doute intéressantes pour les opérationnels, mais finalement assez peu supérieures à celles de deux modèles du Mirage 2000 qui entreront en service en même temps que lui mais que Dassault réserve à l'exportation : le Mirage 2000-S et le Mirage 2000-5, qui disposeront de radars et d'armement de bord très proches, voire identiques à ceux du Rafale. Cet extraordinaire exploit de Dassault n'aura été rendu possible que par le soutien que lui ont apporté les aviateurs, mais également les ingénieurs et la technostructure de la Direction des constructions aéronautiques.

L'un des très bons analystes de l'économie militaire française, Pierre Dussauge, a limpidement décrit l'enchaînement imparable de telles décisions : « Le secteur de l'armement se caractérise par la mise en œuvre de percées technologiques successives, justifiées par la menace des progrès réalisés par les adversaires potentiels, mais sans que se manifestent de limites ou d'exigences en termes de rentabilité au niveau d'un marché, et sans que le coût de l'évolution technologique puisse être amorti sur des séries ou des durées suffisantes. Ce phénomène d'évolution technique accélérée et d'obsolescence provoquée dû à la nature particulière de l'armement se trouve sans doute renforcé par la composition sociologique des décideurs (ou de ceux qui préparent les décisions) dans ce domaine, décideurs dont la formation et la compétence sont avant tout techniques[3]. »

3. Pierre DUSSAUGE, *L'Industrie française de l'armement*, Economica, Paris, 1986, p. 99.

Si les relations sont constantes entre les ingénieurs de l'armement en poste au ministère de la Défense et ceux de l'industrie privée, il n'en va pas de même entre cette corporation et les militaires appartenant aux états-majors. Les ingénieurs, affirment les officiers des armes, se comportent comme une caste à part, bien davantage préoccupée des performances techniques des matériels que de leur prix ou de leur adaptation aux contraintes opérationnelles. Ces accusations, bien connues des ingénieurs de l'armement, ne manquent jamais de les faire réagir avec une certaine vigueur en les confortant dans l'opinion souvent piètre qu'ils ont des utilisateurs de leur matériel. Bien davantage encore que les marins, les « biffins » ou les aviateurs, les ingénieurs cultivent leur différence et leur singularité, non exemptes parfois d'un snobisme nourri d'un complexe de supériorité bien réel. On en veut pour illustration l'idée qui avait germé en 1989 autour du délégué général pour l'armement Yves Sillard, consistant à changer le nom de la DGA. Le nom retenu avait été France-Défense, ce qui sonnait sans doute bien mais présentait l'inconvénient majeur d'être pour le moins hégémonique. Devant le courroux des chefs d'état-major, le ministre rapporta le changement d'identité...

« C'est la rigidité parfaite »

Quand on demande à un ingénieur pourquoi son corps a si peu d'appétence pour l'uniforme militaire, il pourrait simplement répondre qu'il n'aime pas cela, ou qu'il trouve ce vêtement vilain, ou qu'il porte mal la casquette. Mais ce jeune « IA » préfère une formule plus adéquate : « Nous accédons très tôt à des responsabilités considérables. Si un jeune ingénieur ne porte pas son uniforme avec trois ou quatre galons, c'est qu'en général ses interlocuteurs des armées en ont cinq sur les manches, quand ce ne sont pas des étoiles. Quand nous sommes en civil, ils sont moins gênés ! » Autre raison : les ingénieurs de l'armement entrent davantage au ministère de la

Défense pour avoir des responsabilités industrielles que pour intégrer la corporation militaire. Ce spécialiste éminent des appareils propulsifs de missiles, âgé de 28 ans confie les raisons de son choix : « En sortant de l'X, j'ai choisi la DGA parce que je pouvais y gérer très vite une affaire de volume beaucoup plus important que dans l'industrie. Dans le civil, on n'a pas de telles responsabilités avant un certain âge. Ça m'a permis de commencer ma carrière à un niveau très supérieur à celui que j'aurais eu ailleurs. » Ces propos confirment dans ses grandes lignes un rapport d'études demeuré confidentiel et commandé par la CAIA en 1986 à une société spécialisée.

Les ingénieurs de l'armement s'y dévoilent là encore comme étant assez peu militaires et bien davantage techniciens, mais la différence entre les générations se creuse : les « anciens » auraient largement tendance à continuer de laisser de côté les impératifs de gestion : « L'ingénieur de l'armement cultive plus ou moins consciemment une image de spécialiste très technique, connaissant parfaitement son métier mais plutôt perçu comme incapable d'avoir d'autres responsabilités. Il ne développe pas la possibilité d'être aussi et en même temps un bon gestionnaire. Il reprend là pour son compte ce qu'il y a de mauvais dans l'image de la DGA : une entreprise aux succès techniques incontestables, mais qui se soucie peu de la bonne gestion et qui n'est pas soumise aux impératifs commerciaux de résultats. » Ces éléments sont apparemment en train de changer, notent les auteurs du rapport : « Est-ce dû à l'évolution du métier vers la gestion de grands projets, ou à l'aspect ''système'' des programmes d'armement ? Mais on constate que les jeunes ingénieurs insistent énormément sur leur faculté de bonne gestion estimant n'avoir de ce point de vue rien à envier à leurs camarades des Ponts, des Mines ou des autres corps de l'État [4]. »

Douleurs : comme à Saint-Cyr où les meilleurs choisissent la gendarmerie et les troupes de marine, les polytechniciens

4. « L'ingénieur de l'armement, identité et image », *Decider's*, Paris, 1986, non publié, p. 9.

ne se dirigent pas d'abord vers l'armement et lui préfèrent les « grands corps » (Mines, Ponts) s'ils en ont la possibilité. Ils auraient même tendance à ne pas se presser du tout vers les carrières militaires : le premier ingénieur de l'X intégrant la DGA était habituellement situé autour de la soixantième place du classement de sortie, et le dernier n'est pas bien loin de la 250e place. Pour remédier à cet état de fait, et pour améliorer l'image du corps, que la DGA offre désormais des places dites de « recherche » aux polytechniciens de rang élevé auxquels quelques avantages de carrière sont consentis. Grâce à ce système, le premier X à choisir l'armement se trouve situé vers la trentième place du concours de sortie. Si l'on en croit une enquête de motivation effectuée en 1986 auprès des X, il reste encore pourtant des efforts à faire : « Sur l'ensemble des passifs, ce serait les plus passifs parmi les passifs qui opéreraient ce choix de l'armement. Si l'on accorde aux ''petits corps'' une prime à l'intérêt ou à la vocation, celui-là n'en bénéficie pas. Le côté militaire du corps accentue considérablement les défauts traditionnellement attachés à l'administration : ''Armement rime avec armée. Il n'y a pas plus fonctionnaire que les militaires.'' ''C'est la rigidité parfaite, un avancement lié à l'ancienneté, un travail administratif et hyperpeinard.'' Certains jugements sont encore plus définitifs : ''Les militaires sont des andouilles dont le polytechnicien est le roi.''[5] »

Plan secret pour la Navale

L'avantage d'un corps aussi homogène et aussi restreint que celui des ingénieurs de l'armement, c'est que chacun s'y sent en famille. On peut donc, entre soi, tirer quelques plans sur la comète, et préparer tranquillement les décisions qu'on demandera au pouvoir politique de prendre, s'il le veut bien. Pendant plusieurs années, les responsables de la Direction des

5. *Ibid.*, p. 16.

armements terrestres — et singulièrement Gérard Nielken et Noël Playe — ont poussé à la roue pour que soit finalement prise par le ministre Jean-Pierre Chevènement la décision de transformer le Groupement industriel des armements terrestres (GIAT) en une société nationale[6]. De la même manière, d'autres ingénieurs commencent à réfléchir très activement et même à proposer une évolution similaire pour la Direction des constructions navales (DCN), qui emploie 27 000 personnes. Cette question a été abordée dans le détail au cours d'un séminaire organisé à Hyères les 30 mai et 1er juin 1990, au cours duquel Yves Sillard a très clairement indiqué que son intention était de transformer la DCN en société nationale, perspective à laquelle le gouvernement se refusait encore.

Aux yeux de l'ingénieur général Henri Cazaban, également présent à cette réunion, la transformation totale de la DCN devait se faire très rapidement à partir de la naissance d'une entreprise nouvelle à statut privé créée en 1988, DCN-International. Celle-ci pourrait permettre à la DCN de se comporter comme une entreprise « normale », ce que son statut de « régie directe » lui interdisait, et de mener des actions commerciales auprès de clients éventuels, d'embaucher des ingénieurs, et surtout de prétendre au bénéfice des prêts garantis par la COFACE. Les ingénieurs de l'armement parviendront-ils à leurs fins, dans des arsenaux de la marine où les ouvriers-fonctionnaires ont le sang particulièrement vif ? Toujours est-il que les plans étaient prêts, qui se concrétiseraient par une séparation physique des deux principales activités actuelles de la DCN : les « tâches étatiques » seraient conservées au sein du ministère de la Défense qui ne garderait que 10 % de l'actuel personnel, et les activités industrielles cédées, vraisemblablement à une société nationale. Dans un premier temps...

Ces perspectives de restructurations, qui paraissent inévitables au regard des problèmes énormes de rigidité et de plans de charge auxquels doit faire face la DCN, seront d'autant plus mal acceptées par les personnels que la construction

6. GIAT Industries a été créée en juillet 1990.

navale française civile bat de l'aile depuis des années. L'ingénieur de l'armement Alain Grill, président de la Chambre syndicale des constructeurs de navires (civils), estime pour sa part qu'un partage du gâteau militaire est inévitable pour maintenir les capacités du seul chantier civil de quelque importance demeurant en service en France, celui de Saint-Nazaire. Mais ce chantier appartient à Alsthom, que sa fusion avec la firme britannique GEC a rendu solidaire d'un chantier naval militaire écossais, Yarrow. Le dossier des arsenaux navals français sera passionnant à suivre au cours de l'année 1991, et des suivantes !

Transfuges et « conseillers »

Les ingénieurs de l'armement présentent un grand intérêt pour les industriels : ils connaissent admirablement l'appareil étatique de gestion des programmes d'armement, cheminent dans les circuits de décision comme une F1 sur un circuit automobile, et comptent de nombreux amis fonctionnaires aux postes de responsabilité. Leur seul défaut, c'est qu'ils ont peu d'entrées et d'amitiés auprès des consommateurs finaux, les militaires des états-majors. Pour connaître exactement les désirs de ces derniers, pour anticiper leurs souhaits et humer le vent des évolutions tactiques, rien ne vaut pour un industriel de l'armement la présence dans son staff d'un certain nombre de militaires retraités mais encore verts : ils seront pour le fabricant d'armes un thermomètre vivant capable d'afficher en temps réel la température intime d'un état-major. De ce point de vue, tous les industriels sont logés à la même enseigne : ils repèrent celui qui leur servira le mieux, en général d'ailleurs celui avec lequel ils ont traité leurs marchés, et l'embauchent dès qu'il est atteint par la limite d'âge.

La liste qui suit n'est bien sûr pas exhaustive : elle ne recense que les officiers généraux du rang le plus élevé, installés dans les plus belles situations offertes par les industries françaises. Salaires plutôt bons, cumulables avec la solde de seconde section, rarement inférieure elle-même à 25 000 ou 30 000 francs mensuels. Les postes de conseillers sont si ouvertement destinés à ce que leurs titulaires « tractionnent » auprès de leur ancien état-major que, pour simplifier, les entreprises s'en offrent un de chaque. C'est ainsi que chez Matra le directeur de la filiale Matra-Défense-Espace, Noël Forgeard, dispose de trois conseillers : l'amiral Alain Denis, ancien major général de la marine ; le général Théodore Malhberg, ancien de l'armée de l'air ; et le général André Mathé, ancien responsable du service technique de l'armée de terre. De plus l'amiral Jean Brusson, ancien major général de l'état-major des armées, s'est vu confier en juin 1990 une mission particulière relative aux activités, essentielles pour Matra, de renseignements par satellite et de contrôle du désarmement.

Alain Gomez, PDG de Thomson, n'est bien sûr pas en reste. Sans parler de ceux en poste dans les diverses filiales, il s'est offert pour conseiller le général Pierre Ménanteau dans l'armée de l'air, dans la marine l'amiral Jean Brunet et dans l'armée de terre le général Jean Gossot. L'Aérospatiale a recruté de son côté l'ancien chef des forces aériennes stratégiques Philippe Vougny, mais aussi l'un de ses collègues aviateurs Michel Autret, l'ingénieur général de l'armement Michel Delaye, directeur de la division des engins balistiques et spatiaux après avoir été adjoint du délégué général pour l'armement. Chez Dassault, c'est un peu différent : le côté fusionnel avec l'armée de l'air est accentué par le fait que des responsables de l'état-major passent directement dans la firme privée pour y occuper des fonctions exactement semblables.

C'est ainsi que le général Pierre Pacalon est passé du SIRPA (Service d'information et de relations publiques des armées) de l'armée de l'air à la direction des relations publiques de Dassault, que son collègue Georges Lacaze est devenu sans transition directeur adjoint du personnel de Dassault après avoir été... sous-directeur du personnel militaire de l'armée de l'air. Même cas de figure pour le général Michel Niolet, passé du service du matériel de l'armée de l'air à celui de Dassault ; ou du général Roger Guénod qui suivait pour l'armée de l'air les relations avec les industries d'armement de l'OTAN et fait désormais la même chose à Saint-Cloud. L'amiral Jacques Campredon, qui avait sans doute appris le goût du risque dans l'Aéronavale, a été chargé de vendre le Rafale à la marine avec le succès que l'on sait. L'ingénieur général Bernard Retat, délégué aux relations internationales de la DGA, est passé directement chez Dassault pour y diriger les activités export, remplaçant l'ingénieur général Hugues de l'Estoile qui avait auparavant occupé les mêmes fonctions que lui à la DGA. Les luttes d'influence entre civils et militaires se transportent même dans la firme : l'armée de l'air a considéré comme une victoire collective le fait que l'un des siens, le général Jean-Claude Pironneau, ait été nommé directeur des essais en vol en avril 1990.

Et le Code pénal ?

Aux yeux des intéressés, le transfert en direction de l'industrie ou du commerce, à l'heure de la retraite, se justifie par deux raisons essentielles. La jeunesse relative des partants : les généraux ne sont pratiquement jamais âgés de plus de soixante ans lorsqu'ils quittent l'armée, et les fourmis leur dévorent les jambes. Ce général de l'armée de l'air s'indigne qu'on puisse lui reprocher d'être parti chez un industriel : « J'ai été viré à cinquante-quatre ans, et on voudrait que je reste sans rien faire avec deux enfants qui n'ont pas fini leurs études ? » C'est la seconde raison : l'argent. Les militaires n'ont aucun scrupule à valoriser leur carnet d'adresses pour quelques dizaines de milliers de francs mensuels... Le passage direct des états-majors aux industries de défense est donc considéré comme parfaitement normal par les intéressés. Ce sont même ceux qui ne parviennent pas à trouver de tels postes pour occuper leurs vieux jours qui passent pour un peu minables.

Le seul problème, assez sérieux tout de même, c'est que de tels procédés sont formellement interdits par la loi. L'article 175 du Code pénal stipule que « tout fonctionnaire public chargé à raison même de sa fonction de la surveillance ou du contrôle d'une entreprise privée, de la passation au nom de l'État de marchés ou de contrats de toute nature avec une entreprise privée, de l'expression d'avis sur les marchés ou contrats » se voit interdire pendant cinq ans après son départ de la fonction publique de recevoir toute rémunération de la part de ces entreprises. Sous peine d'emprisonnement ou d'amendes allant jusqu'à 15 000 F.

Pour se défendre de toute contradiction avec la légalité républicaine, les officiers généraux concernés se plaisent à souligner qu'ils ne sont pas dans le cas de figure évoqué par le texte, dans la mesure où ils n'ont jamais, eux-mêmes, passé commande de matériels. Certes. Ils auraient même été bien en peine de le faire, puisque le système français — qui interdit de ce fait pratiquement toute corruption directe des fonctionnaires — repose sur un règlement des factures par des circuits différents. De la sorte un officier général, eût-il été chef d'état-major, n'est pas en contradiction avec la lettre de la loi dans la mesure où toutes les factures des équipements achetés pendant son temps de commandement auront été payées par des fonctionnaires du ministère des Finances. On peut remarquer toutefois que le législateur avait prévu de réprimer tous ceux chargés de « l'expression d'avis sur les marchés ». En réalité, la lettre aussi bien que l'esprit dans lesquels le législateur avait agi sont constamment bafoués.

Il est parfaitement clair que l'embauche de personnels militaires de très haut niveau par les industriels de l'armement est une manière directe pour ces derniers de s'introduire dans les états-majors, au plus profond de leurs circuits de décision. Sauf rares exceptions, qui ne sont pas allées pour l'instant jusqu'aux suites judiciaires, jamais en France ne sont apparus de circuits significatifs de corruption à destination des milieux militaires ; et les industriels avec lesquels nous avons abordé ce sujet nous ont affirmé que les « petits cadeaux » ne vont que rarement au-delà des demandes de stages pour les enfants, du versement de subventions pour des amicales diverses ou de « voyages d'études » d'intérêt aléatoire. Rien que de très banal. Il n'en reste pas moins que les généraux embauchés dans l'industrie de défense rendent des services très directs ; comme le confie ce chef d'entreprise, « ce que nous leur demandons, c'est de parler à leurs pairs. En France mais aussi à l'étranger : il est beaucoup plus facile d'envoyer à un ministre de la Défense un général à cinq étoiles qu'un directeur de branche ».

Parfois, précise le principal collaborateur du président d'une grande firme d'armement, « le lobbying se révèle très difficile : les grands généraux ont autant d'ennemis que d'amis. Il se peut parfaitement que le chef d'état-major soit un pote, et le major général un adversaire irréductible. Il arrive donc parfois qu'une embauche se traduise par un antilobbying. Mais il est évident que lorsqu'un général que nous employons organise chez lui des réceptions où toute la hiérarchie militaire française est présente, c'est un moyen de rencontres irremplaçable. De même que les dîners informels... Ce qui compte davantage, et paie finalement le plus, ce sont les relations personnelles entre notre président et les chefs d'état-major. Lorsque nos généraux aident à les établir, ils font ce qu'on leur demande ». Une chose est sûre : même si elle heurte la conception qu'ont de leur rôle nombre de fonctionnaires, cette pratique des militaires n'est pas près de s'éteindre. A moins que les pouvoirs publics veuillent y mettre le holà, ce qui ne s'est encore jamais produit, l'allègre et permanent viol de la loi par les vieux soldats a encore de beaux jours devant lui !

13

Armée-nation : le malaise

La paix, ou ce qui y ressemble, fait des progrès. Les tensions internationales les plus fortes s'apaisent et les menaces pesant sur la France et sur l'Europe changent de nature. Il était permis de penser naguère, et encore à l'époque du brejnévisme triomphant, que le pacte de Varsovie incarnait une menace militaire réelle, ou à tout le moins avait le moyen de l'exercer. Au début des années quatre-vingt-dix, il n'est plus possible de prétendre sérieusement que les Soviétiques se préparent à une agression soudaine de l'Europe occidentale. Quand bien même une évolution soudaine et imprévisible amènerait Moscou — qui conserve et accroît toujours une puissance militaire matérielle considérable — à prendre une telle initiative, les conditions militaires de sa réalisation se sont transformées du tout au tout : au début de l'année 1989, et alors que la plausibilité de cette hypothèse pouvait déjà paraître problématique, les experts de l'OTAN estimaient qu'une attaque surprise des forces du pacte laisserait aux alliés occidentaux un préavis de quarante-huit heures. Un an et demi plus tard, ce délai était porté à... soixante jours !

« Discipline, loyauté, esprit de sacrifice »

Aujourd'hui, qu'on le veuille ou non, les principales menaces pesant sur la France ne sont pas — ne sont plus — d'ordre militaire. Les dangers de rupture de la cohésion interne de la société française, de même que les problèmes d'insertion des minorités ou les difficultés dues aux évolutions économiques paraissent autrement plus cruciaux que les risques d'agression extérieure. Le terrorisme, même épouvantable, ne se traite pas à coups de divisions blindées ou de régiments d'hélicoptères de combat... La puissance de la France ne s'exprime plus que très marginalement par les armes, et les succès du Japon ou de l'Allemagne démontrent sans conteste possible que la possession de l'armement nucléaire n'est pas une condition suffisante pour prétendre occuper une place sur le podium. En cette dernière décennie du siècle, la fonction même de l'armée en France s'en trouve remise en cause, donc sa place dans la nation.

Le statut général des militaires, daté du 13 juillet 1972, nous rappelle que les militaires ne sont pas tout à fait des Français comme les autres : « L'état militaire exige en toutes circonstances discipline, loyauté et esprit de sacrifice. Les devoirs qu'il comporte et les sujétions qu'il implique méritent le respect des citoyens et la considération de la nation. » Ces formules fortes, faites sans doute par le législateur pour durer jusqu'à la fin des temps, sont certainement mieux perçues en temps de guerre qu'en temps de paix. Car lorsque la nation n'est pas en danger, lorsque la vigilance toujours nécessaire demande moins de moyens et d'hommes, les fameuses « sujétions de l'état militaire » sont à la fois moins bien comprises par l'opinion, et plus mal acceptées par les intéressés eux-mêmes. S'ils demeurent prêts à aller se faire tuer à l'autre bout du monde avec vingt-quatre heures de préavis, y compris pour défendre au nom de la France les privilèges et les revenus d'un quelconque roitelet, force est de reconnaître que peu en chaut, à peu de chose près, à la nation qu'ils ont pour rôle premier de se préparer à défendre.

Dans de telles conditions, toutes ces singularités et ces particularismes militaires, mis en place au fil des siècles pour assurer la capacité de l'armée à combattre en vue d'interminables guerres européennes (qui n'ont cessé que depuis moins de cinquante ans), paraissent de plus en plus désuets : un système de formation et d'enseignement autonome, des hôpitaux et un système de santé différent de celui du reste de la population, des églises avec des aumôniers en uniformes militaires, des conditions de vie souvent difficiles pour les familles — mutations fréquentes, déplacements nombreux, disponibilité permanente —, une organisation hiérarchique et un code de discipline pesants, etc. Autant de marques d'une spécificité paraissant désormais de moins en moins justifiables, parce que constituant des exceptions au regard des règles modernes de la vie des citoyens.

Marque de courtoisie

Ceux qui ne connaissent pas la corporation militaire ignorent même souvent que ses codes de fonctionnement internes appartiennent parfois — malgré d'évidents progrès — à des pratiques sociales figées qui viennent encore, à la fin du XXe siècle, régler la vie des familles. C'est ainsi que, dans l'armée de terre, l'épouse de l'officier est mise d'autorité à contribution par le règlement ; dès son arrivée dans une nouvelle garnison, « le jeune officier doit, s'il est marié, demander au chef de corps quand sa femme pourra aller rendre visite à la sienne ; cette visite est non seulement de la plus élémentaire courtoisie, mais elle permettra au ménage de sortir de l'anonymat. Elle sera heureusement complétée par des visites à l'épouse du commandant d'armes et à celles des autres officiers du corps. Ces visites pourront être refusées pour raisons personnelles, il ne faut pas s'en offusquer [1] ». Dans la marine, où l'on a parfois une légère tendance à se moquer de la paille que les autres ont dans l'œil, on se gausse de telles pratiques : « Une femme n'accompagne son mari que si la personne visitée en a exprimé le souhait [...] Il est clair que de telles visites ne sont pas obligatoires. En particulier, les épouses d'officiers affectés à une unité ne sont pas astreintes à faire une visite à la femme du commandant, et cette marque de courtoisie est

1. *Manuel de tenue, savoir-vire et correspondance*, Écoles de Coëtquidan, édition 1981.

laissée à leur initiative. Il faut néanmoins savoir que dans les garnisons de l'armée de terre l'usage est différent ; l'épouse de l'officier se doit, après son arrivée, de faire une visite à la femme du colonel ou du général, faute de quoi elle et son mari risquent de paraître manquer aux bons usages[2]. »

Les temps ne sont certes plus aux remontrances réglementaires que pouvait faire le général Gallifet aux officiers du 12e corps d'armée de Limoges en 1882, en s'indignant de la fantaisie de leurs tenues : « Les pantalons sont étroits par le haut, ridiculement larges par le bas. Les bottes affectent la forme de chaussures du temps d'Henri III. Les cheveux sont taillés de manière à permettre une raie au milieu de la tête et ont, sur le devant du front, certaine forme qui rappelle les coiffures de femme. Les ordonnances sur la tenue des officiers ont tout prévu, et il est enjoint de s'y conformer, tant qu'elles n'auront pas été modifiées[3]. » Dans une mesure moindre qu'à cette époque, il n'en reste pas moins vrai que cette remarque portée sur les officiers français du XIXe siècle conserve une certaine actualité : « Les contraintes et les obligations professionnelles qui pèsent sur les officiers enlèvent à leur existence quotidienne le caractère intime, secret ou réservé, qui définit la vie privée. Elles les forcent à adopter un mode de vie plus communautaire qu'individuel[4]. »

S'il est sans doute un peu excessif de prétendre, comme cet officier général rencontré au cours de notre enquête, qu'« il est nécessaire d'être marié, d'avoir au moins trois enfants et d'aller tous les dimanches à la messe pour espérer avoir un poste de chef de bureau à l'état-major de l'armée de terre », les pesanteurs sociales sont parfois difficilement vécues. Mais sur ce point, les langues se délient peu : la carrière militaire est toujours très loin d'être une profession comme les autres,

2. Vice-amiral Roger VERCKEN, *Marine et bons usages*, Éditions de la Cité, Brest, 1986, p. 127.

3. Cité par William SORMAN, *Les Officiers français dans la nation*, Aubier, Paris, 1982, p. 127.

4. *Ibid.*, p. 125.

et le sentiment d'appartenir de gré ou de force à un « bloc », cohérent malgré ses disparités, demeure puissant. En réalité, et plus on monte dans la hiérarchie, les officiers placent ailleurs leur différence avec le reste de la société : dans la modicité — ou prétendue telle — de leurs revenus, ou dans l'absence de considération dont ils se sentent victimes de la part des dirigeants du pays et de la société tout entière.

Des chefs schizophrènes

Dans un pays qui ne fait plus la guerre, et dont rien n'indique à échéance prévisible qu'il doive la faire bientôt, les officiers ne peuvent pas se plaindre de recevoir, de la part des autres citoyens, les fameux « coups de poignard dans le dos » dont on parla tant dans la période des guerres coloniales modernes, en Indochine et en Algérie. Ils s'en prennent alors souvent au décalage qu'ils perçoivent entre eux-mêmes et les « civils », cette étrange espèce aux mœurs bizarres dont les valeurs s'éloignent des leurs : « Il y a de quoi se demander à quoi sont utiles et comment sont considérés les défenseurs de la nation au sein d'une société où le prestige n'est octroyé qu'à ceux qui disposent d'un niveau de vie clinquant. Or ce n'est pas notre cas, et il ne faut pas plus que cet amer constat pour expliquer les malaises d'un corps militaire défenseur de valeurs traditionnelles, qui ne paraissent plus être celles de la société qu'il est censé défendre [...] Ce n'est plus seulement le moral de notre grand corps qui est malade, c'est sa confiance envers ceux qui ont la charge de défendre leur condition militaire. C'est aussi sans doute quant à une doctrine de défense figée dans le consensus. C'est encore son exaspération envers l'inertie de l'institution face à une société qui évolue. C'est enfin sa désespérance vis-à-vis d'un statut déshumanisé et de conditions matérielles quotidiennes de plus en plus difficiles [5]. »

5. Lieutenant-colonel Paul VALLIN, « Engager le débat », *Armées d'aujourd'hui*, n° 148, mars 1990.

L'un des archaïsmes les plus étonnants de l'institution militaire réside dans son absence de possibilité d'expression. Professionnelle, politique, mais aussi syndicale. L'idée d'un syndicalisme militaire avait été évoquée au cours de l'été 1989 par les sous-officiers de gendarmerie rédacteurs de lettres anonymes envoyées aux journaux. Mais les gouvernements — quels qu'ils soient — et les états-majors — tous — ont toujours estimé que l'idée même du syndicalisme était incompatible avec l'état militaire et les « sujétions » de la discipline et de la loyauté à l'État. Autant de motifs contraignant les généraux à jouer un rôle exceptionnel dans la fonction publique, consistant à être à la fois chefs syndicalistes défenseurs des intérêts matériels et moraux de leurs troupes, et chefs militaires tout court, chargés de faire appliquer la discipline. Avec des effets curieux...

Au cours de notre enquête, un très haut responsable militaire français nous fit ainsi une confidence stupéfiante, en nous avouant qu'il avait tenté, au cours de l'été 1989 et sans succès, de trouver un moyen discret pour inciter officiers et sous-officiers de son armée à recourir eux aussi aux lettres anonymes, comme les gendarmes, pour réclamer une amélioration de leur sort. Cette double casquette avait amené en 1989 le ministre Jean-Pierre Chevènement à remarquer en souriant, lors d'une audition devant la commission de la Défense de l'Assemblée, que les chefs militaires doivent être des « schizophrènes » capables de concilier dans leur tête deux attitudes antinomiques ; le drame provoqué par cette formule sur certains chefs d'état-major, qui imaginèrent que le terme « schizophrène » était synonyme de « fou », conduisit Chevènement, désolé, à affirmer publiquement qu'il l'était lui-même ! Schizophrène, pas fou...

« Docile servitude et complexes muets »

Toujours est-il que le syndicalisme militaire n'a pas bonne presse. Les ministres imaginent dans un cauchemar l'affiliation de telles structures, si elles existaient, à la CGT ; les généraux en frémissent d'angoisse à l'avance, et les officiers eux-mêmes — qui s'expriment très souvent à ce sujet dans la rubrique « Libres réflexions sur la défense » du mensuel officiel *Armée d'aujourd'hui* — y sont majoritairement opposés. L'un d'eux expliquait ainsi au début de 1990 : « La hiérarchie doit être, à mon sens, le seul mais aussi le meilleur syndicat militaire. En utilisant au mieux ses atouts traditionnels, elle peut limiter son handicap évident par rapport au syndicalisme civil. S'appuyant sur la spécificité de notre vocation, elle doit pouvoir résoudre une crise d'identité et des problèmes de conditions de travail bien réels, mais doit aussi dialoguer avec l'autorité politique pour défendre les intérêts moraux et matériels des militaires. Avec réalisme, mesure et conviction. L'émergence d'un syndicalisme militaire indépendant est à proscrire totalement [6]. »

Ce sentiment n'est plus partagé par tous, et certains indices ne trompent pas, indiquant que les plus jeunes officiers supportent de plus en plus difficilement de devoir dépendre de la seule hiérarchie pour obtenir la satisfaction de leurs revendications professionnelles. Un jeune sous-lieutenant s'exprimait fort clairement à ce propos dans un numéro de la revue de l'amicale La Saint-Cyrienne : « Socialement, le soldat se trouve déclassé au sein d'une société qui vit dans le temps de paix. Longtemps déconsidéré par une vague d'antimilitarisme, il a pris l'habitude de se cacher, exerçant un métier dont on taisait le nom. Aujourd'hui, on ne le hait plus, on le plaint. [...] Alors, discipliné, le soldat se retourne vers son chef, car c'est lui qui doit le défendre. Avoir le souci de ses subordonnés passe aussi par la prise en compte de leurs difficultés quotidiennes. Mais bien souvent, le chef n'arrive pas à faire valoir sa position, car lui aussi est soumis à cet écrasement fait d'une habitude de docile servitude et de complexes muets vis-à-vis du civil avec lequel il a été formé. D'autres fois encore, le chef

6. Chef de bataillon BENY, « Syndicalisme militaire » : je vote pour la hiérarchie », *Armées d'aujourd'hui*, n° 148, mars 1990.

se tait, préférant entendre le bruit rassurant du parapluie qui s'ouvre, plutôt que le fracas d'une carrière qui se brise [7]. »

« L'usage veut qu'on évite les conversations politiques et religieuses [8] », nous apprend l'amiral Vercken. Gare ! « Il est beaucoup plus important de ne jamais formuler de critique ouverte à l'égard du gouvernement, ni envers les autorités de la défense, celles de la marine en particulier. Les cloisons ont des oreilles, et l'esprit de dénigrement pourrait bien se retourner contre vous et la hiérarchie tout entière [9]. » Le lecteur peut se rassurer : ces sages conseils ne sont heureusement pas suivis et, y compris en présence d'un journaliste, les carrés des navires de guerre et les mess des régiments, tout comme les salles à manger des états-majors parisiens, connaissent des conversations politiques aussi animées que n'importe quels autres lieux de la société française, et les supérieurs — certains ! — ou les pairs en prennent pour leur grade avec une alacrité de bon aloi. Il n'empêche que personne n'est réellement en mesure — sauf en pratiquant les arts divinatoires — de connaître sérieusement les opinions politiques de la corporation militaire.

Niche de propreté

Les sondages pluriannuels très complets que fait pratiquer le Service d'information et de relations publiques des armées (SIRPA) par les instituts de sondage les plus respectables portent essentiellement sur les idées que se font les citoyens de tout ou partie de l'institution militaire et de la personne de ses chefs, comme de la politique de défense en général. Ils s'abstiennent d'interroger les militaires eux-mêmes sur leurs opinions politiques. La dernière publication d'enquête sérieuse

7. Xavier CULOT, « Syndicalisme et métier militaire », *Le Casoar*, n° 114, juillet 1989.

8. *Marine et bons usages, op. cit.*, p. 105.

9. *Ibid.*, p. 106.

sur le sujet, réalisée par l'IFOP, remonte à 1973 pour le journal *Le Point.* En 1977, une enquête similaire réalisée auprès de 5 000 agents de la fonction publique, dont des militaires, vit sa publication interdite par la commission des sondages. Pour « connaître » les opinions politiques des militaires, on en est donc réduit aux impressions générales, comme d'ailleurs les intéressés eux-mêmes, comme ce sous-lieutenant saint-cyrien « un peu virulent » cité dans un ouvrage sur les officiers français : « Chez nous, il y a 80 % de droite, 15 % d'extrême droite et 5 % de gauche [10]. »

Il est aisé de comprendre qu'on n'entre pas à vingt ans dans l'armée lorsqu'on a pour but de réformer la société ou d'agir sur ses rouages essentiels pour les faire tourner dans un autre sens. Par définition, la « défense » vise à conserver ce qui existe, et même à se battre pour. L'armée compte sûrement moins d'hommes de gauche que d'hommes de droite. Mais quelle importance après tout ? Au-delà bien sûr du fait qu'il serait sans doute préférable que les professionnels de l'institution militaire reflètent la diversité de la société française dans son ensemble... En réalité, les militaires que nous avons pu rencontrer nous ont souvent donné l'impression de demander à être considérés — selon une formule facile — à la fois comme des citoyens à part entière et comme des citoyens entièrement à part.

A leurs propres yeux, ils constituent dans la société une poche de pureté, une niche de propreté et de probité candide, le seul espace en fait qui serait dégagé des contingences aussi bien politiciennes que bassement matérielles. En clair, ils estiment souvent que « les autres », et en particulier les politiciens et le microcosme du tout-État, ne défendent pas le pays mais les intérêts particuliers de groupes sociaux, quand ce ne sont pas leurs avantages personnels. Cette « différence » supposée entre la composante civile de la société française et sa composante militaire a une traduction évidente : dès qu'ils quittent

10. Christian DESTREMAU et Jérôme HÉLIE, *Les Militaires, être officier aujourd'hui*, Olivier Orban, Paris, 1990, p. 254.

la vie militaire active, et alors même qu'ils en auraient la possibilité, les officiers généraux se désintéressent souvent de la vie publique au point, sauf exceptions rarissimes, de ne pas briguer de mandats électifs nationaux.

L'Assemblée nationale élue en juin 1988 ne compte que deux officiers généraux de réserve appartenant tous deux à l'UDF : Emmanuel Aubert, général de brigade aérienne, et Jean Brocard, contrôleur général des armées. Au Sénat, c'est encore plus court : l'amiral Philippe de Gaulle est le seul représentant de sa corporation... Au Parlement européen, l'ancien chef d'état-major des armées Jeannou Lacaze semble avoir éprouvé quelques difficultés de mise en place : élu en 1989 sur la liste giscardienne, il quitta ses rangs pour rejoindre le Centre national des indépendants dont il démissionna au printemps 1990 avec l'ambition de monter son propre parti. Une illustration, peut-être, de la difficulté des militaires à faire de la politique ?

Pouvoir, prestige, rayonnement

Toujours est-il que cet ensemble d'attitudes consistant à exacerber les particularismes et à cultiver des différences souvent désuètes a un corollaire : les officiers en général, et les officiers généraux en particulier, ne sont pas tout à fait considérés comme de véritables cadres de la nation, comme des membres aussi éminents et puissants que les autres au sein de la haute fonction publique. Certes, des spécialistes indulgents peuvent laisser croire aux intéressés que « les anciens élèves des écoles prestigieuses (X, Centrale, HEC, Ulm, Sèvres, Saint-Cyr) recensés dans le *Who's Who* et multipositionnés » comptent parmi les « membres de la strate supérieure dominante », avec « les PDG des 500 premières entreprises françaises », « les membres des grands corps issus de l'ENA ou des concours antérieurs », ou « les quelque 300 généraux et amiraux [11] ».

11. Gérard VINCENT, « Existe-t-il une strate supérieure de la classe dominante ? », *Cours de société française contemporaine*, leçon n° 6, École spéciale militaire, non publié.

En réalité, un examen plus attentif permet d'affirmer que l'encadrement militaire français n'a d'importance que dans l'armée. Ce qui n'est pas rien sans doute. Mais ce qui ne permet pas non plus de considérer que les officiers généraux participent puissamment à la vie du pays.

Cette question revêt à juste titre une grande importance pour les intéressés, qui revendiquent d'un côté toute leur place parmi la très haute fonction publique, en protestant de l'autre contre l'absence de passerelles en nombre suffisant qui leur permettraient d'atteindre les sphères, inaccessibles pour eux, du véritable pouvoir. Dans son étude exhaustive sur les grands corps de l'État [12], la sociologue Marie-Christine Kessler a omis les généraux. Ce n'est naturellement pas fortuit, bien que sa définition du « grand corps » semble pouvoir s'appliquer à la hiérarchie militaire. Selon elle, un grand corps est une institution qui « détient certains attributs du pouvoir ; par ses fonctions officielles, elle a reçu en partage un segment important de l'autorité de l'État. Elle est associée à l'État, à son développement qu'elle a nourri et dont elle a bénéficié en retour. Elle tire des textes anciens qui ont défini ses tâches une légitimité qui s'ancre dans l'histoire. [...] Le grand corps est un groupe social dont les liens avec les classes sociales dominantes constituent un élément de prestige et de puissance. [...] Les grands corps sont liés à un système social et culturel qui assure, par l'intermédiaire des grands concours et des grandes écoles, le maintien comme le renouvellement d'un même type d'élite et façonné sur un même modèle méritocratique, assurant la permanence des mêmes valeurs dans la haute fonction publique [13] ».

Malgré cette définition semblant pourtant s'adapter comme un gant sur une main à la corporation militaire, ou en tout cas au sommet de la hiérarchie ne comptant — rappelons-le — que moins de 600 officiers généraux, Marie-Christine

12. Marie-Christine KESSLER, *Les Grands Corps de l'État*, Presses de la Fondation nationale des sciences politiques, Paris, 1986.

13. ID., *ibid.*, p. 331.

Kessler n'a pourtant pas placé ces derniers parmi les grands corps (à savoir la Cour des comptes, le Conseil d'État, l'inspection des Finances, les Mines, les Ponts et Chaussées, le corps diplomatique, le corps préfectoral). A vrai dire, cette définition des grands corps est celle retenue par l'administration, mais l'auteur détaille : « Les critères qui sont les miens dans cette étude ne sont pas partagés par les généraux. Ils n'ont ni pouvoir ni prestige, et ne rayonnent pas en dehors de leur domaine d'activité. Un corps c'est un bloc, un ensemble de gens qui ont fait carrière ensemble. Les généraux sont seulement ceux qui ont réussi dans la carrière militaire. »

Ultime formation

Pour tenter de rapprocher les futurs généraux de la société civile, et effacer de la sorte cette préjudiciable cassure entre la très haute fonction publique civile — appartenant aux grands corps — et la haute hiérarchie militaire — n'appartenant qu'à sa propre structure —, les pouvoirs publics imaginèrent en 1948 de créer l'Institut des hautes études de défense nationale. Il rassemble désormais chaque année, pour des sessions couvrant l'année scolaire, environ quatre-vingts auditeurs désignés par le Premier ministre sur une liste établie par le Secrétariat général de la défense nationale. Pendant un an vont donc cohabiter, et mener ensemble des travaux de réflexion et de prospective, un tiers de membres des grands corps choisis par leur administration et un deuxième tiers de responsables des secteurs privés et parapublics parmi lesquels — selon des proportions immuables — des syndicalistes, des industriels, des ministres des cultes, des parlementaires et des journalistes.

Le troisième tiers est constitué de colonels et de capitaines de vaisseau de toutes les armées, qui participent pendant cette période aux travaux du Centre des hautes études militaires (CHEM), le sommet du système de formation interne du ministère de la Défense. Les officiers supérieurs choisis pour participer au CHEM sont en principe promis aux étoiles dans des conditions avantageuses, mais cette filière n'a pas toujours bonne presse parmi ceux qui sont susceptibles de la rejoindre. Les colonels qui n'y sont pas candidats sont légion, pour plusieurs raisons : certains, d'abord, côtoient le monde civil par leurs propres circuits et estiment ne pas avoir besoin que leur hiérarchie les aide à se faire un carnet d'adresses parisiennes. D'autres jugent que les travaux prospectifs qui s'y mènent ne justifient pas une interruption d'un an dans un poste d'état-major, et vont jusqu'à prétendre — mauvaises langues ! — que les auditeurs du CHEM n'y sont affectés que parce que leurs chefs n'ont rien d'autre à leur donner à faire. Ce qui est un peu injuste, car les principaux hiérarques actuels sont souvent passés par cette voie. Toujours est-il que dans le long, très long cursus menant aux étoiles, le CHEM-IHEDN est un palier sur lequel certains s'arrêtent pour une pause d'un an, et d'autres pas...

Civils-militaires : deux mondes qui se côtoient sans se pénétrer. Il reste certainement de ce point de vue bien des progrès à faire : pour que les militaires apprennent à oublier de temps à autre les règles de fonctionnement interne de leur institution, qui ont tant de mal à trouver une application à l'extérieur et sont à la source de tant de malentendus. En côtoyant l'institution, on se prend parfois à se demander si — aux yeux des militaires — les seuls bons civils ne seraient pas les appelés effectuant leur service national et les officiers de réserve. C'est un peu court. D'un autre côté, la partie non militaire de la société a tendance à considérer les hommes en uniforme comme des citoyens infréquentables, obéissant à des règles de discipline, de soumission à la hiérarchie et de conformisme idéologique inadaptées au monde d'aujourd'hui. Ce n'est en tout cas pas en faisant preuve d'ostracisme à leur égard que la situation évoluera...

Conclusion

A la recherche de l'ennemi perdu

2 août 1990, deux heures du matin. Après plusieurs jours de bruits de bottes sur fond de négociations portant sur la question des puits de pétrole frontaliers, 100 000 soldats de la garde présidentielle irakienne envahissent le Koweït sans rencontrer de résistance significative. Le Parlement est dissous et un « gouvernement provisoire » installé tandis que l'émir Cheikh Jaber al-Ahmed al-Sabah s'enfuit en catastrophe en Arabie saoudite. En quelques heures, l'État souverain du Koweït est rayé de la carte, par un autre membre de l'Organisation des nations unies, avant de devenir la dix-neuvième province irakienne. Avec une rapidité qu'on ne lui connaissait pas, le Conseil de sécurité de l'ONU condamne immédiatement l'agression et exige que les forces irakiennes se retirent derrière leurs frontières. Le monde entier se coalise contre Saddam Hussein, le dictateur de Bagdad, et le 6 août, l'ONU adopte une résolution d'embargo total : tandis que les avoirs koweïtiens et irakiens sont gelés sur toute la planète, plus une goutte de pétrole ne doit sortir de ces pays, ni aucune marchandise y entrer.

« Bouclier du désert »

Aussitôt, le président américain George Bush lance pour protéger l'Arabie saoudite l'opération *Desert Shield* (bouclier du désert), la plus énorme intervention logistique et de renforcement militaire lancée depuis la Seconde Guerre mondiale.

Mais à l'intérieur des frontières irakiennes et koweïtiennes, plusieurs dizaines de milliers d'étrangers se trouvent pris au piège. Le prolétariat importé du Pakistan, du Bangladesh, d'Indonésie ou d'Égypte ira croupir dans des camps de transit en Jordanie avant des rapatriements problématiques. Les milliers d'Occidentaux retenus seront pour les uns utilisés comme « bouclier humain » sur les sites stratégiques irakiens, et pour les autres savamment utilisés par Bagdad pour faire monter la pression dans les démocraties, par télévisions interposées.

Moins d'un mois après l'invasion, alors que l'hôte de la Maison-Blanche mène le 9 septembre à Helsinki des discussions en tête à tête avec son homologue soviétique Mikhaïl Gorbatchev, près de 100 000 militaires américains sont déjà arrivés en Arabie saoudite avec tout ce qui se fait de plus puissant, de plus sophistiqué et de plus cher dans le domaine des armements : des centaines de chasseurs bombardiers et d'hélicoptères de combat de tous types, des dizaines de navires de guerre qui seront rapidement rejoints par un millier de chars lourds M 1-Abrams. Plusieurs dizaines de rotations d'avions-cargo militaires et civils se succèdent chaque jour entre les bases du continent américain et celle de Dahran en Arabie saoudite où se concentre le corps expéditionnaire américain, à proximité immédiate des champs pétrolifères gérés par la compagnie Aramco. De quoi faire face, dans l'esprit des stratèges du Pentagone et dans le droit fil de la pensée militaire américaine, à toutes les éventualités envisageables...

Et la France, dans tout ça ?

Sur la base d'Étain (Meuse), le 9 septembre, des avions C-130 Hercules du commandement du transport aérien militaire (COTAM) embarquent pour la ville de Yanbu, près de Djeddah, au bord de la mer Rouge, les premiers Français qui se rendront sur le sol saoudien : une centaine d'hommes appartenant à l'état-major du 3e régiment d'hélicoptères de combat.

En annonçant leur départ le 27 août, le porte-parole de l'Élysée Hubert Védrine avait expliqué que ce détachement constituerait l'« élément précurseur » des autres hélicoptères français présents dans la région : 42 appareils Gazelle et Puma embarqués sur le porte-avions *Clemenceau* qui a quitté Toulon le 13 août. Mais il est bien clair que la France n'entend pas s'engager à la légère dans un conflit armé, et que ces hélicoptères ne participeraient qu'à certaines conditions à d'éventuels combats.

François Mitterrand l'a répété lors d'une conférence de presse le 6 septembre : « Pour le cas où il y aurait une agression nouvelle de l'Irak à l'égard de l'un des autres pays de la région, la France, qui a dépêché ses unités dans la zone du Golfe (voir encadré), qui dispose d'une unité militaire en Arabie saoudite et dans les Émirats arabes unis, la France serait solidaire et interviendrait. » Les limites apportées par le président français concernent alors l'éventualité d'une initiative militaire américaine unilatérale : « S'il s'agit d'une intervention soudaine, inattendue, sur laquelle nous n'aurions pas été préalablement informés, cela serait une situation tout à fait différente de celle qui viendrait d'une interception d'un navire dans le cadre de l'embargo qui, par réaction en chaîne, provoquerait une série de conflits militaires qui aboutiraient à un combat général. »

Le dispositif militaire français mis en place dans la région au début de la crise — le *Dupleix* a fait route vers le Golfe dès le 2 août pour y rejoindre les autres navires basés en permanence sous le commandement de l'amiral Pierre Bonnot, commandant la zone maritime de l'océan Indien — n'a rien de comparable avec celui des Américains ; bien que François Mitterrand ait déclaré le 21 août que la situation créée par l'Irak relevait d'une « logique de guerre », ce n'est pas à celle-ci que répond le déploiement français. En additionnant aux quelques milliers de marins les forces installées en permanence à Djibouti, et qui n'ont pour fonction officielle que de défendre l'ex-colonie française, Paris a toutefois pu claironner que son effectif militaire dans la zone était le second, juste derrière celui

Le dispositif militaire français autour de la péninsule arabique, le 22 septembre 1990 (en tout : 13 000 hommes)

MARINE NATIONALE

1) Opération Artimon (contrôle de l'embargo) : frégate *Montcalm* (détroit de Tiran), frégate *Dupleix* (détroit d'Ormuz), aviso-escorteur *Commandant Bory* (détroit d'Ormuz).

2) Opération Salamandre : porte-avions *Clemenceau* (golfe d'Oman), croiseur *Colbert* (golfe d'Oman), pétrolier-ravitailleur *Var* (golfe d'Oman).

3) A Djibouti : pétrolier-ravitailleur *Marne*, bâtiment-atelier *Jules Verne*, pétrolier-ravitailleur *Durance*, aviso-escorteur *Doudart de Lagrée*, aviso-escorteur *Protet*, aviso *Commandant Ducuing*, remorqueur côtier *Buffle*, patrouilleur *La Rieuse*.

ARMÉE DE TERRE

1) Émirats arabes unis : un escadron du 1er régiment de hussards parachutistes, une batterie du 11e régiment d'artillerie de marine.

2) Arabie saoudite (Yanbu) : état-major du 3e régiment d'hélicoptères de combat.

3) Djibouti (force permanente) : 13e demi-brigade de Légion étrangère.

4) En mer, en route vers Yanbu (Arabie saoudite) : a) 42 Gazelle et 6 Puma du 5e régiment d'hélicoptères de combat, à bord du porte-avions *Clemenceau* ; b) à bord de navires civils mis à la disposition du gouvernement : 48 AMX 10-RC du 1er régiment de spahis et du 1er régiment étranger de cavalerie, 2e régiment étranger d'infanterie, 6e régiment étranger de génie, divers éléments des 21e régiment d'infanterie de marine, 35e régiment d'artillerie parachutiste, 7e et 9e régiments parachutistes de commandement et de soutien, etc.

ARMÉE DE L'AIR

1) Émirats arabes unis : une unité de missiles sol-air Crotale.

2) Djibouti : une unité de missiles sol-air Crotale, escadron de chasse 4/30 Vexin (force permanente, 10 Mirage F1).

3) 30 appareils en instance de départ à Istres (Bouches-du-Rhône) : chasseurs bombardiers Jaguar de la 11e escadre de chasse de Toul, intercepteurs Mirage 2000 RDI de la 5e escadre de chasse d'Orange, chasseurs de reconnaissance Mirage F1CR de la 33e escadre de reconnaissance de Strasbourg, ravitailleurs Boeing C-135 F de la 93e escadre de ravitaillement.

des Américains... L'appareil mis en place par Paris (cf. encadré) fut effectivement dès le départ à la mesure du rôle que la France entendait jouer dans cette crise majeure, et qui n'était pas le premier. L'élément essentiel en matière de *gesticulation* militaire demeure d'ordre symbolique : du point de vue strictement utilitaire, les armes françaises n'ont dans ces conditions ni plus, ni moins d'importance que celles des troupes égyptiennes, marocaines, syriennes ou autres déployées sur le terrain. Ce qui compte, c'est d'être là !

Sans murmure ni discussion

Dans ces conditions, la polémique lancée par le ministre Jean-Pierre Chevènement le 21 août, jour du second conseil des ministres restreint consacré à la crise, a paru d'autant plus saugrenue : l'intéressé faisait en effet à l'Agence France Presse une déclaration prêtée à « un haut responsable gouvernemental français », qui se disait « très préoccupé par la possibilité d'une attaque contre l'Irak qui pourrait survenir, selon lui, dans les tout prochains jours. Ce haut responsable, qui a requis l'anonymat, a affirmé posséder des informations en ce sens. Cette possibilité d'une attaque contre l'Irak est préoccupante car, selon lui, le temps nécessaire pour bénéficier des effets de l'embargo deviendrait insuffisant et il n'y aurait pas la moindre possibilité de négociations. Ce haut responsable s'est d'autre part dit très angoissé par la perspective d'un conflit qui pourrait faire des milliers, peut-être des dizaines de milliers de victimes, avant que ne soit tentée la moindre négociation dans le cadre de l'ONU, pour amener les Irakiens à évacuer le Koweït sans perdre pour autant la face ».

Convocation à Matignon, explications à l'Élysée où l'on a même évoqué un départ du ministre pour complaisance coupable à l'égard de l'Irak... Jean-Pierre Chevènement dut changer son fusil d'épaule et faire connaître son alignement inconditionnel à la politique de la France, définie en un autre lieu qu'au ministère de la Défense. C'est qu'en matière opérationnelle un ministre se trouve placé sur un pied d'égalité avec ses généraux : il doit se contenter d'obéir et d'exécuter les ordres, sans murmure ni discussion. Et de fait, mis à part les ronchonnements de Jean-Pierre Chevènement qui portaient sur l'éventualité — démentie — d'une opération américaine, la posture choisie par la France n'a provoqué aucun commentaire des chefs militaires français : ils se sont contentés de préparer, puis de mettre en place le dispositif dont François Mitterrand — et, dans l'ombre, son chef d'état-major particulier Jacques Lanxade — a personnellement supervisé chaque détail.

Tout, pour la France, est question d'échelle : envoyer des avions de combat autour du Golfe, dès le début août, aurait sans aucun doute été envisageable, et fut d'ailleurs envisagé. Mais l'emploi d'un intercepteur ou d'un chasseur-bombardier n'est possible que si ce dernier est accompagné d'un avion ravitailleur. Or si la France possède 450 avions, elle n'a que 11 ravitailleurs. L'US Air Force compte près de 10 000 avions, dont plus de 700 ravitailleurs KC-135 et KC-10 ! En dehors même des considérations diplomatiques et politiques, ces simples chiffres — le rapport est similaire dans tous les domaines — donnent une idée des dimensions des armées respectives, et des moyens qu'elles peuvent affecter à une crise telle que celle de l'été 1990. En clair, la France, déjà engagée à cette époque dans l'opération « Épervier » au Tchad, atteindra très vite les limites de ses capacités de « projection » militaire, en cas de déploiement significatif. C'est dans ce contexte que François Mitterrand décida, le 15 septembre, un renforcement militaire dans le cadre de l'opération « Daguet », en réponse au saccage par les troupes irakiennes de la résidence de l'ambassadeur de France au Koweït, et à l'arrestation de trois Français dans ces locaux.

Le drame des généraux français

Quel que soit son déroulement, quelles que soient les évolutions diplomatiques et militaires de la crise du Golfe, elles ne sauraient justifier un maintien de l'outil militaire français tel qu'il se présentait jusqu'alors, c'est-à-dire — pour simplifier — jusqu'à la chute du Mur de Berlin. Saddam Hussein n'est pas Leonid Brejnev, et l'arsenal de l'Irak conquérant — aussi considérable soit-il — n'a rien de comparable avec celui de l'Union soviétique. La tentation sera pourtant forte, pour certains états-majors et pour les hommes politiques qui soutiendront leurs positions lors des débats budgétaires, de réclamer un maintien des moyens en vigueur du temps de la guerre froide. Plus dure sera la paix. Plus longs seront les jours et les nuits sans ennemis aux marches de l'Est.

Depuis 1985 et l'arrivée au pouvoir de Mikhaïl Gorbatchev à Moscou, les militaires français ont vu la plupart de leurs prévisions se démentir : la posture stratégique soviétique se transforme effectivement et l'Armée rouge quitte progressivement les casernes de son ancien glacis de l'Est européen. Septembre 1990, en pleine crise du Golfe, aura vu la mise au point des modalités du départ de l'Armée rouge de ses bases sur le territoire de la défunte République démocratique allemande. Le rideau de fer, intellectuellement si confortable, s'est ébréché avant de s'effondrer en moins d'un an ; l'Allemagne est unifiée quand une telle perspective paraissait complètement invraisemblable moins de douze mois plus tôt ; le désarmement conventionnel fait des progrès visibles à l'œil nu à Vienne, etc. Pour parachever le tout, et participer au grand mouvement qui saisit l'Europe, le gouvernement français a annoncé en juillet 1990 des inflexions significatives : retour programmé des Forces françaises d'Allemagne, réduction provisoire du budget d'équipement des armées avant une remise à plat complète en 1991 au cours d'une nouvelle révision de la loi de programmation militaire, service militaire ramené à dix mois, diminution annoncée des effectifs de l'armée de terre de 35 000 hommes... L'Allemagne, la Grande-Bretagne, les États-Unis, tout le monde — à l'exception notable du Japon — réduit les crédits militaires, rend ses soldats à la vie civile, redistribue les crédits dans d'autres secteurs. Seigneur, rendez-nous nos ennemis !

Aucun officier général français n'oserait se plaindre publiquement des progrès de la détente, donc de la paix. N'est-elle pas le but même de l'action des militaires, et l'effondrement du système communiste n'est-il pas dû aussi pour une bonne part à l'affichage par l'Alliance atlantique et ses alliés — pendant près d'un demi-siècle — d'une posture forte et militairement crédible ? Il n'empêche qu'en cette année 1990 les généraux sont tous, à des degrés divers, très inquiets pour l'avenir : pas nécessairement celui du monde, plus certainement celui de leurs armées. Souci compréhensible quand près de 700 000 hommes — professionnels ou appelés — dépendent d'une institution aussi tentaculaire que le ministère de la Défense, quand tant de jeunes et de moins jeunes officiers font de leur carrière militaire l'idéal d'une vie utile à leur pays... Il n'y a pas de gêne à avoir pour afficher de tels soucis, ni de honte à dissimuler lorsque l'on est en position de gérer l'immense problème social qui se posera inéluctablement. Pour toutes ces raisons, l'agressivité n'est pas de mise lorsque des voix s'élèvent pour poser ces problèmes : les règles de la vie d'une société imposent au contraire que militaires et civils examinent ensemble, sans arrière-pensées ni *a priori*, les moyens nécessairement douloureux de régler ces difficultés.

17 millions de morts

Les hommes politiques se sont mis trop tardivement à l'ouvrage. Par crainte des foudres corporatistes d'une institution militaire moins encline qu'on le pense souvent à ruer dans les brancards, le simple courage a manqué aux décideurs quand il était encore possible d'éviter des traumatismes. Les inéluctables réductions successives des budgets d'équipement n'ont pas fait l'objet d'anticipations sérieuses et sont désormais saupoudrées chaque année en provoquant de nouveaux et inutiles surcoûts industriels, en rendant impossible une gestion sérieuse, donc à long terme, de la diminution du « format » de l'armée française. Il y a quelques années, un général nous apprenait que « la guerre est morte, la Bombe l'a tuée »[1]. Certes. Mais on admettra que les quatre cents conflits qui ont fait 17 millions de morts depuis 1945[2], s'ils ne sont sans doute pas des « guerres » au sens planétaire du terme, ont tout de même constitué de sales moments à passer pour les militaires qui y ont participé, et pour les populations qui les ont subis. L'invasion du Koweït par l'Irak, suivie de l'une des plus gigantesque prises d'otages de l'histoire moderne, vient démontrer que des conflits géographiquement limités peuvent avoir des conséquences planétaires.

En réalité, seule la guerre froide a aujourd'hui reçu son permis d'inhumer. Pas mal, mais peut mieux faire... Le monde connaîtra encore, nombreux, ces conflits que les stratèges ont baptisés « de faible intensité » et qui ont pour caractéristique essentielle de ne pas se dérouler sur le territoire des pays développés. Qui se contentent pour leur part de livrer armes et munitions aux belligérants. Sous les tropiques, dans ce tiers monde où le prix d'une seule balle de mitrailleuse permettrait de nourrir un village entier pendant un mois, la guerre est toujours bien vivante : les conflits s'y succéderont à un rythme proche de celui qu'ils ont déjà connu. Et dans notre vieille Europe, force est d'admettre que la montée des nationalismes à l'intérieur des États découvrant la liberté et la démocratie porte en germe quelques risques de sérieux conflits armés. Mais le drame des généraux français, c'est que cela ne peut en rien justifier un maintien du *statu quo ante*, dont la finalité consistait pour une bonne part à veiller aux portes des plaines germaniques, installé dans quelques centaines de bons vieux chars de bataille AMX 30. On assiste donc en ce début de la dernière décennie du XXe siècle à d'étonnantes batailles visant à tordre la réalité pour tenter de faire admettre aux citoyens et aux contribuables que la grandeur de la France

1. Claude LE BORGNE, *La guerre est morte... mais on ne le sait pas encore*, Grasset, Paris, 1987, p. 267.

2. Jean-Louis DUFOUR, « Tchad, une (non) guerre de vingt ans », *Les Cahiers de Mars*, n° 120, 1er trimestre 1989.

impose que, désormais et à peu de chose près, tout soit comme d'habitude.

Chercher l'ennemi

Il était naturellement tentant de chercher à changer d'épouvantail. Le communisme triomphant tombant en poussière aux environs de l'Oural, son remplaçant naturel avait eu l'extrême obligeance de se dresser spontanément. L'ayatollah Khomeiny a fait les présentations en 1979, en prenant le pouvoir à Téhéran, et quelques dirigeants arabes se sont empressés de marcher sur ses traces en détaillant pour l'Occident effectivement épouvanté l'image honnie de l'intégrisme islamique et du fanatisme, indignes parents d'un odieux bâtard : le terrorisme. La chaudière du Proche et du Moyen-Orient menaçant à chaque instant de prendre feu grâce en partie — encore une fois — aux armes obligeamment livrées par pleins wagons par les pays développés, les dirigeants de ces pays se sont dotés d'armes de terreur : armes chimiques, armes nucléaires — pour Israël —, missiles à longue portée — pour l'Irak et l'Arabie saoudite. « Vous voyez bien » ont alors lancé certains généraux, « l'Islam est à nos portes, il va déferler, il nous faut des chars ! » Mauvais esprit, caricature ? Pas vraiment...

La peur de l'Islam, différente de celle du communisme galopant, obéit d'une certaine manière aux mêmes ressorts : l'Autre nous fait peur, l'Inconnu va nous dévorer, la folle marée des différences va submerger notre civilisation. Rien de tel pour l'instant : les seules attaques, concrètes et terribles, subies par la France ont été terroristes, et la population parisienne, lors de la vague d'attentats de 1986, y a fait face avec une résolution et une fermeté remarquables. Il n'empêche qu'une vraie inquiétude est perceptible chez les militaires. Cette angoisse, encore peu formulée avant la crise du Golfe, se nourrissait d'images apocalyptiques : *boat-people* maghrébins franchissant la Méditerranée, missiles bourrés de toxiques fulgurants annihilant nos villes, hordes blindées moyen-orientales déferlant — mais par où, donc ? — sur nos campagnes endormies. Les arrière-petits-fils de Charles Martel se voyaient investis d'une nouvelle mission, prêts à pourfendre le musulman et à fracasser ses prétendues illusions de conquêtes.

Ces « nouvelles menaces » ne sont souvent examinées par les responsables militaires, et singulièrement dans l'armée de terre, que sous un angle étroit : celui des justifications qu'elles paraissent apporter à des programmes placés dans le collimateur budgétaire. Le futur char de l'armée française, le Leclerc qui entrera en service à partir de 1992, a été conçu pour une utilisation en Europe, face aux T-80 soviétiques. L'armée de terre en réclame au moins 1 300, à près de trente millions de francs pièce, sans compter les études et le développement. Or il est quasiment certain qu'elle devra se contenter de la moitié, voire de moins. Pour deux raisons simples : c'est très cher, difficilement transportable et donc pratiquement inutilisable dans les zones où l'armée française pourrait être amenée à intervenir. Mais dans un article paru au printemps 1990, le major général (numéro deux) de l'armée de terre, Bertrand Dupont de Dinechin, défend mordicus les nouveaux blindés français, et surtout leur nombre. Qui ne doit naturellement pas varier, quand il s'agira de remplacer les vieux AMX 30 par les Leclerc. Et la justification, c'est l'Islam ! « 1 300 chars, c'est moins de 30 % de ceux que détient la RFA. C'est beaucoup moins que n'en possède chacun des pays tels la Syrie, l'Irak, l'Égypte ou la Libye. Il n'est donc pas abusif de parler de "stricte suffisance" pour notre armée de terre [3]. » Il n'est pas le seul à craindre l'impérialisme musulman. Claude Le Borgne n'affirmait-il pas en 1987 : « Sans doute la stupidité du régime de l'Est suffit-elle à notre bonne conscience. La primitive vigueur de l'Islam nous interpelle plus fortement. L'Occident est la pointe avancée de l'humanité. Monstre de lucidité, l'Europe est éclaireur de néant. On la dit décadente. Elle est au bord du gouffre vers lequel le monde se hâte [4]. »

3. Bertrand DUPONT DE DINECHIN, « L'armée de terre en 1990 », *L'Armement*, juin 1990.

4. *La guerre est morte...*, *op. cit.*, p. 268.

Les responsables militaires du niveau le plus élevé ne se tiennent pas à l'écart de ce débat, même s'ils se gardent de lier trop ostensiblement la nature réelle de la « menace » aux moyens militaires qu'il conviendrait de conserver pour y faire face : « L'état des lieux en Iran, Irak, Syrie, Jordanie, Israël, Égypte et Libye est très préoccupant. Certes, pour l'instant, la menace reste négligeable. (...) Il me semble que ces pays représentent un énorme facteur potentiel de déstabilisation. Ils allient, les uns ou les autres, une démographie galopante, une religion aux formes exacerbées et un potentiel militaire extrêmement dangereux. Nous ne pouvons rester indifférents à ce danger [5]. » Jean-Pierre Chevènement lui-même n'est pas en reste. Ce thème est abordé dans pratiquement chacune de ses interventions : « Portons nos regards vers le Sud : comment ne pas être frappé par les immenses déséquilibres démographiques, économiques, culturels, politiques qui s'accumulent à l'horizon ? » Le ministre notait toutefois que « cela ne doit pas nous conduire — bien au contraire — à traiter le problème de nos relations avec le Sud à travers le prisme déformant des questions militaires [6] ».

La nature du conflit déclenché par les visées expansionnistes de Saddam Hussein, et celle des mesures militaires minimales décidées par la France illustrent pourtant bien les données stratégiques nouvelles : ce n'est pas avec des escadrilles de chasseurs ou des pelotons de blindés qu'on empêche les prises d'otages, ou qu'on stoppe des vagues de terrorisme. Et l'extraordinaire puissance militaire américaine ne compense pas l'erreur d'analyse commise fin juillet lorsque — malgré les interceptions radio de la National Security Agency et les photos hyper-détaillées des satellites espions — aucun service de renseignement au monde n'a cru à la réalité des menaces que faisait peser Saddam Hussein sur le Koweït. Un ennemi surpuissant est mort à l'Est, et le tyran de Bagdad est très loin

5. Maurice SCHMITT, « Aucune détente n'est éternelle », entretien avec *Le Nouvel Observateur*, 25 janvier 1990.

6. Jean-Pierre CHEVÈNEMENT, « Un vide stratégique va s'ouvrir au cœur de l'Europe », entretien avec *Le Monde*, 13 juillet 1990.

d'avoir les moyens militaires de faire peser les mêmes menaces que celles brandies naguère par le défunt pacte de Varsovie.

Aussi puissant soit son arsenal et aguerrie son armée, aussi terrible soit l'armement chimique, aussi répréhensible soit la prise de milliers d'otages, l'Irak n'est pas en mesure de gagner militairement une guerre contre le reste du monde. Il aura suffi à George Bush de rappeler discrètement qu'il dispose de l'arme nucléaire pour que Saddam Hussein cesse d'évoquer l'emploi de l'arme chimique. Ce qui ne signifie naturellement pas qu'il se refuserait à employer cette arme de terreur s'il jugeait sa situation désespérée... La menace d'emploi du chimique, et la contre-menace nucléaire aussitôt opposée viennent toutefois rappeler que les armes de dissuasion ne valent que tant qu'elles ne servent pas. Paradoxalement, la crise du Golfe vient également démontrer que la poudre et le feu n'ont de pertinence qu'entre adversaires de puissance comparable. Car dans le cas contraire, par exemple lorsqu'un Saddam Hussein détient quelques centaines d'otages américains, un George Bush peut-il facilement les passer par pertes et profits en prenant la décision d'une intervention militaire ?

Le complexe de l'arme à la bretelle

La guerre ne sera plus ce qu'elle était. Ou plus exactement, elle demeurera pendant encore de longues années ce qu'elle est déjà pour la France qui ne mène plus que des « opérations », lors de ces fameux « conflits de faible intensité ». Il s'agit, selon la définition qu'en donne Jean-Louis Dufour — un des rares chercheurs français à s'être spécialisés dans ce domaine pourtant crucial —, d'une crise ayant débouché sur l'emploi des armes, tout en obéissant à des critères précis : « Primauté du politique sur le militaire, objectifs limités, économie des forces, mobilisation restreinte, limitation géographique, apparition de médiateurs et d'intervenants, riposte graduée fondée sur un large éventail d'actions possibles. La volonté d'éviter l'escalade est constante[7]. » Cette définition n'exclut pas l'extrême gravité ni l'ascension progressive vers les extrêmes : la crise du Golfe, inédite dans sa forme et dans la riposte — l'embargo — choisie par les Nations unies, marque sans doute la limite supérieure de ce type de crise, qui n'avait toujours pas — malgré les Cassandre — débouché sur un conflit ouvert à l'heure où nous écrivions ces lignes.

Pour les Français, les leçons sont claires : dans une crise telle que celle du Golfe, ils tiendront leur place dans les chœurs, en agitant bien haut leur petit drapeau tricolore. Et dans leur pré carré — l'Afrique francophone — ils continueront à gérer comme ils le font depuis quarante ans ce qu'un auteur appelait naguère les « guerres à la française[8] » : un mélange de conflits coloniaux laissant une certaine initiative à des hommes de terrain doués de talents militaires autant que politiques, une soumission absolue et contraignante aux ordres de l'autorité présidentielle à Paris, une capacité pour ses chefs militaires à expliquer aux troupes qu'elles doivent garder l'arme au pied, c'est-à-dire en permanence prête à... ne pas servir. Les principes de cette forme nouvelle de la dissuasion sont bien connus des responsables militaires français qui l'ont pratiquée depuis vingt ans. Il serait pour le moins abusif de prétendre qu'ils sont confortables.

Les interventions françaises à Beyrouth pendant la décennie quatre-vingt, la présence pratiquement ininterrompue des troupes françaises au Tchad depuis la fin des années soixante-dix, les multiples interventions limitées dans le temps et dans l'espace sur le territoire africain pour soutenir les régimes amis[9] le démontrent : les missions des armées françaises relèvent du maintien de l'ordre, de l'intimidation ou de la dissua-

7. Jean-Louis DUFOUR, article cité.

8. Albert MERGLEN, *La Guerre à la française*, Arthaud, Paris, 1967.

9. Douze États africains ont signé des accords bilatéraux ou multilatéraux de défense au début des années soixante : Cameroun, Congo, Côte d'Ivoire, Bénin, Gabon, Madagascar, Mauritanie, Niger, République centrafricaine, Sénégal, Tchad (résilié en 1976), Togo. Voir à ce propos : John CHIPMAN, *Ve République et défense de l'Afrique*, Bosquet, Paris, 1986.

sion, éventuellement de la riposte hyper-contrôlée, à utilité médiatique plus que militaire. Comme celle des avions de l'Aéronavale contre de modestes cibles libanaises après l'attentat contre l'immeuble *Drakkar*, le 21 octobre 1983, qui avait causé la mort de soixante hommes appartenant au 1er et au 9e régiments de chasseurs parachutistes. Mais la fin des guerres coloniales et l'arrivée concomitante de la dissuasion nucléaire ont rendu désuètes les anciennes habitudes : la France ne traite plus ses problèmes diplomatiques par les armes, sauf, de temps à autre, pour se contenter de les montrer. Pas de doute : il est vrai que « tout cela mène l'armée à l'inaction, et finalement au complexe de l'arme à la bretelle. Et l'on se demande si l'armée française ne perd pas ainsi sa finalité : être toujours prête à faire la guerre [10] ».

La perspective pour les armées françaises d'avoir à faire face à ce type de conflit sans coups de feu ni réplique augmente, quand diminue le risque de voir intervenir le lourd affrontement frontal entre divisions blindées. Cela aura, à terme plus ou moins lointain, des répercussions considérables sur l'organisation des armées françaises, dont seuls les nerfs devront être d'acier. Plus de muscles, moins de blindages ; moins de grenadiers-voltigeurs, plus de techniciens. Moins de « forces d'occupation », autant ou plus de « forces d'intervention ». Bien des généraux sont décidés à résister à ces évolutions au nom du maintien du modèle d'armée qu'ils ont toujours connu. On peut leur prédire une pénible fin de carrière. D'autres ont compris que les temps changent, qu'une défense efficace n'est pas faite que de lourds blindages, physiques et intellectuels, mais aussi d'imagination, de débats dans l'institution militaire et dans la nation tout entière, de volonté d'ouverture à un monde en évolution rapide. C'est notre conviction, et si le lecteur en est maintenant, et au moins partiellement, convaincu, nous avons atteint l'objectif fixé !

10. Jean DOISE, Maurice VAISSE, *Diplomatie et outil militaire*, Imprimerie nationale, Paris, 1987, p. 498.

Index des noms cités

Table

Composition Facompo, Lisieux (Calvados)
Achevé d'imprimer en octobre 1990
sur les presses de la SEPC, Saint-Amand (Cher)
Dépôt légal : octobre 1990.
Numéro d'imprimeur : 2329.
Premier tirage : 12 000 exemplaires.
ISBN 2-7071-1939-3